Este libro se enmarca en la ejecución del proyecto de investigación «Balance de 38 años de plurilegislación civil postconstitucional: situación actual y propuestas de futuro», financiado por el Ministerio de Ciencia, Innovación y Universidades y el FEDER [Ref. DER2016-77190-R]. También ha sido cofinanciado con fondos del Programa de ayudas a la etapa postdoctoral de la Xunta de Galicia (Consellería de Educación, Universidade e Formación Profesional).

1.ª edición: Santiago de Compostela, 2020

Vía de Édison, 33-35 (Polígono del Tambre)
15890 Santiago de Compostela (A Coruña)
www.andavira.com · info@andavira.com

Diseño de cubierta: Dixital 21, S. L.
Impresión y encuadernación: Tórculo Comunicación Gráfica, S. A.

Impreso en España · *Printed in Spain*

Depósito legal: C 1849-2020
ISBN: 978-84-123245-8-7

Mónica GARCÍA GOLDAR

LAS LEGÍTIMAS EN LOS DERECHOS AUTONÓMICOS Y SU REFORMA EN EL CÓDIGO CIVIL

CIENCIAS JURÍDICAS Y DERECHO

andavira
editora

A mis abuelos, a quienes tanto debo
y de quienes tanto aprendí

ÍNDICE

PRÓLOGO 9

INTRODUCCIÓN 17

CAPÍTULO PRIMERO

EL STATUS QUO 25

I. INTRODUCCIÓN 25

II. LA LEGÍTIMA DE LOS DESCENDIENTES 25

III. LA LEGÍTIMA DE LOS ASCENDIENTES 51

IV. LA LEGÍTIMA DEL CÓNYUGE SUPÉRSTITE (O PAREJA SOBREVIVIENTE) .. 55

V. LA PUJA LEGITIMARIA ENTRE LOS DIFERENTES ORDENAMIENTOS SUCESORIOS COEXISTENTES EN ESPAÑA: ¿QUIÉN DA MENOS? 71

CAPÍTULO SEGUNDO

ARGUMENTOS EN CONTRA Y A FAVOR DE LA LIBERTAD DE TESTAR, TENDENCIAS EUROPEAS Y PROPUESTAS DE REFORMA 75

I. INTRODUCCIÓN: LA LIBERTAD DE TESTAR 75

II. ARGUMENTOS EN CONTRA DE LA LIBERTAD DE TESTAR 79

III. ARGUMENTOS A FAVOR DE LA LIBERTAD DE TESTAR 89

IV. ESTUDIO COMPARADO CON OTROS ORDENAMIENTOS JURÍDICOS: PRINCIPALES TENDENCIAS 100

V. PROPUESTAS DE REFORMA 110

CAPÍTULO TERCERO

EN RELACIÓN CON LOS CAMBIOS SOCIALES (I): LA ASISTENCIA AL CAUSANTE ENVEJECIDO Y LAS DISPOSICIONES TESTAMENTARIAS EN FAVOR DE LOS CUIDADORES 127

I. INTRODUCCIÓN 127

II. DISPOSICIONES TESTAMENTARIAS EN FAVOR DEL CUIDADOR EN EL ÁMBITO EUROPEO Y EN EL CÓDIGO CIVIL 132

III. DISPOSICIONES TESTAMENTARIAS EN FAVOR DE LOS CUIDADORES EN LOS ORDENAMIENTOS AUTONÓMICOS 155

IV. NUESTRA PROPUESTA: DE LA AUSENCIA DE HERENCIA *REVERTIDA* A LA ADMISIBILIDAD DE LA HERENCIA *COMPENSATORIA* 158

CAPÍTULO CUARTO

EN RELACIÓN CON LOS CAMBIOS SOCIALES (II): EL MALTRATO PSICOLÓGICO, EL ABANDONO Y LA AUSENCIA DE CUIDADOS Y CARIÑO COMO CAUSA DE DESHEREDACIÓN 163

I. INTRODUCCIÓN 163

II. LA DESAFECCIÓN FAMILIAR EN LA DESHEREDACIÓN DEL CÓDIGO CIVIL ESPAÑOL 164

III. LA DESAFECCIÓN FAMILIAR EN LOS ORDENAMIENTOS AUTONÓMICOS ... 178

IV. VALORACIÓN PERSONAL Y PROPUESTAS DE LEGE FERENDA 188

REFLEXIONES FINALES 205

BIBLIOGRAFÍA 213

PRÓLOGO

Constituye para mí todo un honor acceder a la solicitud de la Dra. D.ª Mónica García Goldar, quien me pide que redacte un prólogo a su monografía "Las legítimas en los derechos civiles autonómicos y su reforma en el Código civil". Son varios los motivos por los que me resulta especialmente grato prologar esta obra. Conozco la trayectoria investigadora de la autora desde hace años, entre otras razones porque formé parte del tribunal encargado de evaluar su tesis doctoral en la Universidad de Santiago de Compostela, que publicó en 2019 en la colección de Derecho Privado de la Agencia Estatal Boletín Oficial del Estado, con el título "La liquidación de la herencia en el Código civil español. Especial referencia a las deudas sucesorias desconocidas o sobrevenidas". Ya entonces se adentró, como hace ahora, en el Derecho de Sucesiones, que es uno de los sectores del ordenamiento jurídico más complejo. Y ahora centra su investigación en las legítimas, lo que me transporta en el tiempo a los años de mi tesis doctoral sobre el pago en metálico de la legítima de los descendientes, que poco antes acababa de ser objeto de sustanciales reformas a través de la Ley 11/1981, de 13 de mayo.

Estudiar las legítimas supone adentrarse en el núcleo más profundo del Derecho de sucesiones, en aquello que distingue de manera más clara unos sistemas de otros. En cada uno de ellos podemos encontrar diferencias y semejanzas, a veces sólo de matiz, como ocurre con el tratamiento de las formas de testar, el régimen de los legados o las sustituciones. Pero es la amplitud o restricción a la libertad de testar donde se marcan las grandes diferencias: desde los sistemas de absoluta libertad de testar al más estricto del Código civil, con legítimas cuantitativamente muy amplias e intangibles desde el punto de vista cualitativo. No hay duda de que las legítimas constituyen el límite por excelencia a la libertad de testar (aunque no sea el único). Y es un dato constatable que en todos los ordenamientos se ha abierto o se está abriendo el debate, desde muy diversos puntos de vista, entre ampliar o restringir la libertad de testar.

Entre un extremo y otro, existen numerosas variables que son objeto de un riguroso análisis en esta monografía. Desde luego los aspectos sobre los que la autora se detiene a la hora de abordar las legítimas son muy variados, si bien creo que pensando en una futura reforma del Código civil los fundamentales son los siguientes: a) La mayor o menor amplitud de la cuantía de la legítima. b) Qué familiares deben ser incluidos entre los legitimarios: si sólo los descendientes y, a falta de estos, los ascendientes, o si se debe prescindir de estos últimos, o debe reconocerse derecho a legítima exclusivamente a los padres. c) Si la legítima se debe pagar o no en todo caso con bienes de la herencia, o si se puede llegar a configurar como un simple derecho de crédito frente a los herederos, lo que permite una mayor libertad del causante a la hora de repartir sus bienes. d) Si la legitima es colectiva o es individual, dentro de cada grupo de legitimarios, pues la colectiva permite un reparto cuantitativo diferente, mientras que la individual impone un reparto igualitario. e) Si conviene mantener un sistema mixto como el del CC, en el que la legítima de los descendientes es de dos tercios, pero el causante puede disponer de uno de ellos, como mejora, para distribuirlo desigualmente entre ellos, o a favor de uno solo (o incluso de algún nieto, aunque vivan su progenitor). f) Si hay que revisar igualmente las causas legales para privar de la legítima a los legitimarios. g) Cuál es la posición sucesoria del cónyuge viudo (y, en su caso, del conviviente de hecho).

La monografía tiene una estructura bien definida en cuatro partes. En el primer capítulo se expone y analiza la regulación de las legítimas en cada uno de los ordenamientos que coexisten en España, tanto el Código civil como los Derechos civiles autonómicos. En el capítulo segundo se estudian en profundidad las opiniones doctrinales vertidas sobre la conveniencia de ampliar o restringir la libertad de testar, a la vez que se analizan las soluciones por las que se ha optado en los principales ordenamientos europeos, y las últimas propuestas de nuestra propia doctrina de cara a una futura reforma. Los capítulos tercero y cuarto presentan una gran originalidad en cuanto a sus planteamientos, porque en ambos casos se afronta el problema desde la perspectiva de los cambios sociales que se están experimentando en la actualidad en relación con la institución legitimaria. Ello obliga a la autora a hacer un estudio jurisprudencial y de Derecho comparado muy minucioso. Así, en el capítulo tercero analiza la problemática de las disposiciones testamentarias a favor de los cuidadores del causante, en el que incluye una necesaria perspectiva de género. Y finalmente, el capítulo cuarto se centra en los cambios en la configuración actual de las familias y en el estudio de nuevas vías para la desheredación.

La autora se inclina desde diversos puntos de vista por la necesidad, no de suprimir, sino de flexibilizar al máximo la institución legitimaria, en lo que coincido plenamente. Entra con ello en el debate actual en el que se alzan cada vez más voces en defensa de una completa libertad de testar, postura esta última con la que ya no coincido. Para afrontar seriamente el problema de la libertad de testar, se debe profundizar en el fundamento de las legítimas. En todos los sistemas una persona sin cónyuge y sin hijos (y, en su caso, sin ascendientes) tiene una libertad de testar absoluta. Ello pone de manifiesto que las restricciones a la libertad de testar están vinculadas a existencia de familiares cercanos. Pero como destaca un sector doctrinal, si el único fundamento de la legítima fuera la existencia de estos familiares, vendría a convertirse en un deber del causante, porque no surge de la necesidad de los legitimarios, ni su cuantía depende de un eventual estado de necesidad de éstos. Cuestión diferente es que se pueda tomar o no en consideración la conducta de estos familiares hacia el causante. La legítima no puede convertirse en un derecho familiar absolutamente intangible, a pesar de que los familiares más cercanos no observen ningún deber de solidaridad con el causante. Por ello, si enfocamos la legítima desde la perspectiva de la solidaridad entre las generaciones que conforman la familia, la conducta del legitimario no es irrelevante, como ocurre cuando no presta la ayuda necesaria a sus ascendientes.

Ello permite, como hace la autora, una lectura diferente de las causas de desheredación, para valorar situaciones de desafección o ausencia de trato familiar durante muchos años, lo que obliga a objetivar al máximo estas situaciones, y a ponderar diversas circunstancias (cuánto tiempo debe durar esa ausencia de trato familiar para que se pueda considerar relevante; si esa ausencia de trato debe manifestarse o no en caso de enfermedad, de vejez, o de discapacidad; o si la separación o divorcio de sus progenitores, o unas segundas nupcias, pueden servir o no para justificar una ausencia de trato).

Desde luego si el fundamento de la legítima se centra en la solidaridad entre generaciones, y tenemos en cuenta que uno de los motivos principales del ahorro es cubrir las necesidades que surjan en la vejez, será más fácil aceptar la libertad de dejar los bienes a quien nos preste atenciones en los últimos años de nuestra vida, incluso bajo fórmulas genéricas, de manera que también los sucesores pueden encontrar un estímulo para cuidar en su vejez al causante. Es aquí donde pueden aparecer problemas ante una posible captación de la voluntad testamentaria, que la autora afronta de una manera sugerente y original.

El debate en torno a la ampliación de las causas de desheredación es, no obstante, muy complejo y solo tiene sentido desde la perspectiva de un sistema más o menos rígido de legítimas. Desde luego a mayor número de causas de desheredación, y a mayor flexibilidad en la apreciación de las mismas, mayor será la libertad de testar. Pero ello puede generar en la práctica muchos más problemas que los que se pretenden solventar, favoreciendo una enorme inseguridad jurídica ante la dificultad de resolver en cada caso concreto si concurre o no causa de privación de la legítima. Abrir las normas sobre las causas de desheredación, y permitir la utilización de cláusulas abiertas más flexibles, puede provocar un incremento de la litigiosidad y conducir a resultados poco equitativos, como ha ocurrido con las últimas reformas del Derecho civil catalán. Ante ello me parece preferible reducir la cuantía de las legítimas y posibilitar un reparto no igualitario entre el grupo de legitimarios. Siempre será mejor flexibilizar al máximo la institución legitimaria, que partir de un sistema rígido con numerosas causas de desheredación para suavizar el rigor del sistema. Con ello no critico la postura aperturista del Tribunal Supremo en torno al maltrato psicológico, porque lo que intenta es flexibilizar un sistema excesivamente rígido como el del CC, pero sí defiendo que la flexibilización se debe hacer modificando la ley y no por vía jurisprudencial.

Otro de los problemas a los que se enfrenta la autora es el de los nuevos modelos familiares. No se trata sólo de la situación de los convivientes de hecho, sino sobre todo de las familias reconstituidas, formadas por nuevos cónyuges o convivientes y los hijos de cada uno de estos (o al menos de uno de ellos) nacidos de relaciones anteriores (en sus diversas variables). Por ello plantea la posibilidad de reconocer derechos sucesorios al hijastro que ha convivido con el nuevo cónyuge de su padre o madre desde su infancia, que ha continuado viviendo con él o ella tras el fallecimiento de su padre biológico y que incluso se han cuidado mutuamente en caso de enfermedad o en la vejez. Acaso en estos supuestos sea necesario distinguir entre la sucesión intestada y las legítimas. Desde luego, como apunta un sector de la doctrina, para reconocer cualquier derecho sucesorio parece esencial exigir que se haya producido una integración total en la familia: una convivencia, una relación de afecto, e incluso de dependencia económica. En cualquier caso si las reglas de la sucesión intestada son la expresión de la voluntad presunta del testador, en estos casos el hijastro debería heredar como mínimo antes que el Estado.

También debe ser objeto de reflexión la tradicional imposibilidad de imponer gravámenes sobre la legítima, porque en la actualidad aparecen otros intereses dignos de protección, como la necesidad de velar por el futuro de los hijos discapacitados. La reforma del Código civil de 2003 facultó al testador para gravar con una sustitución fideicomisaria el tercio de legítima estricta, siendo fiduciario el descendiente discapacitado, y fideicomisarios el resto de los legitimarios. Dando una vuelta más de tuerca, se podría posibilitar claramente la atribución a los hijos discapacitados de la legítima estricta de los demás hijos y descendientes. Y en tales casos, salvo disposición en contra del testador, lo recibido por el hijo beneficiado quedaría gravado con una sustitución fideicomisaria de residuo a favor de los que hubieren visto afectada su legítima estricta. Cabría discutir si se permite o no, y en qué medida, al hijo discapacitado disponer de tales bienes, pero lo cierto es que un interés considerado como más digno de protección posibilita lisa y llanamente que el testador pueda llegar a privar de su legitima a los demás hijos.

Las anteriores son sólo algunas de las cuestiones que el lector puede encontrar a lo largo de estas páginas, porque no pretendo aquí destacar todos y cada uno de los problemas que son objeto de una investigación muy rigurosa. No me resisto, sin embargo, a terciar en un debate en el que soy consciente de que mi postura contraria a una absoluta libertad de testar es minoritaria. La mayoría de los autores abogan por ampliar la libertad de testar, suprimiendo la legítima para convertirla en un derecho de alimentos. A veces parece como si los defensores a ultranza del tránsito hacia una absoluta libertad de testar tuvieran por ello un cierto cargo de conciencia, y se vieran en la necesidad de mantener un derecho de alimentos a favor de determinados parientes.

A mi juicio este planteamiento supone crear un problema nuevo donde no lo había. No está claro si el estado de necesidad del alimentista debía existir antes de la apertura de la sucesión, o manifestarse precisamente en ese momento. Tampoco si un estado de necesidad posterior (¿durante cuánto tiempo?) puede legitimar una solicitud de alimentos a cargo de la herencia. Si son los herederos quiénes tienen la obligación de alimentos, y si lo deben hacer o no con cargo a los bienes hereditarios. Si el deber de alimentos cesa con la muerte del heredero obligado o si se transmite a su vez a sus sucesores (que a su vez pueden precisar también alimentos). Tampoco se aclara cómo encaja esta obligación de alimentos con la que pesa sobre los demás parientes que señala el artículo 144 CC (algunos de estos problemas se abordan por el artículo 515 del Código de Derecho Foral de Aragón). No se aclara si el alimentista tiene acción para impugnar post mortem los actos que el testador pudiera haber realizado en fraude de su derecho. Tampoco si el testador puede privar del derecho de alimentos por alguna de las causas que se recogen en los ordinales 4.º y 5.º del artículo 152 del CC (en relación con los artículos 853, 854 y 855 CC), o incluso por maltrato psicológico, abandono o ausencia de cuidados o cariño.

Todo lo que sea judicializar tras el fallecimiento los resultados de la sucesión *mortis causa* me parece una mala solución. Aparte está la incertidumbre que para el testador puede suponer que, en el momento posterior de la apertura de la sucesión, exista o no ese estado de necesidad en determinados parientes. Todo testador debe conocer objetivamente en el momento de ordenar su sucesión cuales son las restricciones que se imponen a su libertad de testar en función de la existencia de parientes concretos. Siempre es deseable garantizar la seguridad jurídica a las personas que deseen planear su sucesión, que es lo que desde otra perspectiva hace el Reglamento (UE) nº 650/2012 del Parlamento Europeo y del Consejo, de 4 de julio de 2012, relativo a la competencia, la ley aplicable, el reconocimiento y la ejecución de las resoluciones, a la aceptación y la ejecución de los documentos públicos en materia de sucesiones *mortis causa* (Considerando 48).

Por ello me parece preferible mantener un sistema de legítimas muy flexible. En el caso de los descendientes debería reducirse cuantitativamente (me parece acertada la propuesta de un tercio que defiende la autora, o de una cuarta parte, o incluso que tenga una cuantía variable en función del número de hijos, como en el caso de las Islas Baleares). Creo igualmente que es mucho más ventajoso configurarla como un derecho de crédito y abandonar la idea de que debe pagarse con los mismos bienes de la herencia, que no supone una mayor garantía y que en muchos casos puede carecer de interés para los legitimarios. No coincido, en cambio, con la autora en su propuesta de supresión de la mejora, motivada por la existencia de una amplia parte de libre disposición, que podría entonces destinarse a unos hijos y no a otros. Dicha posibilidad referida a la parte libre siempre existe. Pero permitir la mejora, dentro de la porción correspondiente a la legítima colectiva, posibilita precisamente desigualar a los hijos en su legítima individual, de manera que se pueda restringir la de aquellos que el testador considere oportuno. Ello supondría acercar el sistema a la legítima colectiva del Derecho civil aragonés y, tras su reforma, a la del Derecho civil del País Vasco. Esta libertad del causante en la distribución de la legítima de los descendientes permite además prescindir de un complicado sistema de causas de desheredación, tan problemático en la práctica.

Por otro lado, al igual que la autora, debo reconocer que nunca he entendido los motivos de suprimir a los padres del círculo de legitimarios como se ha hecho, tras su reforma, en los Derechos civiles de Galicia y del País Vasco. En un momento en que la esperanza de vida es cada vez más elevada son precisamente los padres y, eventualmente, otros ascendientes quienes pueden justificar en mayor medida algún tipo de restricción a la libertad de testar, en función de ese deber de solidaridad entre generaciones.

La legítima del cónyuge supérstite merece una profunda revisión. Es el único legitimario que en vida puede dejar de serlo si media separación o divorcio. Debería consagrase sin restricción alguna la posibilidad de dejarle el usufructo universal. Pero fuera de este caso, y aunque pueda discutirse su cuantía, es mucho más práctico que su legítima sea en propiedad en lugar de en usufructo (se pueden prescindir así de los problemas que plantea su conmutación por los herederos), como se ha hecho en el Derecho francés.

Aparte de todo lo anterior, en el debate en torno a la libertad de testar a veces está ausente una perspectiva tributaria, que no debe dejarse de lado. Uno de los aspectos de la función social de la herencia se manifiesta, desde el punto de vista tributario, en el Impuesto de Sucesiones. La propia Ley 29/1987, de 18 de diciembre, del Impuesto sobre Sucesiones y Donaciones destaca en su Exposición de motivos la necesidad de «una mejor distribución de la carga fiscal, acentuándose de esta forma la función social que persigue este Impuesto». La carga impositiva es más elevada cuanto mayor sea el importe de la herencia, y cuanto más alejado sea el grado de parentesco del beneficiario respecto al causante. Ello debería ser tenido muy en cuenta por el testador. Ciertamente, aunque se trata de un impuesto estatal, está cedido a las Comunidades Autónomas (artículo 32 de la Ley 22/2009, de 18 de diciembre) y ha terminado transformándose en un instrumento en manos de políticos, de cualquier signo, más pendientes de sus intereses partidistas que de la redistribución de la riqueza. Aparecen así diferencias territoriales importantes entre los grupos de parientes gravados por el impuesto (sobe todo, descendientes, ascendientes y cónyuge), a través de deducciones y bonificaciones, que en ocasiones alcanzan el 99% de la cuota tributaria.

Conviene destacar que la cuestión nada tiene que ver con la vecindad civil, que marca la ley aplicable a la sucesión, sino con el lugar de residencia del causante. El impuesto se paga en el territorio donde el causante hubiese tenido su residencia habitual. Y a efectos de determinar la Comunidad Autónoma en que debe liquidarse el impuesto, según el artículo 28.1.1º.b) de la Ley 22/2009, se considera que las personas físicas residen en la misma cuando hayan permanecido en su territorio un mayor número de días del período de los cinco años inmediatos anteriores, contados de fecha a fecha, que finalice el día anterior al de devengo. En función de estos criterios, y de la previsible cantidad a pagar en cada caso, conviene tener en cuenta si existe o no metálico en la herencia porque, como destaca la autora, se puede terminar forzando la enajenación parcial o total del caudal relicto, lo que no parece deseable. A ello habría que añadir una nueva dificultad: la normativa fiscal no espera a que los contribuyentes realicen la partición de sus bienes. A efectos del Impuesto de Sucesiones, el hecho imponible es «la adquisición de bienes y derechos por herencia, legado o cualquier otro título sucesorio». Y el plazo para presentar la declaración del impuesto es de seis meses contados desde el día del fallecimiento del causante o desde aquel en que adquiera firmeza la declaración de fallecimiento, aunque los herederos, albaceas o administradores del caudal relicto pueden pedir una prórroga de otros seis meses.

Termino con unas breves consideraciones. Sobre el conflicto entre las diversas modalidades de legítima y la libertad de testar, en nuestro Derecho existían hasta ahora dos obras de referencia. En 2014 se publica la primera de ellas, en la que se aborda toda esta problemática de una forma completa, integrando muy diversas perspectivas. Me refiero a la monografía de las Prof. Teodora Torres García y María Paz García Rubio, titulada precisamente «La libertad de testar. El principio de igualdad, la dignidad de la persona y el libre desarrollo de la personalidad en el Derecho de Sucesiones». Con posterioridad, publicada en 2018, destaca la extensa monografía del Prof. Antoni Vaquer Aloy, titulada «Libertad de testar y libertad para testar», con relevantes aportaciones de Derecho Comparado y propuestas de reforma muy originales. Creo no equivocarme al afirmar que la presente monografía de la Dra. García Goldar se va a convertir en una obra de referencia más, al lado de las otras dos, para quien quiera adentrarse en los diversos sistemas existentes en nuestros ordenamientos civiles, o pretenda investigar cómo debería abordarse una futura reforma del Código civil sobre la materia.

Estamos, pues, ante un magnífico trabajo de investigación, en el que se aborda el núcleo fundamental del Derecho sucesorio, por lo que gustosamente felicito a la Dra. Mónica García Goldar. Estoy convencido de que «La legítima en los derechos civiles autonómicos y su reforma en el Código civil», se va a convertir en una obra de cita obligada sobre la materia. Y ello, no sólo porque se trata de investigación profunda y rigurosa, sino también porque contribuye a la difusión y transferencia del conocimiento, hace propuestas concretas de reforma legislativa, da solución a numerosos problemas teóricos y prácticos, y nos deja marcado el camino a seguir para futuras investigaciones.

ANDRÉS DOMÍNGUEZ LUELMO
Catedrático de Derecho civil
Universidad de Valladolid

INTRODUCCIÓN

La sucesión *mortis causa* es uno de los ámbitos del Derecho civil donde se aprecian más contradicciones o tensiones entre sus principios básicos; cuestión que se magnifica en lo que a legítimas se refiere[1]. Porpeta Clérigo consideraba que la legítima revela la lucha entre el vínculo de sangre, por un lado, y la iniciativa personal, por otro[2]. Vallet de Goytisolo, probablemente el autor más prolífico en la materia que nos ocupa, entendía que en el Derecho sucesorio se contraponen la libertad y la prohibición; "la libertad dispositiva *mortis causa* es limitada por las prohibiciones que la acotan. Esa oposición no aparece planteada de igual modo en los diversos sistemas sucesorios, según predomine la libertad o la prohibición, lo que implica la primacía de la voluntad del testador, en el primer caso, o de la norma imperativa, en el segundo"[3]. Más recientemente, Fontanellas Morell ha hecho notar la contradicción propia del Derecho de Sucesiones que, por un lado, es un ejemplo de territorio hostil a la autonomía de la voluntad en razón de las *leges cogentes* que alberga –de entre las cuales las preservadoras de las legítimas son el paradigma– y, por otro lado, está inspirada en un principio básico indiscutido, la libertad de testar, que es una de las expresiones más genuinas de la autonomía privada[4].

Esta fricción entre los dos principios antagónicos –libertad vs. limitación[5]– no se ha visto confinada al ámbito de la ley, sino que ha traspasado

---

[1] García Valdecasas, 1963, p. 957, afirmaba que "la legítima es, sin duda, una de las instituciones que en nuestro Derecho plantea cuestiones más complejas y difíciles".

[2] Porpeta Clérigo, 1946, p. 150.

[3] Vallet de Goytisolo, 1982, p. 439.

[4] Fontanellas Morell, 2018, p. 377.

[5] Rechazada por Bermejo Pumar, 2019, pp. 117 y ss., para quien se trata de una falsa dicotomía, pues la legítima no tiene como finalidad restringir la libertad de testar; la legítima no está en oposición a la libertad cuando es la libertad de los legitimarios lo que se defiende. Además, en su opinión, la libertad en estado puro no existe, y ni siquiera la supresión de la legítima garantizaría la libertad.

las normas y ha alcanzado la conciencia de juristas de todas las épocas y rincones[6]. Tal es así que hace apenas unos años Yzquierdo Tolsada afirmaba con rotundidad que "no debería haber civilista que se aproxime hoy día a cualquier tema sucesorio sin haber hecho previamente una toma de partido acerca de la conveniencia de que todo siga como está o de instaurar un modelo sucesorio de libertad de testar, o al menos, de libertad de testar con alguna limitación"[7].

He aquí la trascendencia de la legítima: tratarse de una cuestión que nos afecta a todos y sobre la que queremos o debemos posicionarnos. La afectación de la legítima a una institución tan importante como la familia es lo que ha propiciado que este debate no se reduzca a una dialéctica jurídico-legal[8]; más bien al contrario, la moral de cada quien ha tenido un peso importante y decisivo a la hora de defender una postura, la otra o la intermedia. Y como dijo Roca Sastre, hay "opiniones para todos los gustos"[9].

En los últimos años hemos visto como el sempiterno debate acerca de si el legislador estatal debe o no ampliar la libertad de testar ha ido creciendo en peso y en importancia[10]; debate que no se ha producido sólo a escala autonómica o nacional, sino también desde una perspectiva internacional-comparada, como veremos. Sin embargo, este no es un tema en absoluto novedoso; parece más bien como si el debate sobre una mayor o menor libertad de testar fuese una especie de piedra invisible con la que siempre tropiezan los civilistas de todas las épocas y naciones, una y otra vez.

---

6 Tensiones que no sólo se han apreciado en el legislador estatal. Cabe señalar que cuando Gil Nogueras, 2006, p. 551, habla del cambio que supuso que en la regulación aragonesa se redujese la cuantía de la legítima de dos tercios –al igual que en el régimen castellano– a la mitad tras la Ley de sucesiones por causa de muerte de 1999, la reforma tenía su razón de ser en la reproducción en el seno de la Comisión Aragonesa de Derecho Civil de las tensiones "entre los partidarios del mantenimiento de un sistema como el hasta entonces existente y los partidarios de un sistema de libertad absoluta de testar".

7 Yzquierdo Tolsada, 2004, p. 13.

8 Montojo Burguero, 1942, pp. 16-17, afirmaba que "uno de los temas más debatidos en la esfera del Derecho civil es el de si procede o no la admisión de la cuota legitimaria, y en caso afirmativo la determinación de su cuantía, y que el estudio y resolución de estas cuestiones ha apasionado vivamente a los tratadistas y legisladores de todas las épocas y de todos los países del mundo por su extraordinaria importancia, ya que afectan no sólo a la sociedad en general y todas sus instituciones vitales, sino muy especialmente a los principios en que descansa la organización de la familia, que es la primera y la más elemental de las sociedades humanas y cuya exaltación es la base del bienestar y prosperidad de los pueblos".

9 Roca Sastre, 1944, p. 185, así lo afirmaba en relación con la naturaleza de la legítima; comentario que nosotros trasladamos a este debate, por ser igualmente aplicable.

10 Vaquer Aloy, 2018, p. 57, considera que la libertad de testar y sus restricciones siguen ocupando un lugar preferente en el "debate sobre la modernización del derecho de sucesiones".

Sin ánimo de retratar un riguroso recorrido histórico, que no es el objetivo de este estudio, conviene señalar que en los primeros albores de la sociedad jurídica romana sí existió la plena libertad de testar[11], aunque la cuestión no es del todo pacífica[12]. Posteriormente, y ante la existencia de ciertos abusos, se fueron introduciendo ciertas limitaciones[13], tanto en el ámbito de los legados como en el de la facultad de desheredar[14]. La legítima romana surgió así como una *portio debita* con base en el deber ético del *pater familias* de proteger a los parientes más próximos (*officium pietatis*)[15]; siendo el derecho pretorio el que comienza a reconocer la figura y la transforma en un deber de carácter legal, hasta que la legislación justinianea la reafirma (Novelas 18 y 115)[16].

Sin embargo, el antecedente de las legítimas reguladas en la actualidad por el Código Civil español se encuentra, según Vallet de Goytisolo[17], en

---

11 García Goyena, reimpresión de 1974, p. 345, afirma que las leyes de las Doce Tablas no reconocieron legítima. Suárez Blázquez, 1999, p. 20, también dice que con las XII Tablas existía "libertad testamentaria absoluta: libertad de instituir en cuantías iguales, desiguales, e incluso en porciones ridículas, desheredar y preterir". López Pedreira, 2015, p. 983, entiende que en el Derecho Romano anterior a Justiniano existía una amplia libertad dispositiva en favor del testador. Bernard Mainar, 2019, p. 377, considera que el Derecho primitivo romano consagraba abiertamente en la Ley de las XII Tablas una libertad de testar casi ilimitada, ya que el testador podía instituir heredero a cualquier persona dotada de la *testamenti factio passiva,* así como desherededer a los herederos *sui*. Además, la jurisprudencia de la época republicana incentivaría la libertad del testador al convertir el testamento en un acto jurídico complejo. Durante la época del Principado el principio de libertad de testar no sólo se consolidaría, sino que también se intensificaría.

12 Algunos autores defienden que lo que en realidad existió no fue la plena libertad de testar sino la plena libertad testamentaria, es decir, la libertad de instituir heredero (véase Vázquez Lemos, 2019, p. 26); otros ponen de manifiesto que se trataba más bien de que era lícito al jefe de familia disponer de sus bienes por testamento a falta de herederos legítimos (véase Montojo Burguero, 1942, pp. 17 y ss.).

13 Voci, 1963, pp. 632 y ss.; Lacruz Berdejo, 1981, p. 421.

14 Afirma Fernández Barreiro, 2006, pp. 90 y ss., que la libertad testamentaria encontraría un gran problema en el desinterés por la herencia del heredero instituido cuando la cuantía de los legados era excesiva; razón por la que surge la *lex Falcidia*, que era muy rigurosa, y de la que se desprendía la nulidad *ipso iure* de los legados que excediesen de la reserva patrimonial del heredero. Desde el siglo IV prevalecía ya la portio debita: la Novela 115 permitía la impugnación del testamento por inoficiosidad en caso de falta de institución hereditaria o desheredación sin justa causa.

15 López Pedreira, 2015, p. 983, considera que "fue práctica de los tribunales, haciéndose eco del rechazo que generaba en la conciencia social de fines del siglo I a.C. (…) lo que introdujo la idea de una *portio debita*, una porción que les sería debida para cumplir con el officium pietatis". En igual sentido, Barrio Gallardo, 2012, p. 89, afirma que fue la interpretatio elaborada durante la República, forjada al calor de la praxis jurisprudencial, la que llevó a cabo el asentamiento de la fórmula: "*instituendi vel exheredandi sunt*".

16 Bernard Mainar, 2019, p. 378.

17 Vallet de Goytisolo, 1982, p. 523.

"un proceso histórico que se inicia en la época visigótica". Dice este autor que, aun cuando el régimen legal visigodo anterior a la ley *Dum inlicita,* como parece, hubiese ofrecido plena libertad de testar, cabría conjeturar también que esta ley, dados los abusos que en ella se aluden[18], más que poner un freno a dicha libertad al modo romano, retornara al régimen germano de las reservas[19], tal vez vivido aún en las costumbres, mitigándolo como transacción con la consagración de la plena libertad de disponer del quinto[20] y la creación de la facultad de mejorar[21].

Posteriormente, tras la Reconquista, aparece un derecho germánico más puro que el recogido en los preceptos legales visigodos[22]. No es hasta la traducción al castellano del *Liber Iudiciorum,* con el nombre de *Fuero Juzgo*[23]*,* así como la recepción del *Ius commune* en las *Siete Partidas*[24]*,* que

---

18 Ello explica que, para algunos autores, este texto de la ley Dum inlicita de Chindasvinto fuese "un completo alegato contra los abusos de los padres y ascendientes"; véase, en este sentido, Vallet de Goytisolo, 1982, p. 523, que cita a Jerónimo González.

19 Dicha reserva familiar germánica sería, según Bernard Mainar, 2019, p. 378, una consecuencia de la concurrencia de varios factores: el derecho hereditario que emana del parentesco, de los vínculos de sangre; la prohibición de testar; la afección del derecho hereditario al cumplimiento de deberes familiares y políticos; así como la copropiedad familiar.

20 Véase García Goldar, 2018, pp. 92-93, nota 7, sobre la influencia de la Iglesia en el quinto de libre elección (cuotas pro-ánima).

21 Álvarez Cora, 2017, p. 196, recoge en su selección sucesoria el Fuero Real 3.5.9, cuyo contenido era: "*Ningun ome que oviere fijos o nietos, o dent ayuso que hayan derecho de heredar, non pueda mandar nin dar a su muerte mas de la quinta parte de sus bienes: pero si quisier meiorar a alguno de los fijos o de los nietos, puedalos meiorar en la tercia parte de sus bienes, sin la quinta sobredicha que pueda dar por su alma en otra parte do quisier, e non a ellos*".

22 Vallet de Goytisolo, 1982, pp. 524 y ss., cita, entre otros, los diplomas asturleoneses publicados por García Valdeavellano, así como los fueros del siglo XII, como el de Cuenca o el de Zamora. Y afirma que la desaparición de la mejora en los primeros siglos de la Reconquista patentiza la "germanización" del derecho castellano leonés. En igual sentido, Bernard Mainar, 2019, p. 381, considera que "a medida que la Reconquista avanza durante la Alta Edad Media el sistema legitimario experimenta un proceso de germanización".

23 En la ley 1.ª, título 5.º, libro 4.º del *Liber Iudiciorum* se explicaron las razones por las cuales se limitaba la libertad de testar: "*Cuando nos entendemos algunas cosas mal fechas, debemos poner término a las que son de venir. E porque algunos son que biven sandiamente, é despienden mal sus cosas, é danlas á las personas estrannas, é tuéllenlas á los fijos é á los nietos sin razón, (…)*". Para Velázquez Soriano, 1995, p. 228, resulta obvio que en la segunda parte de la estructura del texto reside la explicación de las razones de su promulgación, a saber: desheredación injustificada de los herederos legítimos en favor de extraños, con perjuicio de aquellos y del interés público.

24 Roca Sastre, 1976, p. 81, afirma que Las Partidas pretendieron introducir el sistema legitimario romano justinianeo del tercio de legítima si fuesen cuatro o menos hijos y de la mitad si fuesen cinco o más (ley 17.ª, tít. I, Part. VI), pero, sin embargo, el quantum visigótico de los cuatro quintos y de un tercio de mejora estaba tan arraigado que las leyes de Partidas no fueron recibidas. Sí lo fueron, en cambio, en lo que a la extensión de legítima a ascendientes y a hermanos

se produce la progresiva romanización de la legítima castellana[25]. En opinión de Bernard Mainar, "el proceso histórico de la legítima romana y la reserva familiar germánica, tras el período de mutua y recíproca influencia enriquecedora, concluye con la fusión de ambas y el surgimiento de un *tertium genus,* fruto de la suma de las dos, que constituye el exponente de la legítima presente en el *Code* francés, el cual sirvió de modelo para otros muchos ordenamientos jurídicos"[26].

Ya en épocas menos lejanas, el Proyecto de García Goyena de 1851 mantuvo las tradiciones del Derecho español en cuanto a la cuantía de la legítima de los descendientes, fijando una porción de cuatro quintas partes, a menos que sólo quedase un descendiente, en cuyo caso sería de dos tercios[27]. Esta iniciativa no gozó, sin embargo, de buena acogida, por lo que hubo que esperar a la reorganización de la Comisión General de Codificación, a instancia del Ministro de Justicia Saturnino Álvarez, para la realización de un nuevo Proyecto, que se plasmaría en la Ley de Bases de 1888[28].

La versión final del Código Civil de 1889 establece la legítima de descendientes en dos tercios con posibilidad de mejora. La razón no fue otra que las tensiones –sí, ya hemos advertido de que esta materia va de tensiones[29]– entre la tradición castellana y la de los derechos forales, que poco o nada tenían que ver[30]. Se dice que en 1889 dominó la posición de los

---

se refería. Las Leyes de Toro introdujeron, según este autor, algunas reformas, y principalmente desenvolvieron la mejora; con ello quedó integrado el ordenamiento legitimario hasta la promulgación del CC. En opinión de Suárez Blázquez, 2002, p. 508, "las Partidas plasman la evolución que experimentó el instituto de la legítima en cada etapa histórica romana, pues las fases sucesivas que vivió Roma, desde el punto de vista del Derecho, fueron globalizadas por el Corpus Iuris Civilis".

25 Vallet de Goytisolo, 1982, p. 526.

26 Bernard Mainar, 2019, pp. 379-380.

27 El artículo 642 establecía que "la legítima de los hijos y descendientes será de los cuatro quintos de los bienes. Quedando un solo hijo descendiente, será de los dos tercios. La de los padres y ascendientes será de los dos tercios, siendo aquellos dos ó mas; y de la mitad, siendo uno solo". Veáse García Goyena, reimpresión de 1974, p. 348.

28 Bernard Mainar, 2019, pp. 382-383.

29 Lasarte Álvarez, 2011, pp. 188-189, lo califica de "evidente confrontación entre la legítima y la libertad testamentaria" y de "eterna tensión" que nadie, ni ningún sistema normativo, puede afirmar superada.

30 Para García Goyena, reimpresión de 1974, p. 484, la cuestión de la legítima, de tan alto interés social, es la que más divide la legislación foral de la castellana. Magariños Blanco, 2010, p. 234, afirma que después de publicado el CC, la polémica sobre las legítimas desapareció, quizás porque "su radicalismo tenía su origen en la rivalidad entre foralistas y partidarios de un

defensores de la legítima[31]; pero también que el artículo 763 CC[32] fue una solución de compromiso a la que se llegó entre el derecho sucesorio que en mayor o menor medida primaba en las regiones forales frente al sistema de legítimas largas que regía en el Derecho de Castilla[33].

En los últimos años, como hemos dicho, se ha visto una cierta proliferación de nuevos ensayos acerca de esta vetusta cuestión. Se trata, como señala la Profesora Torres García, de una "reedición de la rica y compleja problemática sostenida durante el periodo codificador que aunque no desaparecida del todo, a pesar de los años transcurridos en la actualidad ha vuelto a plantearse"[34]. Esto probablemente se deba a que en los últimos años las Comunidades Autónomas con competencias en materia civil, *ex* artículo 149.1.8.ª CE, han desarrollado una intensa actividad legislativa a fin de *modificar* sus derechos autonómicos; y, cómo no, la legítima ha sido una de las cuestiones que se han visto más profundamente afectadas, como veremos. La tendencia indiscutible, como resaltaremos, ha sido el adelgazamiento de las legítimas y un engrosamiento de la libertad de testar, en un claro intento por apartarse de las normas decimonónicas de nuestro Código Civil español y adaptarse así a la realidad socioeconómica actual. Habrá que ver si el legislador de Derecho común no termina por sucumbir

---

Código Civil único". Cámara Lapuente, 2011, pp. 283-284, hace notar que en los últimos años ha resurgido un debate en España acerca de las legítimas similar a la disputa que tuvo lugar en el siglo XIX cuando el CC se aprobó, por la tensión que existía en el momento entre las tradiciones irreconciliables del Derecho común y de los derechos forales.

31 Alonso Martínez, reedición 1940-1949, pp. 144-163, relata cómo se acordó en la Comisión de Codificación por voto unánime, que el régimen foral de Cataluña en materia de legítimas no podía servir de patrón al Código general, así como los debates que se produjeron en la Comisión respecto de los representantes de los territorios forales. Y aunque el autor comienza afirmando que si *fuese* posible la transacción de cara a tener una *unidad legislativa,* debería "aceptarse sin vacilar", una vez detalladas todas las disputas, concluye que él no se atrevería a decretar dicha unidad legislativa, pues "no es posible trasplantar de repente las costumbres de uno a otro territorio: una ley se cambia por otra en un momento dado a voluntad del legislador; pero este es impotente para mudar en un día ni en un año las creencias y los hábitos de los pueblos". Véase también, sobre esto, Torres García, 2006, p. 181, y Magariños Blanco, 2010, p. 234, quien afirma que "después de publicado el Código Civil la polémica desapareció, quizás porque su radicalismo tenía su origen en la rivalidad entre foralistas y partidarios de un Código Civil único, y al respetarse las pecualiaridades forales se consideró que la regulación del Código Civil respondía a las costumbres más arraigadas en los territorios en los que tradicionalmente se siguió la restricción legitimaria".

32 Dicho artículo establece que: "El que no tuviere herederos forzosos puede disponer por testamento de todos sus bienes o de parte de ellos en favor de cualquiera persona que tenga capacidad para adquirirlos. El que tuviere herederos forzosos sólo podrá disponer de sus bienes en la forma y con las limitaciones que se establecen en la sección quinta de este capítulo".

33 Torres García, 2015, p. 869.

34 Torres García, 2006, p. 181.

a esta corriente post-liberal que no sólo se observa en nuestros Derechos autonómicos, sino también en nuestros vecinos europeos. En realidad, esperamos que así sea, pues coincidimos con quienes definen a la legítima como "una muestra de arqueología jurídica artificiosamente viva"[35] o un "ser deforme y único, cubierto de frunces y zurcidos", que se ha adaptado mal que bien a las nuevas necesidades de la economía mediante sucesivas reformas legislativas[36].

En nuestra opinión, convendría reformar las normas sobre legítimas de cara a *actualizar* dicha institución; reforma que se podría llevar a cabo de al menos dos formas: una, de signo positivo, reduciendo significativamente la cuantía de la legítima y/o mitigando cualquier aspecto de su hasta ahora rígida anatomía jurídica (a través de su adelgazamiento o su conversión en derecho de crédito, por ejemplo); y otra, de signo negativo, a través de la flexibilización de las causas de desheredación, es decir, de los motivos por los cuales el causante no estará obligado a dejar legítima[37]. Ambas vías no son excluyentes; más bien al contrario, lo ideal sería que el legislador estatal las llevase a efecto conjuntamente, tal y como defenderemos en este trabajo.

Por último, y en relación con la estructura de este trabajo, nos gustaría indicar que el primer capítulo se dedica a analizar el status quo de la regulación de las legítimas en todos los ordenamientos civiles coexistentes en España (Derecho común/Código Civil y Derechos Autónomicos). En el segundo capítulo se examinan los argumentos que se han ofrecido tanto a favor como en contra de la libertad de testar y se refieren las principales tendencias europeas y las propuestas de nuestra propia doctrina nacional de cara a una futura reforma. Por último, tanto el tercer como cuarto capítulo se dedican a poner de manifiesto la influencia de los cambios sociales en la institución legitimaria: más concretamente, en el tercer capítulo se examina la posibilidad de testar en favor de quién cuide al testador; y, en el cuarto capítulo, se analiza la desheredación por ausencia de relación, abandono o maltrato psicológico de parte del legitimario hacia el testador.

---

35 Rams Albesa, 1991, p. 126,

36 Ragel Sánchez, 2004, pp. 27-28.

37 Cámara Lapuente, 2011, p. 281, considera que una de las maneras "obvias" de extender la libertad testamentaria entre los sistemas que reconocen las legítimas es permitir un número mayor de razones que permitan al testador desheredar a los legitimarios. Pérez Escolar, 2014, p. 1153, también entiende que la flexibilización de la desheredación supondría una ampliación indirecta de la libertad de testar.

La propia estructura y temática de cada capítulo origina que en cada uno de ellos predomine una determinada fuente de análisis: así, en el primer capítulo, lo que predomina es la alusión a las normas vigentes; en el segundo capítulo, la referencia a la doctrina; y, por último, tanto en el tercero como en el cuarto capítulo, y al tratarse de cuestiones no reguladas en Derecho común de forma expresa, predomina el recurso a la jurisprudencia.

Capítulo Primero

EL STATUS QUO

I. INTRODUCCIÓN

Antes de acometer el estudio comparado de los distintos regímenes legitimarios que coexisten en España, nos gustaría hacer una aclaración previa: la legítima no constituye un límite homogéneo a la libertad de testar, no sólo por las variaciones de calado entre los distintos derechos que conviven en España, sino porque en cada concreta regulación hay una multiplicidad de aspectos a considerar: la cuantía de la legítima, el carácter colectivo o individual, la naturaleza, el número de familiares legitimarios, el sistema de cálculo de la legítima, y por último, el mayor o menor abanico de causas legales para privar de legítima a los legitimarios. A todos estos matices cabría añadir, en nuestra opinión, la facultad de realizar pactos sucesorios, posibles, aunque con diferencias, en todos y cada uno de los derechos civiles autonómicos. En este trabajo nos limitaremos al estudio de las cuestiones que creemos más esenciales –naturaleza jurídica, sujetos y cuantía– pues en otro caso hubiese sido difícil poner fin al mismo debido a los numerosos problemas que plantea la legítima, así como a la extensa bibliografía que existe en la materia. Dicho estudio lo haremos de forma individualizada en atención a los sujetos con derecho a cuota forzosa, comparando la normativa del Código Civil y la de los derechos autonómicos. Comenzaremos por la legítima de los descendientes, seguiremos con la de los ascendientes y terminaremos, por último, con la del cónyuge o pareja sobreviviente.

II. LA LEGÍTIMA DE LOS DESCENDIENTES

II.1. La legítima de los descendientes en el Código Civil

II.1.A. Razonamiento previo sobre la naturaleza jurídica de la legítima: ¿es el legitimario siempre heredero?

La cuestión relativa a la naturaleza jurídica de la legítima regulada en el Código Civil abarca en realidad diversos aspectos. Uno de ellos sería el relativo a si la legítima es un derecho sucesorio o no: ambas tesis han sido defendidas y con buen criterio[38]. Nosotros nos vamos a centrar, sin embargo, en la configuración misma de la legítima: ¿es una parte o un derecho a herencia o es un crédito contra la misma? A esta pregunta han intentado dar respuesta varios autores a lo largo de los años; cabe resaltar de hecho que a mediados del siglo pasado tuvo lugar un animado cruce de opiniones entre los juristas de aquella época, que no parecían ponerse de acuerdo. Sería un error quitarle importancia a esta dialéctica, pues del resultado que se adopte derivarán unas u otras consecuencias –a veces sobre cuestiones tan importantes como la responsabilidad por deudas–.

A grandes rasgos, existen cuatro tipos fundamentales de legítima: en primer lugar, la que considera, como se ha hecho de forma tradicional, que la legítima es de naturaleza *pars hereditatis,* por lo que el legitimario será siempre y en todo caso heredero[39]; en segundo y tercer lugar, también se ha defendido que la legítima del Código Civil es de naturaleza *pars bonorum*

---

[38] Díez-Picazo Ponce de León, 1967, p. 110, considera que la legítima no es un derecho sucesorio: "en nuestro Derecho el legitimario no goza de una vocación legal, sino de un poder de impugnar la vocación testamentaria para venir reflejamente llamado como heredero legítimo"; en definitiva, la legítima no es un derecho sucesorio, sino un interés protegido a través de un complejo sistema de normas y mecanismos. Pero como decimos, la otra tesis, la de que sí se trata de un derecho sucesorio, también se ha defendido, y recientemente, por Irurzun Goicoa, 2015, pp. 2515 y ss., para quien la legítima no es exactamente una porción de bienes, tal y como describe el artículo 806 CC, sino otra cosa, algo que atañe o se refiere a unos bienes incluidos en ese modo especial de adquirir que implica la sucesión hereditaria. En su opinión, la legítima no se puede calificar como limitación de la facultad de disponer, pues esta sólo es una consecuencia, y para nada constituye el "ser de la legítima". Por lo tanto, la legítima es un derecho subjetivo, aunque al Código Civil le cueste reconocerlo; es un derecho sucesorio, por causa de muerte, de origen legal (haya o no testamento), que causa una sucesión singular, no universal, que la ley reconoce en favor de ciertas personas, los legitimarios, con un contenido que puede variar según diversas circunstancias. El legitimario no es nunca sucesor forzoso: primero, porque hay ocasiones en que pierde la posibilidad de suceder; segundo, porque aunque no juega papel alguno en cuanto al nacimiento de su derecho, sí lo tiene para su ejercicio, ya que es él quien ha de decidir si quiere suceder o no.

[39] Sols García, 1944, p. 571. Royo Martínez, 1951, pp. 184-186, defendió la tesis tradicional cuando comenzaban a despuntar otras que la negaban, y su argumento se basaba en que se puede distinguir en el seno del Código Civil "una élite formada por los tradicionales herederos forzosos: los descendientes y los ascendientes legítimos, frente a los parvenus de la legítima, que son los hijos naturales y el cónyuge viudo. Esta diferencia podrá impedir la conclusión de que todos los legitimarios son herederos, pero no justifica, desde luego, la generalización a la inversa, es decir, la afirmación de que ningún legitimario es heredero, por el hecho de que alguno no lo sea efectivamente". También han considerado que la legítima es pars hereditatis, entre otros, Bonet Ramón, 1965, p. 551; Peña Bernaldo de Quirós, 1985, pp. 850 y ss.; Fernández Hierro, 2004, p. 24; Míquel González de Audicana, 2014, pp. 983 y ss.; y Rodríguez Rosado, 2017, pp. 121 y ss., para quien el Código Civil concibe la legítima como un derecho a ser instituido heredero "cualificado", toda vez que le añade un plus de derechos al instituido.

o *pars valoris bonorum.* Por último, y aunque no aplicable a la general del Código Civil, la legítima también puede ser de naturaleza *pars valoris,* si se constituye como un mero derecho de crédito frente a la herencia.

En relación con la legítima del Código civil, el estudio detallado de los ensayos publicados revela que la doctrina se ha movido, en gran medida, en opciones intermedias o mixtas[40]. Creemos necesario traer a colación algunos de los trabajos más emblemáticos que se han publicado sobre esta cuestión de cara a reflexionar si es necesario, o cuando menos conveniente, reformar la institución de la legítima para zanjar viejas controversias doctrinales. Por obvio que pueda parecer, conviene señalar previamente que, aunque la mayoría de la doctrina ha estudiado este tema aludiendo a la legítima en general sin precisar nada más, en realidad este debate sólo resultará aplicable a la legítima de descendientes o ascendientes, pues la del cónyuge es muy diferente, como veremos.

Pues bien, probablemente fue Dávila García, en el año 1943[41], quién escribió el primer ensayo monográfico sobre la materia; en él, el autor se desligaba de la tesis tradicional –que sostenía que la legítima era siempre *pars hereditatis*[42]– al argumentar que esta era, salvo las excepciones previstas para el pago en metálico, de naturaleza *pars bonorum.* Entendía el autor que "donde hay herencia no hay legítima, y por ello heredero y legitimario no puede darse en una misma persona, de igual manera que nadie puede tener derecho contra sí mismo". Esta afirmación no es una cuestión menor, implica que las figuras del legitimario y el heredero son incompatibles, por lo que la persona en quien recaigan ambos títulos deberá escoger entre uno y otro; en caso de aceptar la cualidad de heredero, el legitimario tendrá que aceptar todos los actos, disposiciones o limitaciones que recaigan sobre su propio patrimonio[43].

---

[40] Como bien apuntó Menéndez-Valdés Golpe, 1969, p. 166, "con las tres palabras valor, parte y bienes se han hecho todas las combinaciones posibles".

[41] Así lo cree García-Bernardo Landeta, 2006, pp. 59-63, quien además afirma que es mérito de este autor, Dávila García, haber planteado bastantes de los problemas que causa la legítima en nuestro Código Civil.

[42] Véase, por ejemplo, Rey-Stolle de la Peña, 1952, p. 255.

[43] Dávila García, 1943, pp. 665 y ss., concebía la incompatibilidad entre la herencia y la legítima de forma taxativa, pues si bien es cierto que el testador está obligado a dejar la legítima, de ningún modo puede deducirse que esté obligado a nombrar heredero a quien no desee. La legítima es una institución que se impone al testador (*contra voluntas*), pero el heredero lo elige el testador (*secundum voluntas*). La legítima es siempre, dice el autor, un activo hereditario: mientras que el heredero no sucede en un activo o en un pasivo, al heredero no le importa, ni es requisito esencial, que el causante tenga o no bienes.

Un año más tarde, en 1944, Roca Sastre[44] defendió que la legítima era de naturaleza *pars valoris bonorum,* pues "tiene la naturaleza propia de derecho real de realización de valor que afecta a modo de *carga* o *gravamen* a todo el patrimonio hereditario, y, por consiguiente, a todos los bienes relictos, en su consideración de elementos integrantes del mismo"[45].

Como se puede observar, las tres teorías principales estaban ya expuestas en 1944; sin embargo, lo que más ha abundado desde entonces son las teorías mixtas. En 1945, la proposición de nuevas (o no tan nuevas) teorías seguía en auge; de hecho, sólo en este año se publicaron, al menos, cuatro ensayos sobre la cuestión. De una parte, Virgili Sorribes reconocía sostener una postura ecléctica, pues consideraba que el heredero legitimario respondía de las deudas y cargas que le impusieren en el testamento, pero también que el legitimario podría impugnar todos los actos realizados en su perjuicio por el causante, no en su calidad de heredero voluntario, sino como legitimario y hasta cubrir su legítima. También afirmaba que "los legitimarios, en nuestro Derecho positivo, tienen el nombre de herederos forzosos; pero de herederos, tal vez sólo tengan eso: el nombre[46]. En realidad, el mal llamado heredero forzoso no es más que un acreedor de la herencia líquida, que tiene un derecho intangible por ministerio de la Ley a una porción de los bienes que la integran"[47]. De otra parte, Ortega Pardo consideraba que los legitimarios eran herederos (*pars hereditatis*), aunque la legítima podía convertirse en *pars bonorum* si el testador llevaba a cabo la partición de la herencia[48]. Lacal entendía que no hay pugna de intereses entre heredero y legitimario: "como legitimario invoca su título de adquirir, extraño a la voluntad del testador, y ejercita las acciones para lograr la nulidad total o parcial de las mandas o legados, donaciones inoficiosas, cargas y gravámenes que niegan o mermen la legítima. Como heredero cumple las obligaciones creadas en el testamento que mantengan su validez, por hallarse dentro de los límites marcados por el legislador a la facultad de libre disposición"[49]. Por último, Sanz Fernández consideraba que el legitimario tiene derecho

---

44 Roca Sastre, 1944, p. 203.

45 Esta tesis no fue del todo bien recibida por cierto sector doctrinal, en el que cabría incluir a Rey-Stolle de la Peña, 1952, p. 254, quien calificaba la misma de "postura extravagante".

46 García-Bernardo Landeta, 2006, p. 68, considera que el punto de vista de Virgili sobre que el término de heredero forzoso es arcaico es prevalente en la doctrina.

47 Virgili Sorribes, 1945, pp. 480 y ss. Para García-Bernardo Landeta, 2006, p. 58, la idea de que el término heredero forzoso es arcaico es prevalente en la doctrina.

48 Ortega Pardo, 1945, pp. 129-132.

49 Lacal, 1945, p. 723.

a una parte alícuota y no puede ser considerado acreedor ni condueño de la herencia; su posición debe ser equiparada a la de sucesor, bien como heredero, bien como legatario. Las deudas se tienen en cuenta para determinar el activo líquido, pero no existe ningún precepto que le imponga al legitimario la responsabilidad por deudas: su posición es análoga a la de un legatario de parte alícuota[50].

En 1946, Porpeta Clérigo propuso una nueva teoría mixta cuyo principal postulado era que no se puede aceptar la herencia y repudiar la legítima, o inversa. Para él, la legítima es *pars hereditatis,* pero de un modo relativo: aquella tiende a modelarse como una *pars hereditatis,* mientras no haya algo que de una manera ostensible la desvíe de este camino; por ello, el autor rechaza la idea de quienes arguyen que el legitimario no responde nunca por deudas, pues parten "del equivocado afán de otorgar a la legítima una fisonomía única, invariable y constante de que sin duda carece"[51].

Apenas dos años más tarde, en 1948, Crehuet Juliá defendía que: la finalidad de la legítima es asegurar un mínimo de adquisición legal en la sucesión testamentaria o intestada, y se trata de una adquisición a título singular; que el título de heredero no elimina ni excluye el de legitimario: este puede repudiar conservando la legítima; y, por último, que el legitimario no responde de las cargas de la herencia[52]. Este mismo año también se argüía la que, en nuestra opinión, tal vez sea la tesis más contradictoria posible: Gómez Morán consideraba, de una parte, que la legítima no es *pars hereditatis,* sino porción de bienes; de otra, que nada tiene de extraño que el Derecho español quiera atribuir a los sucesores del artículo 807 el carácter de herederos con independencia del haber hereditario que reciban. Posteriormente, insistía en que "las cualidades de hijo y de heredero son inseparables"; que el legitimario no responda de las deudas o sólo reciba una parte líquida no justifica que se le prive de la cualidad de heredero[53].

En 1950, González Palomino busca la solución a este enredo alegando, en una nota, que hay en verdad tres tipos de delaciones: la testamentaria, la legal y la legítima; esta última vendría a ser "una adquisición a título singular por ministerio de la ley", de manera que el legitimario no responde de las deudas[54]. Sin embargo, esta tesis no terminó de convencer a la doctrina,

---

[50] Sanz Fernández, 1945, pp. 141-146.

[51] Porpeta Clérigo, 1946, pp. 158-204.

[52] Crehuet Juliá, 1948, p. 228.

[53] Gómez Morán, 1948, pp. 534-535 y 596.

[54] González Palomino, 1950, pp. 551 y ss., nota 5.

y tal vez por ello, unos cuantos años más tarde, en 1955, Vallet de Goytisolo volvió a defender la tesis mixta al considerar que es posible "atribuir la legítima como *pars hereditatis* o como *pars bonorum* indistintamente. *Pars hereditatis,* cuando se atribuya a título de herencia. *Pars bonorum,* no ya solamente otorgándola a través de una institución 'in re certa', sino también, sin necesidad de desheredar al legitimario, cuando se le deje su parte a título singular"[55].

El debate desde luego no acabó aquí. Algunos años más tarde, en 1963, García Valdecasas ponía de manifiesto que a las dificultades intrínsecas de la legítima había venido a sumarse una abundante producción científica en torno a su naturaleza jurídica que, si por un lado tenía el mérito de haber profundizado en el tema descubriendo toda su complejidad, por otro, al aumentar en grado superlativo la variedad y el contraste de opiniones, había introducido una cierta confusión conceptual que parecía necesario intentar disipar. Por ello, el autor distinguió entre la legítima como cuota hereditaria y la legítima como cuota de valor: la legítima como cuota hereditaria es *pars hereditatis* y comprende tanto el activo como el pasivo (influencia germánica) mientras que la legítima como cuota de valor consiste en el derecho a obtener un determinado valor económico sobre el patrimonio hereditario y en su caso sobre las donaciones (influencia romana). Por ello, "el legitimario es siempre heredero, porque de no habérsele deferido, por testamento o abintestato, una participación hereditaria igual o superior a la reservada, le será deferida esta última directamente por la ley con carácter forzoso. El derecho a la legítima como cuota de valor presupone, pues, la cualidad de heredero del legitimario, el cual no podrá hacerlo valer en caso de renuncia a la herencia. Sí podrá, a pesar de la renuncia, retener las liberalidades que le hizo el causante, mientras no sean inoficiosas"[56].

Más acertada parece, en nuestra opinión, la tesis de De la Cámara cuando defendía en 1964 que la legítima es normalmente *pars bonorum,* si bien

---

[55] Vallet de Goytisolo, 1955, p. 101. Para García-Bernardo Landeta, 2006, p. 82, la obra de Vallet contiene innumerables aportaciones de un valor decisivo para la construcción, interpretación y aplicación de nuestro sistema legitimario y su lectura jurídica. Se trata de una obra extraordinaria y admirable, que ha marcado un importante jalón en nuestro Derecho privado, que el endémico sarampión del germanismo no ha hecho más que robustecer.

[56] García Valdecasas, 1963, pp. 959 y ss., quien además entendía erróneo presuponer que el legitimario no responde de las deudas, pues, por una vía o por otra (sucesión testada, intestada o forzosa) es siempre heredero con todos los derechos inherentes a esta cualidad. En su opinión, sólo hay dos delaciones: la legal y la abintestato: la legítima no es sino una delación legal, aunque forzosa.

el causante puede dejar cualquier bien hereditario en pago de la legítima, incluso dinero, "porque, precisamente, el legislador piensa que el pago en dinero es la mejor manera de atenuar las desigualdades cualitativas creadas por el disponente entre sus herederos forzosos"[57].

Ya en tiempos más recientes puede decirse que no han dejado de sostenerse posturas divergentes; en ello han tenido bastante que ver ciertas reformas acaecidas, como la del artículo 841 CC, en el año 1981[58], precepto dedicado hasta aquel momento a la regulación de la legítima de los hijos naturales reconocidos. La nueva redacción del artículo 841, vigente en la época actual, es la siguiente: "El testador, o el contador-partidor expresamente autorizado por aquél, podrá adjudicar todos los bienes hereditarios o parte de ellos a alguno de los hijos o descendientes, ordenando que se pague en metálico la porción hereditaria de los demás legitimarios. También corresponderá la facultad de pago en metálico en el mismo supuesto del párrafo anterior al contador partidor dativo a que se refiere el artículo 1057 del Código Civil.". Como se puede observar, con este artículo se pasó a flexibilizar bastante el pago de la legítima[59], que parece así perder ciertas cualidades –como la de convertir al legitimario en heredero[60]–; en palabras del Profesor Domínguez Luelmo, "una de las cuestiones que llama poderosamente la atención en todo el proceso de redacción de los actuales artículos 841 y siguientes del Código civil es la

---

57 De la Cámara Álvarez, 1964, pp. 750-1005, defendió, contra el sentir mayoritario de la doctrina de la época, que era renuente a admitir que la legítima del Código Civil se pudiese pagar con metálico no hereditario, que no existía ningún precepto que estableciese de forma expresa y terminante que la legítima se debía pagar con bienes hereditarios; por lo tanto, no veía incompatibilidad alguna entre el artículo 806 y la posibilidad de que el testador sustituyese la cuota reservada por un legado de suma determinada. Este autor también estudió los supuestos en los que el pago en metálico obedece a la voluntad del testador; así, sobre el artículo 829 CC, creía que era posible su aplicación analógica para no mejorar, sino para disponer para otros legitimarios compensaciones pecuniarias. También estudió los supuestos en los que el pago en metálico se disponía por la ley (artículos 821 y 839-840 CC). Finalmente, el autor reflexionaba lo siguiente: "la discusión sobre si debe o no admitirse el pago de la legítima individual con metálico extrahereditario se desplaza, en realidad, hacia otra cuestión más amplia y general: decidir en qué medida debe gozar el testador de aquella libertad distributiva. En mi opinión, la Ley debe respetar esa libertad".

58 Reforma operada por la Ley 11/1981, de 13 de mayo, de modificación del Código Civil en materia de filiación, patria potestad y régimen económico del matrimonio.

59 López Beltrán de Heredia, 1989, p. 16, consideraba que la reforma era acertada, a pesar de que parte de la doctrina se mostraba recelosa, pues el testador podría prever y evitar conflictos sucesorios utilizando los recursos que el artículo 841 le brinda.

60 Sin embargo, para Vattier Fuenzalida, 2012, pp. 81-84, la posibilidad de pago en metálico de la legítima no cambia su naturaleza jurídica.

importancia que adquiere la idea de valor referida a la legítima individual de los descendientes”[61].

Tal vez por efecto de esta reforma, Real Pérez defendió en 1988 que la legítima de los descendientes tenía una naturaleza dual y excluyente: dual porque el Código la configura unas veces de una forma y otras de otra; excluyente porque, según los casos, o la legítima tiene una naturaleza determinada o tiene la otra, pero no puede responder a las dos al mismo tiempo. Así, la legítima es *pars bonorum* siempre y cuando no se satisfaga en dinero, en cuyo caso pasa a ser *pars valoris*[62]. Esta tesis es criticada por Espejo Lerdo de Tejada, que no cree que el modo liquidatorio de la porción legitimaria deba disminuir las facultades del legitimario[63]; también es puesta en tela de juicio por Torres García, que no la comparte, pues cree que la legítima se configura como *pars bonorum* aunque desde el punto de vista del pago pueda transformarse en una *pars valoris bonorum*[64].

Como se puede observar, la doctrina jurídica no ha conseguido en todos estos años ponerse de acuerdo; sin embargo, sí existe la percepción de que la tesis prevalente es aquella que configura la legítima como *pars bonorum*[65]. Es decir, la tendencia mayoritaria es considerar que el legitimario no ha de ser necesariamente un heredero, como también lo ha defendido la jurisprudencia. Cabe destacar, así, la ya antigua STS de 22 de mayo de 1950, en la que se afrontó la cuestión y se decidió que la legítima daba derecho efectivo a ser considerado heredero y no sólo a la titularidad de una porción de bienes; más allá de esa sentencia, ya antigua, conviven declaraciones jurisprudenciales de diverso signo[66]. Parece, por ello, que no vendría mal una reforma legislativa que aclarase, de una vez, la naturaleza jurídica de la cuota forzosa reconocida en favor de los descendientes.

---

61 Domínguez Luelmo, 1989, p. 21.

62 Real Pérez, 1988, pp. 80 y ss.

63 Espejo Lerdo de Tejada, 1996, pp. 352 y ss., quien parece entender que la legítima sería *pars bonorum*.

64 Torres García, 2006, pp. 201-202; criterio que comparte Garrido de Palma, 2019, pp. 123 y ss.

65 Vallet de Goytisolo, 1978, p. 17; Real Pérez, 1988, pp. 54-55; Domínguez Luelmo, 1989, p. 26; Torres García y Domínguez Luelmo, 2012, pp. 28 y ss.; García Goldar, 2019, p. 470.

66 Domínguez Luelmo, 2010, p. 924, que además señala que, a pesar de que la STS de 26 de abril de 1997 (RJ 1997, 3542), considerase que la legítima era *pars hereditatis* y que el legitimario tenía derecho a una cuota no solo en el activo, sino también en el pasivo, la mayoría de las decisiones judiciales se inclinan por considerar que la legítima es *pars bonorum*.

II.1.B. Más concretamente: la cuantía de la legítima

Dejando de lado la complicada naturaleza jurídica de la legítima, cabe señalar que, de acuerdo con el artículo 807 CC, serán herederos forzosos "los hijos y descendientes respecto de sus padres y ascendientes". El artículo 808 CC aclara que constituye la legítima de estos "las dos terceras partes del haber hereditario del padre y de la madre. Sin embargo, podrán éstos disponer de una parte de las dos que forman la legítima, para aplicarla como mejora a sus hijos o descendientes. Cuando alguno de los hijos o descendientes haya sido judicialmente incapacitado, el testador podrá establecer una sustitución fideicomisaria sobre el tercio de legítima estricta, siendo fiduciarios los hijos o descendientes judicialmente incapacitados y fideicomisarios los coherederos forzosos. La tercera parte restante será de libre disposición".

La redacción del artículo 808 CC fue modificada en dos ocasiones: la primera, con la Ley 11/1981, por la cual se suprime en sede de legítimas toda referencia a las distintas clases de filiación existentes hasta la entrada en vigor de la CE; la segunda, tras la Ley 41/2003, por el que se añade el tercer apartado, relativo a la facultad de constituir una sustitución fideicomisaria sobre el tercio de legítima estricta en favor de algún hijo o descendiente judicialmente incapacitado; se trata de una norma de carácter excepcional, pues contrasta con el principio de intangibilidad de la legítima previsto en el artículo 813.2.º CC[67].

La cuantía de la legítima reconocida por el Código Civil en favor de hijos y descendientes es por tanto de dos tercios; si bien sólo uno de los tercios tendrá carácter de legítima *necesariamente igualitaria,* pues el otro tercio es de mejora[68] –de naturaleza colectiva[69], que constituye una institución original de la legislación española[70], y *permite* al testador distribuirlo

---

[67] Torres García y Domínguez Luelmo, 2012, p. 89.

[68] Para Díez-Picazo Ponce de León, 1967, pp. 135 y ss., el primer origen de la mejora está en la Ley Dum-Imlicita promulgada por Chindasvinto en el siglo VII, alrededor del año 644, e inserta en el Liber Judiciorum. Según esta ley "si el padre, la madre, el abuelo o la abuela mejora a alguno de sus hijos o descendientes, deben sujetarse a las reglas siguientes: no podrán dar a los hijos o hijas, nietos o nietas mejorados más allá de la décima parte de sus bienes; tampoco podrán disponer de estos en favor de personas extrañas, a menos que carezcan de hijos o legítimos descendientes. No obstante, a pesar de tener hijos y descendientes legítimos, si quisieran hacer gracia de alguna liberalidad ya a las iglesias, ya a sus libertos o algunas otras personas de su agrado, podrán disponer hasta el quinto de sus bienes". Véase también, sobre esta institución, Lacruz Berdejo, 1981, p. 422; Vallet de Goytisolo, 1982, pp. 710 y ss. o Hidalgo García, 2015, pp. 235 y ss.

[69] Vallet de Goytisolo, 1982, p. 710.

[70] Para Azcárraga Monzonís, 2007, p. 61, la mejora es una institución que destaca "por su originalidad en el Derecho sucesorio comparado, característica de nuestro Derecho civil y de

libremente[71] con la única condición de que los beneficiarios sean descendientes legitimarios[72]–. Es decir, el tercio de mejora sólo es legítima frente a extraños y presupone necesariamente una pluralidad de descendientes[73], aunque no es preciso que sean todos de primer grado[74]; se admite la posibilidad de mejorar a los nietos en vida de sus padres, bien entendido que los nietos no son legitimarios sino destinatarios de bienes en concepto de mejora[75].

Sobre este instituto de la mejora, cabe señalar que para algunos autores clásicos no cumplía con la finalidad de la legítima de igualar a todos los descendientes. Uno de ellos fue Montojo Burguero[76], quien entendía que la mejora puede "dar lugar a desigualdades irritantes sin explicación alguna dentro del seno de la familia", poniendo de ejemplo el caso en que un hombre casado en segundas nupcias con otro hijo deje el tercio de libre disposición y el de mejora al hijo del segundo matrimonio. Además, y según el autor, podría entenderse que el fundamento de la mejora reside en la equidad y la humanidad, al tratar de compensar "en el aspecto económico la desigualdad que una enfermedad incurable o un defecto físico en cualquiera de los hijos o descendientes puede producir para hacer frente a la vida"; sin embargo, esto no sería así, pues no se establecen condiciones de ningún tipo para otorgarla. Otro autor que criticó la mejora por cuanto

---

otros que se inspiraron en él. Se contempla así en la normativa de Derecho sucesorio de Perú, Chile, Ecuador, Colombia y Guatemala. En una primera aproximación se podría definir como toda disposición a favor de un descendiente legitimario que excede de lo que le corresponde por legítima estricta".

[71] Díez-Picazo Ponce de León, 1967, p. 141, afirma que la expresión "podría disponer" del artículo 823 CC es precisamente la cara contraria del "no pude disponer" del artículo 806 CC referido a la legítima. También para Lacruz Berdejo, 1981, p. 444, la mejora es una posibilidad concedida al ascendiente, no una necesidad; la expresión tercio de mejora indica simplemente el límite máximo de lo que el causante puede asignar a un descendiente en calidad de mejora, por lo común, desigualándole con los otros y prefiriéndole a ellos.

[72] No lo cree así Díez-Picazo Ponce de León, 1967, pp. 139-140, que cree que la mejora no tiene carácter legitimario por varias razones: entre otras, que se puede mejorar a un no legitimario (nietos o descendientes de ulterior grado); por ello entiende que "la mejora no tiene carácter legitimario no es legítima ni parte de ella. Lo único que hay es que, si el testador no ejercita su poder de mejorar, todo aquello que hubiera podido ser objeto de mejora pasa a engrosar la legítima".

[73] Así lo señala la STS de 22 de noviembre de 1991 (RJ 1991, 8477) que define la mejora como la facultad de desigualar a los descendientes.

[74] Vallet de Goytisolo, 1982, p. 727; Lacruz Berdejo, 1981, p. 445.

[75] Torres García y Domínguez Luelmo, 2012, p. 95, que citan también la RDGRN de 15 de junio de 1898 y la STS de 28 de septiembre de 2005.

[76] Montojo Burguero, 1942, pp. 23 y ss.

no sirve a la finalidad de la legítima de *igualar* a los legitimarios fue Espinar Lafuente[77]. Para este autor, era urgente y esencial reducir el desproporcionado *quantum* de mejora, que permite "desigualaciones irritantes que carecen de justificación racional, haciendo ilusorio en nuestro Derecho, el principio (que es el verdadero 'norte del Derecho hereditario') de la necesaria igualdad entre los descendientes".

II.2. La legítima de los descendientes en los derechos autonómicos

Cabe precisar que este estudio comparativo entre las normativas autonómicas en materia sucesoria lo hemos ordenado siguiendo un criterio cronológico o temporal; por lo tanto, comenzaremos con las leyes autonómicas que llevan más tiempo vigentes y terminaremos con las más recientes.

II.2.A. Islas Baleares

La regulación concerniente a esta Comunidad Autónoma está prevista en el Decreto Legislativo 79/1990, de 6 de septiembre, por el que se aprueba el Texto Refundido de la Compilación del Derecho Civil de las Islas Baleares. Este derecho civil balear se caracteriza por tres notas: en primer lugar, su heterogeneidad aplicativa; en segundo lugar, su escaso contenido normativo; y por último, su limitado grado de diferenciación[78].

Efectivamente, la heterogeneidad del derecho civil balear se aprecia en la composición de la Compilación: el libro I contiene disposiciones aplicables en la Isla de Mallorca; el libro II, las aplicables en la Isla de Menorca; y el libro III, las aplicables en Ibiza y Formentera. Los dos únicos preceptos de la Compilación que son comunes o generales al Derecho civil de las Islas Baleares no regulan institución alguna, pues son instrumentales, lo que quiere decir "que la noción de vecindad civil balear es inútil en el ámbito de la CBCB", y, por lo tanto, "el concepto que deviene útil es el de vecindad civil mallorquina, menorquina, ibicenca o formenterense"[79]. Esto supone, se ha dicho, un giro radical con lo que había venido sucediendo desde que Pedro Ripoll Palou redactara en 1881 la Memoria sobre las instituciones del Derecho civil de las Islas Baleares donde se planteaba como un todo unitario el derecho civil propio del archipiélago, con menciones aisladas a las instituciones

---

[77] Espinar Lafuente, 1956, p. 448.

[78] Coca Payeras, 2010, p. 187.

[79] Coca Payeras, 2010, pp. 189-190, que aclara que paradójicamente la vecindad civil balear sólo ha cobrado valor jurídico tras la aparición de la Ley balear de parejas estables.

propias de cada isla[80]. No existe, por lo tanto, la legítima balear, sino que es necesario estudiar la legítima del CDCB en dos bloques: el que afecta a Mallorca y Menorca, de una parte, y el que afecta a Ibiza y Formentera, de otra[81].

II.2.A.a) Mallorca y Menorca

El artículo 41 CDCIB establece que son legitimarios en Mallorca (y consecuentemente, también en Menorca, *ex* artículo 65 CDCIB[82]), los "hijos y descendientes por naturaleza, matrimoniales y no matrimoniales, y los adoptivos". El artículo 42 especifica que su legítima será de la tercera parte del haber hereditario, si fuesen cuatro o menos de cuatro, y la mitad, si excedieren este número. Es en este precepto donde se puede verificar la peculiaridad de esta legítima: que es variable[83]. Además, el artículo 48 CDCIB establece que "la legítima atribuye derecho a una porción del haber hereditario y debe ser pagada en bienes de la herencia", aunque "el testador, en todo caso, y el heredero distribuidor, si no se le hubiere prohibido, podrán autorizar el pago de la legítima en dinero aunque no lo haya en la herencia". Este pago de la legítima en bienes hereditarios es, según la doctrina, la consecuencia "lógica" de su naturaleza *pars bonorum* (el legitimario es copropietario de los bienes de la herencia)[84].

II.2.A.b) Ibiza y Formentera

El artículo 79 CDCIB establece que son legitimarios "los hijos y descendientes por naturaleza, matrimoniales y no matrimoniales, y los adoptivos", y que su legítima "está constituida por la tercera parte del haber hereditario si fueren cuatro o menos de cuatro, y por la mitad de la herencia si excediesen de este número. Los hijos se contarán por cabezas y los demás descendientes por estirpes. Las dos terceras partes o la mitad restantes, según los casos, serán de libre disposición"; por lo tanto, se trata de una legítima igualmente variable[85].

---

80 Munar Bernat, 2012, p. 331.

81 Llodrà Grimalt, 2016, p. 602, distingue entre derecho civil mallorquín, menorquín e ibicenco-formenterense, pero matiza que el derecho civil mallorquín se aplica en casi toda su extensión a Menorca por lo que es, en gran parte, el mismo derecho.

82 Artículo reformado por la Ley 7/2017, de 3 de agosto, por la que se modifica la Compilación de Derecho Civil de las Illes Balears.

83 Fernández Hierro, 2004, p. 144; Llodrà Grimalt, 2016, p. 605.

84 Canal Prats, 2003, p. 426; Menéndez Mato, 2012, p. 20; Bernard Mainar, 2019, p. 392.

85 Llodrà Grimalt, 2016, p. 612.

Del tenor literal del precepto se podría inferir que la legítima de Ibiza y Formentera también es *pars bonorum;* sin embargo, esto no sería acertado. El artículo 81 CDCIB establece que "1. El heredero o sucesor contractual obligado al pago de la legítima podrá, sin intervención de los legitimarios, aceptar la herencia, inscribir los bienes recibidos en los registros públicos y enajenarlos o gravarlos por cualquier título; podrá, asimismo, pagar la legítima en dinero o metálico, aunque no lo hubiera en la herencia, salvo disposición en contra del testador o del instituyente. 2. El obligado al pago de la legítima deberá soportar la afección real legitimaria sobre todos los bienes a él adjudicados por herencia, donación o heredamiento. 3. La legítima devengará el interés legal de su importe desde la muerte del causante aunque el pago se efectúe en bienes hereditarios. En el legado, señalamiento o asignación de cosa específica hereditaria en concepto de legítima o imputable a ella, el legitimario favorecido hará suyos, en lugar de intereses, los frutos o rentas que la cosa produzca a partir de la muerte del causante. Mientras el legitimario viva en la casa y en compañía del heredero o del usufructuario universal de la herencia y a expensas de ellos, la legítima aún no satisfecha no devengará intereses. 4. El importe de la legítima, fijado el día de la muerte del causante, variará según las alteraciones intrínsecas del valor de los bienes de la herencia hasta el momento de efectuarse su pago"[86]. Por lo tanto, tal y como ha señalado la doctrina, se trata de una legítima *pars valoris bonorum*[87], pues "el legitimario es más que un acreedor, ya que ostenta la titularidad sobre un derecho real de realización de valor que le faculta para perseguir los bienes hereditarios hasta obtener la satisfacción de su derecho, sea quien sea el que los adquiera. Por ello no se trata de que la legítima sea un crédito garantizado con un derecho real de realización de valor, sino que la legítima misma es un derecho real"[88]. Todo ello resulta en que el legitimario no será coheredero ni copropietario de los bienes de la herencia, sino un acreedor de valor patrimonial, cuya posición es más preeminente que la de un acreedor ordinario, al serle reconocido un derecho de realización de valor sobre el caudal hereditario[89].

---

[86] El primer apartado del artículo ha sido objeto de reciente reforma introducida por la Ley 7/2017, de 3 de agosto, por la que se modifica la Compilación de Derecho Civil de las Illes Balears.

[87] Canal Prats, 2003, p. 426; Menéndez Mato, 2012, p. 20; Munar Bernat, 2012, p. 332; Bernard Mainar, 2019, p. 392.

[88] Munar Bernat, 2012, p. 333, quien además hace notar que la jurisprudencia es unánime al entender que es esta la naturaleza jurídica de la legítima pitiusa.

[89] Munar Bernat, 2012, p. 337.

II.2.B. Galicia

El artículo 238 de la Ley 2/2006, de 14 de junio, de Derecho Civil de Galicia[90], establece que son legitimarios "los hijos y descendientes de hijos premuertos, justamente desheredados o indignos"[91]. En cuanto a la cuantía, el artículo 243 LDCG determina que "constituye la legítima de los descendientes la cuarta parte del valor del haber hereditario líquido que, determinado conforme a las reglas de esta sección, se dividirá entre los hijos o sus linajes"[92]. Esta modificación de dos tercios que contemplaba la Ley de 1995[93] a un cuarto de la actual normativa supone una reducción considerable[94], que "va en la línea de desgaste de la figura"[95].

---

[90] Para conocer cómo fue el proceso de inclusión de Galicia como uno de los territorios forales, así como la evolución posterior del Derecho Civil de Galicia, véase Lete del Río, 2007, pp. 8 y ss. En este trabajo el autor celebra el hecho de que la Ley de 1995 estableciese, al contrario de lo que hizo la Compilación de 1963, un sistema sucesorio propio.

[91] Para un mayor estudio sobre la legítima gallega de los descendientes, véase Mariño Pardo, "La legítima en el derecho civil de Galicia" del *Blog Iurisprudente*, disponible en: www.iurisprudente.com/2019/02/la-legitima-en-el-derecho-civil-de.html.

[92] La ausencia de justificación de la reducción en el préambulo de la Ley es algo que, debido a la tradición histórica, parece sorprender a Lasarte Álvarez, 2011, p. 196.

[93] Dicha cuantía no se regulaba en la Ley de 1995 de forma expresa, sino por remisión, pues el artículo 146, apartado segundo, establecía que "son legitimarios los herederos forzosos determinados en el Código cicil y en la cuantía y proporción que, en los distintos supuestos, establece dicho Cuerpo legal". Por ello, García Rubio, 1997, p. 1142, afirmaba que la legítima gallega no comportaba una reglamentación completa de la institución, sino que debía ser entendida necesariamente dentro de un contexto jurídico más amplio, que no era otro que el del propio Código Civil. Tal vez por ello, Lete del Río, 2007, p. 20, consideraba que esta Ley era un logro importante, pero no definitivo: "es un punto de partida, no de llegada. Un texto en el que, por encima de las exigencias de la vida social presente, ha primado poner en armonía el Derecho Civil de Galicia con sus tradiciones".

[94] Espinosa de Soto, 2007-B, p. 671. Carballo Fidalgo, 2016, p. 675, la califica de "drástica" y considera que la norma ha certificado además "la defunción de la institución de la mejora, al contemplar una legítima de naturaleza uniforme". Quizás hubiera sido deseable, dice la autora, "el abandono por el legislador del propio término de mejora que, sin embargo mantiene para designar uno de los pactos típicos, de cuya regulación (artículos 214 a 218) se desprende su naturaleza como pacto por el que se conviene la sucesión en bienes concretos, que en nada altera las reglas generales de imputación legitimaria ni es tabla de salvación de la institución histórica".

[95] Esta expresión corresponde a García Rubio, 2012, pp. 205 y 216, quien considera que el régimen legitimario gallego se encuadra dentro de los sistemas de "limitación a la libertad de disponer del causante o de reglamentación negativa o de freno". Anteriormente, también Espinosa de Soto, 2007-B, p. 674, manifestaba que con la reducción de la legítima se podía decir que "la Ley al mismo tiempo rompe la tradición y sigue la tradición".

Puede decirse por tanto que el legislador gallego fue uno de los que con mayor premura se decantó, en la era postconstitucional[96], por el adelgazamiento de la legítima. Además, la reducción de la cuantía no fue el único cambio: para la doctrina queda claro que con la reforma la legítima ha pasado a ser *pars valoris*[97].

Esta afirmación general de que la legítima se configura como derecho de crédito se fundamenta, según García Rubio[98], en estas notas legales: a) el artículo 240 LDCG configura la legítima como derecho a recibir del causante "por cualquier título" "una atribución patrimonial", por lo tanto, no será necesario que el causante los instituya herederos; b) el artículo 234 LDCG define la legítima de los descendientes como "la cuarta parte del valor del haber hereditario líquido"; c) salvo que el testador hubiera asignado la legítima en bienes determinados, los herederos, de común acuerdo, pueden pagarla en bienes hereditarios o en metálico, que puede ser extrahereditario; en ausencia de acuerdo habrá de pagarse en bienes hereditarios (artículo 246 LDCG)[99]; d) el artículo 249 LDCG considera al legitimario como un acreedor "a todos los efectos" y expresa que no tiene acción real para la reclamación de su legítima; sí podrá, sin embargo, solicitar anotación preventiva de su derecho en el Registro de la Propiedad; e) de ser necesaria la reducción de legados, donaciones y otras atribuciones, los afectados podrán evitarla entregando en metálico el importe para el pago de las legítimas (artículo 251.3 LDCG); f) como mero acreedor, el legitimario descendiente no es cotitular del patrimonio hereditario, lo que significa

---

[96] La Compilación catalana de 1960 ya establecía una legítima mucho más reducida de una cuarta parte (artículo 129).

[97] Véase, en la jurisprudencia, la STSJ de Galicia de 26 de enero de 2017 (RJ 2017, 3410); véase, en la doctrina, Lete del Río, 2007, p. 27; Espinosa de Soto, 2007-B, p. 625; Rebolledo Varela, 2008, p. 238; Parra Lucán, 2009, p. 493; García Rubio, 2012, p. 206; Carballo Fidalgo, 2016, p. 676; Díaz Teijeiro, 2019, p. 128; Bernard Mainar, 2019, p. 390. Cabe tener en cuenta que con la anterior LDCG de 1995 la regulación no estaba tan clara, por lo que algunos autores consideraban que la legítima gallega era *pars bonorum*, y otros que era pars *valoris bonorum*; véase, sobre esto, García Rubio, 1997, pp. 1143-1151, que defendía la última opción mencionada, y Mariño Pardo, en "Últimas resoluciones de la DGRN sobre derecho civil gallego (con ocasión de una jornada en la Facultad de derecho de la USC)", del *Blog Iurisprudente*, disponible en: www.iurisprudente.com/2016/12/ultimas-resoluciones-de-la-dgrn-sobre.html, cuando se refiere a la falta de unanimidad sobre esta materia tanto en el ámbito doctrinal como jurisprudencial.

[98] García Rubio, 2012, pp. 207-208.

[99] Precisamente por esta razón, Bermejo Pumar, 2019, pp. 99-107, considera que la legítima gallega no es crediticia como sí lo es la catalana; la legítima gallega no consiste en una "cantidad de dinero resultado de una liquidación, ni a a una cuota en dinero, sino en valor, que si no se satisface en dinero lo es en los bienes del patrimonio".

que no tendrá que soportar las vicisitudes derivadas del incremento o disminución del valor que pueda sufrir el patrimonio hereditario desde la apertura de la sucesión hasta el momento del pago; tampoco podrá, por tanto, instar división de la herencia; g) la nueva configuración de la legítima como un derecho de crédito evita cotitularidades indeseadas que suelen fuentes continuas de conflictos, haciéndose así más favorable para la libre circulación de los bienes, particularmente los inmuebles, y permitiendo el mantenimiento de los negocios llevados a cabo en vida por el causante.

Otra característica importante de la legítima gallega es que, según el artículo 239 LDCG, "a pesar de no tener la condición de legitimarios, los apartados, los que repudiaran el llamamiento legitimario así como sus descendientes hacen número para el cálculo de las legítimas"[100]. Esto significa, tal y como afirma Rebolledo Varela, que el apartado y el legitimario que repudia la legítima, y sus descendientes, ahora sí hacen número para el cálculo de las legítimas individuales de los demás, lo que implica que esa parte no corresponde ya a los colegitimarios ni por derecho propio ni por cualquier otro título, sino que aumenta la parte de libre disposición del causante[101].

En definitiva, y siguiendo a Rebolledo Varela, se puede afirmar que la LDCG afronta la regulación de un sistema legitimario esencialmente propio y completo, sin remisiones genéricas al CC, aunque mantiene alguna remisión puntual, y con una opción clara a favor de la libertad de testar y una fuerte disminución de la fuerza del sistema legitimario[102].

II.2.C. Cataluña

El artículo 451-3 de Ley 10/2008, de 10 de julio, del libro cuarto del Código Civil de Cataluña, relativo a las sucesiones, establece que "1. Son legitimarios todos los hijos del causante por partes iguales. 2. Los hijos premuertos, los desheredados justamente, los declarados indignos y los ausentes son representados por sus respectivos descendientes por estirpes. 3. El derecho de representación sólo tiene por objeto el derecho a la legítima y no se extiende a las atribuciones patrimoniales que el causante haya ordenado a

---

[100] A diferencia del antiguo artículo 148 de la LDCG de 1995, que ordenaba la determinación de la legítima individual estaba sometida a las normas del Código Civil "con la salvedad de que el apartado (...) no hace número".

[101] Rebolledo Varela, 2008, pp. 1022-1023; véase también Díaz Teijeiro, 2018, p. 45, y Mariño Pardo, "La legítima en el derecho civil de Galicia" del *Blog Iurisprudente*, disponible en: www.iurisprudente.com/2019/02/la-legitima-en-el-derecho-civil-de.html.

[102] Rebolledo Varela, 2008, pp. 1017-1018.

favor del representado, salvo que el representante haya sido llamado por vía de sustitución"[103]. Por lo tanto, son los hijos vivos del causante los que recibirán legítima, pues los demás descendientes la recibirán en virtud del derecho de representación[104].

La cuantía se determina en un precepto aparte, el artículo 451-5 CCCat, que establece que la legítima consiste en "la cuarta parte" de la cantidad base que resulte de aplicar determinadas reglas establecidas en dicho artículo[105]. Para la determinación de la legítima individual resulta importante tener también en cuenta el artículo 451-6 CCCat, que establece que "hacen número el legitimario que sea heredero, el que ha renunciado a la misma, el desheredado justamente y el declarado indigno de suceder. No hacen número el premuerto y el ausente, salvo que sean representados por sus descendientes".

La característica fundamental de la legítima catalana es, por tanto, su *debilidad*[106], determinada por dos factores: en primer lugar, su reducida extensión de un cuarto[107]; en segundo lugar, su carácter crediticio que no

---

[103] El apartado cuarto del precepto establece que "en caso de adopción de hijos del cónyuge o de la persona con quien el adoptante convive en relación de pareja con carácter estable, el adoptado no es legitimario del progenitor de origen sustituido por la adopción y, si este ha muerto, tampoco lo es, por derecho de representación, en la sucesión de los ascendientes de este. La misma regla se aplica en la adopción de huérfanos por parientes dentro del cuarto grado respecto a la sucesión de los ascendientes de la rama familiar en que no se ha producido la adopción".

[104] De Paula Puig Blanes, 2011, p. 401.

[105] Las reglas son las siguientes: "a) Se parte del valor que los bienes de la herencia tienen en el momento de la muerte del causante, con deducción de las deudas y los gastos de la última enfermedad y del entierro o la incineración. b) Al valor líquido que resulta de aplicar la regla de la letra a, debe añadirse el de los bienes dados o enajenados por otro título gratuito por el causante en los diez años precedentes a su muerte, excluidas las liberalidades de uso. El valor de los bienes que han sido objeto de donaciones imputables a la legítima debe computarse, en todo caso, con independencia de la fecha de la donación. c) El valor de los bienes objeto de las donaciones o de otros actos dispositivos computables es el que tenían en el momento de morir el causante, con la deducción de los gastos útiles sobre los bienes dados costeados por el donatario y del importe de los gastos extraordinarios de conservación o reparación, no causados por su culpa, que él haya sufragado. En cambio, debe añadirse al valor de estos bienes la estimación de los deterioros originados por culpa del donatario que puedan haber disminuido su valor. d) Si el donatario ha enajenado los bienes donados o si los bienes se han perdido por culpa del donatario, se añade, al valor líquido que resulta de aplicar la regla de la letra a, el valor que tenían los bienes en el momento de su enajenación o destrucción".

[106] Para Vaquer Aloy, 2013, p. 1158, "es curioso observar cómo el legislador catalán no se decide a suprimir la legítima, sino que parece preferir su desfallecimiento agónico mediante sucesivas vueltas de tuerca destinadas a reducir su cuantía".

[107] La cuantía es la misma desde 1585; véase en este sentido Durán Bas, 1883, pp. 199-200, cuando afirma que en ese año, "D. Felipe II de Aragón, III de Castilla, ordenó en las Cortes de

otorga derecho a los bienes. En efecto, la legítima es de clara naturaleza *pars valoris*[108]; el legislador catalán ha cerrado así todas las discusiones históricas precedentes, pues ciertos autores defendían que la legítima de la Compilación era de naturaleza *pars valoris bonorum*[109]. Esta cualidad crediticia de la legítima hará que la misma devengue interés legal desde la apertura de la sucesión, incluso si el pago se realizase con bienes del patrimonio relicto (artículo 451-14.2 CCCat). Sin embargo, el pago de intereses no se devengará en cuatro situaciones: en primer lugar, cuando así lo hubiese dispuesto el causante; en segundo lugar, cuando el causante hubiese atribuido la legítima a través de un legado o asignación de cosa específica, en cuyo caso el legitimario no recibirá intereses, pero sí los frutos o rentas que produzca la cosa desde la apertura de la sucesión; en tercer lugar, cuando el legitimario viva en casa y a expensas del heredero o usufructuario universal, pues los intereses se compensarán con los alimentos que perciba; y por último, con la consignación del importe de la legítima, no bastando el ofrecimiento de su pago (STSJC de 25 de enero de 2001)[110].

Cabe señalar, además, que tal y como hace notar Vaquer Aloy, un mismo sucesor puede ostentar la cualidad de heredero y la de legitimario, pues ambas cualidades no se absorben; en caso de que ello ocurriera, el heredero legitimario está legitimado, pero sólo en cuanto legitimario, para impugnar los actos simulados del causante, aunque carecerá de legitimación si no invoca perjuicio en su legítima[111]. Lo que no podrá hacer el heredero legitimario será renunciar al título de heredero y reclamar la legítima, pues la renuncia al título de heredero implicará renuncia a la legítima cuando la misma se hubiese atribuido por ese título (artículo 451-7.1 CCCat).

Monzón qe en todo el Principado de Cataluña y Condados de Rosellón y Cerdeña la legítima para todos los hijos e hijas, aunque excediesen del número de cuatro, fuese sólo de la cuarta parte, por desear, según lo consigna en el comienzo del cap. 94, la conservación de las casas principales". Y, para un mayor conocimiento de la historia del Derecho Civil de Cataluña en general, véase de Brocà, 1985.

108 Cortada Cortijo, 2010, p. 384; Ferrer Riba, 2011, p. 350, que afirma que el libro IV ha optado así por continuar el proceso de erosión progresiva de la legítima que viene de lejos y que posiblemente no haya acabado todavía; Arroyo Amayuelas y Anderson, 2011, p. 68; Vaquer Aloy, 2012, p. 473; Del Pozo Carrascosa, Vaquer Aloy y Bosch Capdevila, 2017, p. 395; y Bernard Mainar, 2019, p. 394.

109 Vallet de Goytisolo, 1973, pp. 80 y ss.; Roca de Laqué, 1973, p. 49.

110 RJ 2001, 8171; Vaquer Aloy, 2012, p. 496.

111 Vaquer Aloy, 2012, p. 482, que remite a las SSTSJ Cataluña de 3 de abril de 2000 (RJ 2000, 7441) y 11 de noviembre de 2002 (RJ 2002, 10923).

Por último, convendría traer a colación una novedad de la legislación catalana en relación con la intangibilidad de la legítima, no sólo de los descendientes, sino también de los padres: la limitación de la computación de donaciones a las hechas en los diez años precedentes a la muerte del causante, salvo que se trate de donaciones otorgadas a legitimarios e imputables a su legítima, en cuyo caso son computables sin límite temporal (artículo 451-5.b CCCat). La restricción de la computación a las donaciones hechas en los últimos diez años de vida facilita, dice el propio preámbulo de la ley 10/2008, "las operaciones de cálculo de la cuantía de la legítima, que no se verán entorpecidas por problemas de prueba y valoración de actos pretéritos, pero, sobre todo, debe percibirse como una reducción de los derechos de los legitimarios ajustada a la realidad de la sociedad contemporánea, en que prevalece el interés en procurar formación a los hijos sobre el interés en garantizarles un valor patrimonial cuando faltan los progenitores". En opinión de la doctrina, la no agregación al *relictum* de las donaciones hechas mucho antes de la muerte es consistente con un sistema de computación que tiene como función principal impedir la defraudación de la legítima, ya que el fraude no se acostumbra a plantear con tanta antelación[112].

II.2.D. Aragón

En Aragón ha sido un criterio reiterado en la historia el reconocer únicamente a los descendientes como legitimarios[113], criterio que se ha consagrado en el Decreto Legislativo 1/2011, de 22 de marzo, del Gobierno de Aragón, por el que se aprueba, con el título de "Código del Derecho Foral de Aragón", el Texto Refundido de las Leyes civiles aragonesas. Sin ánimo de hacer un estudio exhaustivo de la legítima aragonesa[114], se

---

112 Ferrer Riba, 2011, p. 352.

113 Sánchez-Rubio García, 2015, p. 667.

114 Una cuestión que sí puede resultar interesante es el precepto 488 CDFA, según el cual, "son legitimarios de grado preferente los hijos y, en lugar de los premuertos, desheredados con causa legal o indignos de suceder, sus respectivos hijos, sustituidos en los mismos casos y sucesivamente por sus estirpes de descendientes. No tendrán esta condición los descendientes de los que hubieran renunciado a su legítima". Sánchez-Rubio García, 2015, pp. 671-672, afirma que el término "legitimario de grado preferente" fue introducido por la Ley de sucesiones por causa de muerte para referirse al descendiente sin mediación de persona capaz de heredar; es decir, a los descendientes a los que hoy se refiere el artículo 488.1 CDFA. Según el texto vigente, los descendientes del renunciante a la legítima no son legitimarios de grado preferente por sustitución, pero no por ello pierden su condición de simples legitimarios. En cualquier caso, cabe señalar que la preferencia se manifiesta en tres aspectos: primero, si no han resultado beneficiados y no fueron mencionados, se consideran preteridos; segundo, sólo ellos podrán ejercitar la acción de reducción de liberalidades cuando exista lesión cuantitativa de la legítima, salvo que hubiesen

puede destacar, como característica más singular, la inexistencia de una cuota individual como derecho de cada uno de los legitimarios[115], pues se trata de una legítima colectiva[116]: la cuota reservada debe recaer en el conjunto de los descendientes, pero el testador puede repartirla desigualmente entre todos, algunos o sólo uno de aquellos, sin sujeción a regla alguna y sin obligación siquiera de atribuirle la simbólica legítima foral a los beneficiados ni de excluirlos expresamente[117]. Dicho carácter colectivo expresa la libertad del causante para distribuirla entre sus descendientes pero no crea un derecho del grupo, pues el conjunto de legitimarios no tiene personalidad[118].

La cuantía se fija en el artículo 486 CDFA, que establece que "1. La mitad del caudal fijado conforme al artículo 489 debe recaer en descendientes, de cualquier grado, del causante, que son los únicos legitimarios[119]. 2. Esta legítima colectiva puede distribuirse, igual o desigualmente, entre todos o varios de tales descendientes, o bien atribuirse a uno solo. Si no se ha distribuido o atribuido de otra manera, la legítima colectiva se entiende distribuida entre los legitimarios de grado preferente conforme a las reglas de la sucesión legal"[120]. De la redacción del precepto ("mitad del caudal")

---

sido desheredados o excluidos absolutamente; y tercero, sólo ellos podrán pedir alimentos a los sucesores *ex* artículo 515 CDFA, salvo que hubiesen sido justamente desheredados.

115 Parra Lucán, 2000, pp. 3647-3690.

116 Serrano García, 2003, pp. 5537-5539, hace notar que la implantación de la legítima colectiva es reciente, sólo después de la llegada del Apéndice de 1925 puede afirmarse con seguridad que ésta sea característica de la legítima aragonesa. Moreu Ballonga, 1997, p. 54, considera que se trata de una descripción "no del todo afortunada" y, en su opinión, "lo que con esta denominación parece que quiere indicar el legislador es que, habiendo varios legitimarios, ninguno tiene asegurado nada de antemano ni está excluido de recibir él solo toda la legítima". De Barrón Arniches, 2018, p. 128, cree que lo de legítima colectiva es, "en realidad, una forma de expresar la libertad de que goza el causante para distribuirla entre el grupo de descendientes, pero no se deriva de él un derecho colectivo o del grupo. El conjunto de legitimarios carece de personalidad y no puede ser titular de derecho alguno".

117 Parra Lucán y Barrio Gallardo, 2012, p. 361; Sánchez-Rubio García, 2015, p. 668. Serrano García, 2016, pp. 488 y ss., considera que el legislador ha recalcado que se trata de una legítima material utilizando el empleo del singular "De la legítima" en la rúbrica del Título VI.

118 Sánchez-Rubio García, 2015, pp. 669-670.

119 Según Sánchez-Rubio García, 2015, p. 669, también serán legitimarios los descendientes concebidos no nacidos al tiempo de la apertura de la sucesión (artículo 325.1 CDFA) y los nacidos fruto de la fecundación asistida post mortem con material reproductor del causante (artículo 325.3 CDFA).

120 Este último apartado fue, según Sánchez-Rubio García, 2015, p. 670, introducido por una enmienda parlamentaria y carece totalmente de utilidad.

se deduce que se trata de una legítima de naturaleza *pars bonorum*[121]; de ese misma locución se extrae también la reforma más visible de la nueva regulación, consistente en la reducción de la legítima a la mitad del caudal, en lugar de los dos tercios en que consistía con anterioridad[122].

Conviene tener en cuenta, finalmente, que la configuración de la legítima colectiva no desampara por completo a los legitimarios de grado preferente, quienes tienen derecho *ex* artículo 515 CDFA a reclamar alimentos a los sucesores del causante, y en proporción a los bienes recibidos, cuando estén en situación de pedirlos. El segundo apartado del precepto referido aclara que "estos derechos de alimentos sólo procederán en la medida en que no esté obligado a prestarlos el viudo usufructuario o los parientes del alimentista conforme a la legislación general"[123].

II.2.E. País Vasco

Con anterioridad a la Ley 5/2015, de 25 de junio, de Derecho Civil Vasco, la regulación civil vasca se encontraba diseminada en tres Fueros civiles: el de Vizcaya, Ayala y Guipúzcoa. En 2013 se dio el impulso político germen de la actual LDCV, con la Resolución para la actualización del Derecho Civil Vasco, aprobada por el Pleno de 28 de noviembre. En este texto, el Parlamento asumía el autocompromiso de elaborar de forma inmediata "una nueva ley de carácter general (…) *basada* en la vecindad civil como elemento fundamental". Ello mediante el "compromiso abierto de abarcar los diferentes ámbitos actualmente regulados (…) incluyendo su posible extensión a las nuevas realidades sociales" y superando "la diseminación regulatoria mediante su inclusión en un texto legislativo comprensivo de sus instituciones actualizadas"[124]. Objetivo este de unificación que se ha conseguido, pero no de forma completa, pues se mantienen ciertas especialidades de los fueros vizcaínos y ayalés[125]. A pesar de estas dos excepciones,

---

121 Parra Lucán y Barrio Gallardo, 2012, p. 381; Serrano García, 2016, p. 492; Zubero Quintanilla, 2017, p. 64; Bernard Mainar, 2019, p. 388.

122 Parra Lucán y Barrio Gallardo, 2012, p. 368; Serrano García, 2016, p. 490.

123 Zubero Quintanilla, 2017, p. 67, menciona que esta restricción de que sólo proceda reclamar alimentos a los sucesores cuando el viudo u otros parientes no estén obligados a prestarlos supone una novedad que no existía en la Compilación; y considera que este derecho de alimentos no es una continuación del régimen general de alimentos, sino una institución sucesoria, que se configura como un nuevo derecho post mortem, aunque cumple con una finalidad semejante: otorgar una prestación asistencial.

124 Osés Abando, 2016, p. 19.

125 Galicia Aizpurúa, 2016, p. 391.

concordamos con quienes opinan que se trata de una reforma histórica[126] y que "la implantación de una legítima única en todo el territorio de Euskadi es un paso adelante muy importante para llegar a articular una verdadera legislación civil vasca"[127]. Pasamos pues a analizar en primer lugar la libertad de testar de Ayala y después la legítima vasca que resultará obligatoria en el resto del territorio autonómico.

II.2.E.a) La libertad de testar de Ayala

La libertad de testar de Ayala supone una excepción a la unificación llevaba a cabo por la LDCV; por ello, téngase en cuenta que cuando hagamos referencia a la legítima vasca en este trabajo estaremos excluyendo el derecho especial de esta localidad. Esta excepción singular se contempla en el artículo 89.1 LDCV, conservando así lo ya establecido en el artículo 134 de la Ley 3/1992, el artículo 62 de la Compilación de 1959 y la Ley XXVIII del Fuero de Ayala de 1373[128].

La ubicación sistemática de esta excepción es cuestionable según cierta doctrina, por cuanto este *plus* de libertad dispositiva ayalesa se viene a incrustrar "entre la *angustiosa* troncalidad vizcaína y la *insignificante* especialidad guipuzcoana"; dicha ubicación hace que las bondades del nuevo sistema sucesorio vasco resulten ensombrecidas, pues amortigua y disimula la contradicción del propio acto legislativo que, a pesar de instaurar la piedra angular de una vecindad civil vasca[129], deja al aire otras tres vecindades civiles locales para el soporte de ciertas viejas instituciones forales[130].

Dejando de lado su ubicación, cabe señalar que el fundamento de dicha libertad de testar se basa no solo en el tradicional mantenimiento de las pequeñas explotaciones, sino también en la propia libertad personal de

---

[126] Osés Abando, 2016, p. 21.

[127] Celaya Ibarra, 2007, p. 129.

[128] Goikolea Martín, 2016, p. 127.

[129] La vecindad civil vasca se regula en el artículo 10 LDCV, que establece: "El Derecho civil de la Comunidad Autónoma del País Vasco se aplica a todas aquellas personas que tengan vecindad civil vasca. 2. La vecindad civil vasca o la vecindad civil local cuando sea preciso aplicarla, se adquieren, se conservan y se pierden conforme a las normas contenidas en el Código Civil, sin perjuicio del principio de territorialidad en materia de bienes troncales. 3. Las normas de Derecho civil de esta ley que rigen con carácter especial en el territorio histórico de Bizkaia y en los términos municipales alaveses de Aramaio y Llodio se aplicarán a quienes tengan vecindad civil local, aforada o no, en dichos territorios". Para Álvarez Rubio, 2016, pp. 36 y ss., esta vecindad civil vasca constituye la piedra angular de la nueva LDCV, y un elemento básico para resolver los conflictos de leyes en el ámbito interregional.

[130] Gil Rodríguez, 2016, p. 405.

disposición de los bienes propios sin impedimentos injustificados[131]. Así, quienes ostenten la vecindad civil local ayalesa tendrán la libre disposición de sus bienes – Ayala es, junto a Navarra, uno de los dos únicos territorios forales en los que existe libertad absoluta de testar[132]. Esta libertad de testar se despliega en un triple sentido: en el ámbito subjetivo, en relación con los sujetos a favor de los cuales puede disponerse con el único límite de apartar a los legitimarios; en el ámbito objetivo, en relación a los bienes que afecta, que podrán ser muebles o inmuebles o estar radicados en territorio nacional o en el extranjero; y, en el ámbito formal, en relación con la forma o instrumento a través del cual puede ejercerse, no siendo necesario que se formalice a través de testamento[133]. La libertad de testar es por tanto plena con la única limitación del necesario apartamiento de los legitimarios[134], que convierte la legítima ayalesa en una legítima formal o simbólica. Cabe añadir que dicho apartamiento puede hacerse con bienes o no, siendo un anacronismo la expresión *con poco o mucho*[135].

II.2.E.b) La nueva legítima vasca

En relación con el resto del territorio vasco, el artículo 47 LDCV de 2015 determina quiénes son los legitimarios, a saber, los "hijos o descendientes en cualquier grado". Asimismo, el artículo 48 LDCV señala que "1. La legítima es una cuota sobre la herencia, que se calcula por su valor económico, y que el causante puede atribuir a sus legitimarios a título de herencia, legado, donación o de otro modo. 2. El causante está obligado a transmitir la legítima a sus legitimarios, pero puede elegir entre ellos a uno o varios y apartar a los demás, de forma expresa o tácita". Por último, el artículo 49 LDCV establece, acerca de la cuantía, que será de un tercio del caudal hereditario.

La reforma que se ha llevado a cabo es de calado, y por tanto, la nueva legítima vasca debe ser expuesta desde la doble perspectiva que supone, por un lado, la reducción de la cuantía y su configuración como legítima colectiva –que refuerza la autoridad parental y el principio de solidaridad intergeneracional–[136], y su extensión a la totalidad de ciudadanos de la Co-

---

131 Goikolea Martín, 2016, p. 137.

132 Goikolea Martín, 2016, p. 127.

133 Goikolea Martín, 2016, p. 127; Gil Rodríguez, 2016, pp. 407 y ss.

134 Para Gil Rodríguez, 2016, p. 406, el que la rúbrica del Capítulo II al que la Sección 4ª pertenece hable de limitaciones a la libertad de testar implica una contradicción de términos.

135 Goikolea Martín, 2016, p. 128.

136 Galicia Aizpurúa, 2016, pp. 391-392.

munidad Autónoma que tengan vecindad civil vasca (a excepción de los ayaleses), por otro[137].

En cuanto a su naturaleza jurídica, la nueva legislación vasca define la legítima de los descendientes como una "cuota sobre la herencia"; locución que no se ha interpretado de forma homogénea por la doctrina. Así, para Galicia Aizpurúa, la legítima es de naturaleza *pars bonorum*[138]; Urrutia Badiola le otorga naturaleza de derecho de crédito; si bien, considera que la definición de la legítima del artículo 806 CC como cuota reservada por ley seguiría siendo válida, pero habría de matizarse en la distinción operativa en derecho vasco entre legítima colectiva, consistente en la cuota sobre la herencia, que correspondería a todos los posibles legitimarios y la legítima individual, que es la consecuencia del acto dispositivo del causante o instituyente[139]; por último, Bernard Mainar considera que la legítima del artículo 48 LDCV es de naturaleza *pars valoris bonorum*[140].

En otro orden de cosas, conviene tener en cuenta que la legislación vasca no ha desprotegido a los descendientes que puedan necesitar alimentos, pues en el artículo 21 se establece que "se pagarán con cargo al caudal relicto: a) Los alimentos debidos a los hijos y descendientes del causante cuando esta obligación no corresponda a otras personas". Como quiera que la LDCV no regula propiamente esta cuestión, se ha defendido que habrá de acudirse a lo establecido en los artículos 142 y siguientes del Código Civil, pero adaptándolo al marco del Derecho vasco; es decir, sólo para descendientes, la obligación se extinguirá si los bienes de la herencia se agotasen, etc.[141]

II.2.F. Navarra

La Compilación de Navarra no es reciente ni mucho menos, pues data de 1973; sin embargo, la hemos dejado para el final debido a que se ha visto afectada por una reforma prácticamente integral en el año 2019[142]. En rela-

---

137 Urrutia Badiola, 2016, p. 83.

138 Galicia Aizpurúa, 2016, pp. 401-403, que afirma además que "la definición de la legítima como 'cuota sobre la herencia' no constituye más que una impropiedad del lenguaje y un exceso verbal del legislador vasco. Lo mismo cabe decir del uso de la locución 'heredero forzoso', importada (ignoro si deliberadamente) del Código Civil. Es de resaltar que la redacción de la LDCF de 1992 fue en este punto más cuidadosa, ya que en ella se acuñó la expresión sucesor forzoso".

139 Urrutia Badiola, 2016, p. 86.

140 Bernard Mainar, 2019, p. 393.

141 Iriarte Ángel, 2016, p. 331.

142 Ley Foral 21/2019, de 4 de abril.

ción con la legítima, la ley 267 determina que la misma, "tradicionalmente consistente en la atribución de cinco sueldos febles o carlines por bienes muebles y una robada de tierra en los montes comunes por inmuebles, no tiene contenido patrimonial exigible ni atribuye la cualidad de heredero, y el instituido en ella no responderá en ningún caso de las deudas hereditarias ni podrá ejercitar las acciones propias del heredero. La atribución de la legítima navarra con esta sola denominación u otra semejante a los legitimarios designados de forma individual o colectiva en el acto de disposición cumple las exigencias de su institución formal".

Como se puede observar, el legislador navarro es tajante a la hora de afirmar que la legítima no convierte en heredero al legitimario[143] y le priva de contenido patrimonial exigible; no en vano, el principio de libertad dispositiva es, probablemente, el signo de identidad más característico del ordenamiento privado navarro[144].

De otra parte, la ley 268 establece que, deberán ser instituidos en la legítima foral los hijos[145] y, en defecto de cualquiera de ellos, sus respectivos descendientes de grado más próximo. La ley 269 fija ciertas excepciones: "no será necesaria la institución en la legítima foral cuando el disponente hubiera dotado a los legitimarios, les hubiese atribuido cualquier liberalidad a título *mortis causa*, o los hubiere desheredado por justa causa, o ellos

---

[143] Fernández Hierro, 2004, p. 139.

[144] Así lo cree Hualde Manso, 2000, pp. 4383-4384. Según la autora, el origen histórico de la libertad sucesoria ha de buscarse seguramente en una práctica consuetudinaria contra legem surgida después de que el Fuero General de Navarra estableciera la vinculación de la masa patrimonial al tronco familiar en cabeza de uno solo de los hijos y obligara al disponente a dejar a los otros hijos en clase de legítima aquello que se conceptuaba necesario para la subsistencia de una familia. Tal previsión normativa quedó relegada con el tiempo, abriéndose camino la costumbre de practicar la libertad dispositiva hasta que la ley 14 de Cortes de 1688 dispuso la más amplia libertad no sólo cuando se instituye a un hijo excluyendo a los otros, sino también a extraños, obligando a instituir a los descendientes en la legítima foral reducida a cinco sueldos febles o carlines y una robada de tierra en los montes comunales. El testador dispone así de absoluta libertad para disponer, pero sometido a trámites formales; la finalidad es la de dar certeza a la voluntad del testador para asegurar que la exclusión no sea consecuencia del olvido, error o ignorancia.

[145] Hasta la nueva redacción de 2019, el precepto establecía innecesariamente que debían ser instituidos en la legítima foral los hijos matrimoniales, los no matrimoniales y los adoptados con adopción plena. Cabe señalar que aunque ya la ley no haga distinción alguna, y siguiendo a Sánchez-Rubio García, 2015, p. 669, quienes al amparo de la legislación adoptiva derogada fueron adoptados en forma "simple" o "menos plena" también habrán de ser incluidos entre los legitimarios, según doctrina sentada por las SSTS de 6 de febrero de 1997 y 8 de octubre de 2010, a cuyo tenor "una cosa es la eficacia de la adopción simple, que se mantiene incólume y otra su inclusión en el concepto de hijo, sin discriminación, que debe mantenerse a ultranza desde la Constitución y desde la reforma del Código Civil de 13 de mayo de 1981, a todos los efectos que se refieran a hijo o hijos en abstracto...".

hubieran renunciado a la herencia de aquel o hubiesen premuerto sin dejar descendencia con derecho a legítima"[146].

Por último, conviene tener en cuenta que la ley 272 de la antigua normativa navarra establecía una limitación, en nuestra opinión, harto interesante: que los hijos de anterior matrimonio no deberían recibir de sus padres menos que el más favorecido de los hijos o cónyuge de ulterior matrimonio[147]. Sin embargo, dicho precepto se ha sustituido por una nueva regulación de los alimentos, sin que nada se haya dicho en el preámbulo de la nueva ley acerca de la supresión de esta limitación.

En realidad, el derecho a alimentos de los descendientes no es nuevo, pues ya la antigua ley 259 establecía, como una de las obligaciones del cónyuge usufructuario, la de "prestar alimentos, dentro de los límites del disfrute, a los hijos y descendientes del cónyuge premuerto, a quienes éste tuviere obligación de prestarlos, y siempre que los alimentistas se hallaren en situación legal de exigirlos". Sin embargo, esta regulación se ha visto ampliada en la nueva ley 272, que establece que "renunciado o extinguido el usufructo de viudedad o no habiéndose este pactado para la pareja estable del causante, o resultando tal derecho insuficiente para cumplir con la obligación a que se refiere el apartado 3 de la ley 259, los alimentos que los hijos o descendientes de aquel tendrían derecho a exigirle por tal concepto y situación, al hacerse efectiva su sucesión, podrán ser reclamados por ellos,

---

146 La redacción anterior al precepto previa a la reforma de 2019 establecía que "la institución en la legítima foral podrá hacerse para todos los legitimarios en forma colectiva".

147 La disposición completa establecía que: "los hijos de anterior matrimonio no deberán recibir de sus padres menos que el más favorecido de los hijos o cónyuge de ulterior matrimonio. Si los hijos de cualquier matrimonio premurieran se dará en todo caso el derecho de representación en favor de sus respectivos descendientes. Si recibieren menos, el defecto se corregirá igualando a los perjudicados con cargo a los beneficiarios, sin alterar las participaciones de los demás. Sólo podrán ejercitar la acción de inoficiosidad los hijos o descendientes perjudicados o sus causahabientes y habrán de interponerla dentro de los cuatro años siguientes a contar del fallecimiento del disponente. Cuando el causante, en acto *inter vivos* o *mortis causa*, hubiera atribuido al nuevo cónyuge o a los descendientes de ulterior matrimonio bienes determinados cuyo valor resulte excesivo, podrán aquéllos compensar a los descendientes de anterior matrimonio con bienes de la herencia o con dinero. Este derecho de los hijos de anterior matrimonio no se dará respecto a las disposiciones en favor de cualesquiera otras personas. Lo establecido en esta Ley no se aplicará a los hijos de anterior matrimonio que en testamento o pacto sucesorio hubieren sido desheredados por cualquiera de las causas de los artículos 852 y 853 del Código Civil". Esta disposición se encontraba afectada por la ley 273, que establecía que "a efectos de la Ley anterior, no se computarán: Uno. Los bienes que, conforme a lo que establece el capítulo siguiente, el padre o madre bínubo debe reservar a los hijos de anterior matrimonio, y que han de quedar íntegramente para éstos. Dos. Los bienes que el padre o madre bínubo hubiera adquirido a título lucrativo del nuevo cónyuge o de los ascendientes o descendientes de éste, pues de tales bienes podrá aquél disponer libremente".

a falta de otros obligados legales preferentes, a sus sucesores voluntarios a título universal o particular, en los límites de la atribución patrimonial recibida y con cargo a la misma"[148]. Creemos que esta regulación del derecho de alimentos es correcta; sin embargo, no podemos dejar de resaltar lo inoportuno que es, en nuestra opinión, que se haya suprimido la limitación relativa a los hijos de anterior matrimonio; situación esta, la de las familias reconstituidas, que es cada vez más y más frecuente.

III. LA LEGÍTIMA DE LOS ASCENDIENTES

III.1. La legítima de los ascendientes en el Código Civil

El origen más próximo de la actual legítima de los ascendientes se encuentra en las leyes de Partida y Toro, pues esta institución no se contemplaba ni en el Fuero Juzgo ni en el Fuero Real; tal vez por ello, cuando se discutió en el seno de la Comisión Codificadora hubo opiniones muy diversas, desde quienes creyeron que bastaba un derecho de alimentos hasta quienes entendían que se les debía considerar legitimarios, dentro de los cuales, se discutía si la legítima había de ser en propiedad o en usufructo[149].

En la regulación actual, el artículo 807 CC establece que, a falta de hijos y descendientes, son herederos forzosos "los padres y ascendientes

---

[148] La ley referida continúa de la siguiente forma: "La cuantía de los alimentos debidos se fijará en función de las necesidades del alimentista y del valor de los bienes recibidos del causante por los sucesores obligados, debiendo también tomarse en consideración los bienes que de forma efectiva hubiera adquirido en la sucesión el propio alimentista. Cuando la obligación legal de alimentos a cargo del causante recaiga también sobre otro ascendiente del mismo grado, la cuantía de los alimentos debidos por cada uno será proporcional al valor de los bienes recibidos por sucesión del causante y a los recursos económicos del otro ascendiente asimismo obligado a su prestación. Si los sucesores en virtud de tal atribución patrimonial son también hijos o descendientes del causante, en la determinación de la deuda de alimentos se tendrán asimismo en consideración sus propias necesidades y, en particular, las derivadas de su minoría de edad, de la persistencia de la dependencia económica de los que ya hubieran alcanzado la mayoría o de su discapacidad o dependencia. En ningún caso, la cuantía de los alimentos debidos en tal concepto por dichos sucesores podrá exceder de la cuota que idealmente correspondería a cada uno de los hijos del causante en una división igualitaria entre sí de su patrimonio. La percepción de los alimentos debidos en virtud de lo establecido por esta ley no impide o excluye la ulterior exigencia de los generales legalmente debidos en caso de concurrir o persistir las condiciones que legitiman su reclamación".

[149] Véase Rey-Stolle de la Peña, 1952, p. 243, para quien algo particular tiene este tipo de legítima, ya que los ascendientes no acreditan su legítima habiendo legitimarios del llamamiento anterior (descendientes): este tipo de legítima no tiene, entonces, la "nota de imprescindible, de necesidad".

respecto de sus hijos y descendientes". De este precepto se deduce, por lo tanto, la preferencia de la legítima de los hijos y descendientes frente a la de los padres o ascendientes y su carácter excluyente o subsidiario, pues la legítima de los ascendientes sólo operará "a falta de los anteriores", es decir, a falta de hijos y descendientes[150]. Se trata, pues de un llamamiento subsidiario. Esta redacción del legislador ha sido interpretada de forma muy diversa por la doctrina: así, un sector considera que el artículo 807 CC se aplicará cuando no existan hijos y descendientes o hayan premuerto todos ellos; otro sector entiende que el precepto será igualmente aplicable en los casos de repudiación, desheredación o indignidad[151].

El artículo 809 CC especifica que constituye su legítima "la mitad del haber hereditario de los hijos y descendientes salvo el caso en que concurrieren con el cónyuge viudo del descendiente causante, en cuyo supuesto será de una tercera parte de la herencia". Esta legítima reservada a los padres se dividirá, *ex* artículo 810 CC, entre los dos por partes iguales; si uno de ellos hubiere muerto, recaerá toda en el sobreviviente. Cuando el testador no deje padre ni madre, pero sí ascendientes, en igual grado, de las líneas paterna y materna, se dividirá la herencia por mitad entre ambas líneas. Si los ascendientes fueren de grado diferente, corresponderá por entero a los más próximos de una u otra línea[152].

Lo cierto es que la legítima regulada en el Código Civil en favor de los ascendientes nos suscita dos comentarios: en primer lugar, creemos con Gomá Lanzón, que el que la legítima se alargue del mismo modo que se decía del derecho de propiedad antiguamente, *usque ad inferos et usque at sitera,* es decir, sin limitación ninguna ni hacia arriba ni hacia abajo puede entenderse como algo plausible en la línea descendiente, pero no así en la línea ascendiente[153]; en segundo lugar, y de alguna manera relacionado con lo anterior, sorprende el poco interés que la doctrina ha mostrado por esta legítima, pues apenas hay estudios, obras o artículos monográficos sobre la materia.

---

150 Lasarte Álvarez, 2011, p. 226; Torres García y Domínguez Luelmo, 2012, pp. 39-40.

151 Torres García y Domínguez Luelmo, 2012, p. 41.

152 Torres García y Domínguez Luelmo, 2012, p. 110, entienden que se sigue así el criterio de proximidad de grado.

153 Gomá Lanzón, 2013, p. 558.

III.2. La legítima de los ascendientes en los derechos autonómicos

Conviene, de nuevo, resaltar una cuestión antes de comenzar el estudio comparativo, y es que ciertas normativas autonómicas no contemplan ya la legítima en favor de los ascendientes. Estas normativas son: la Ley de Derecho Civil de Galicia[154], el Código de Derecho foral de Aragón, la Ley de Derecho Civil Vasco y la Compilación de Derecho Civil Foral de Navarra.

III.2.A. Islas Baleares

Para Mallorca y Menorca, el artículo 41 CDCIB establece que serán legitimarios los "padres, por naturaleza o adopción". Y el artículo 43 señala que, a falta de hijos, serán legitimarios: "a) En la sucesión del hijo matrimonial, sus padres. b) En la del hijo no matrimonial, los padres que le hubieren reconocido o hayan sido judicialmente declarados como tales. c) En la del hijo adoptivo, los padres adoptantes. Constituye su legítima la cuarta parte del haber hereditario. Concurriendo ambos padres se dividirá entre ellos por mitad y si alguno hubiere premuerto corresponderá íntegra al sobreviviente. Lo dispuesto en los párrafos precedentes, se entiende sin perjuicio de lo establecido en los artículos 811 y 812 del Código civil"[155]. Resulta claro del precepto que sólo los padres, y no otros ascendientes de segundo o ulterior grado, serán considerados legitimarios, a diferencia de lo dispuesto en el Código Civil.

Para Ibiza y Formentera, el artículo 79 CDCIB también establece como legitimarios a los "padres, por naturaleza y adopción". Pero en este caso se hace una remisión en el mismo artículo al Código Civil: "la legítima de los padres se regirá por los artículos 809 y párrafo 1.º del 810 del Código civil, en cuanto no contradigan lo preceptuado en este Capítulo". Conviene tener en cuenta que, como sólo los padres serán legitimarios, y no otros ascendientes de segundo o ulterior grado, la remisión al artículo 810 CC hay que entenderla hecha al primer párrafo. Por lo tanto, la legítima será de la mitad del haber hereditario de hijos y descendientes, o de la tercera parte,

---

[154] En Galicia, la supresión de la legítima de los ascendientes y su no sustitución por otro tipo de derechos sobre la herencia, ni siquiera en caso de necesidad, como podría ser un derecho de alimentos, ha sido cuestionado de algún modo por García Rubio, 2012, p. 216, que considera que es "un tanto sorprendente en una Comunidad Autónoma caracterizada por un fuerte envejecimiento de la población, y donde la solidaridad familiar intergeneracional ha sido siempre una constante sociológica".

[155] Llodrà Grimalt, 2016, pp. 607-608, hace notar que la remisión a los artículos 811 y 812 CC es estática y se entiende hecha en la redacción vigente a la entrada en vigor de la Compilación.

si los padres concurren con el cónyuge viudo del descendiente, norma que, como se ha puesto de manifiesto, no encaja con la tradición jurídica pitiusa[156]. En cualquier caso, acierta la doctrina que pone de relieve que la legítima de los padres pitiusos será mayor o por lo menos igual a la de los descendientes (pues recordemos que su legítima es de máximo la mitad), lo cual resulta cuando menos sorprendente[157].

III.2.B. Cataluña

El artículo 451-4 CCCat establece que "1. Si el causante no tiene descendientes que le hayan sobrevivido, son legitimarios los progenitores por mitad. Estos no tienen derecho a legítima si el causante tiene descendientes pero han sido desheredados justamente o declarados indignos. 2. Si solo sobrevive un progenitor o la filiación solo está determinada respecto a un progenitor, le corresponde el derecho de legítima íntegramente. Si sobreviven los dos pero uno de ellos ha sido desheredado justamente o ha sido declarado indigno, la legítima corresponde solo al otro. En este caso, debe aplicarse lo establecido por el artículo 451-6". La cuantía es, según el artículo 451-5 CCCat, la misma que para los descendientes, esto es, la cuarta parte.

Cabe señalar, por lo tanto, que sólo los progenitores serán legitimarios y no otros ascendientes[158]. Y dado que el precepto establece que la legítima solamente existirá cuando el causante no tenga descendientes que le hayan sobrevivido, ello implica que si éstos hubiesen sido desheredados justamente, declarados indignos o ausentes, no se producirá el llamamiento a los progenitores, extinguiéndose la legítima[159]. Pero además, el debilitamiento de la legitima catalana de los ascendientes se produce por una segunda vía[160]: la supresión del derecho de transmisión en la legítima de los ascendientes (artículo 451-25.2)[161].

---

[156] Llodrà Grimalt, 2016, p. 613.

[157] Munar Bernat, 2012, p. 335.

[158] De Paula Puig Blanes, 2011, p. 402; Vaquer Aloy, 2012, p. 478.

[159] De Paula Puig Blanes, 2011, p. 403; Del Pozo Carrascosa, Vaquer Aloy y Bosch Capdevila, 2017, p. 398, lo consideran una limitación significativa en relación con la posibilidad de que los progenitores adquieran derecho a legítima.

[160] Ollé Favaró, 2009, pp. 468-469.

[161] Dicho precepto establece que "la legítima de los progenitores se extingue si el acreedor muere sin haberla reclamado judicialmente o por requerimiento notarial después de la muerte del hijo causante".

IV. LA LEGÍTIMA DEL CÓNYUGE SUPÉRSTITE (O PAREJA SOBREVIVIENTE)

IV.1. La legítima del cónyuge supérstite en el Código Civil

Los antecedentes del reconocimiento legal de legítima en favor del cónyuge supérstite son bien recientes, pues cabe tener en cuenta que el Derecho romano sólo otorgaba legítima a la viuda pobre[162]. Según hace notar Fernández Campos, antes de la promulgación del CC en 1889, el cónyuge viudo no era legitimario ni siquiera en el Proyecto de 1851[163].

En la regulación actual, el cónyuge supérstite sí es legitimario, y los presupuestos necesarios para que surja su derecho a legítima se establecen en el artículo 807 CC: que no se hallase separado legalmente o de hecho del causante, en cuyo caso si concurre a la herencia con hijos o descendientes, tendrá derecho al usufructo del tercio destinado a mejora[164]. No existiendo descendientes pero sí ascendientes, el cónyuge tendrá derecho al usufructo

---

162 Rey-Stolle de la Peña, 1952, p. 245.

163 Fernández Campos, 2004, pp. 23-32, hace alusión a los antecedentes históricos de la legítima del cónyuge supérstite. Así, el autor relata que con Justiniano se instauró la quarta uxoria por la que la mujer casada sin dote que era repudiada por su marido sin justa causa debía recibir la cuarta parte de sus bienes con la finalidad de contribuir a su sostenimiento. Posteriormente, en la Novela 117, Justininao rectificó esta institución: si la viuda concurría con parientes no cercanos o extraños, la cuota sería concedida en propiedad, pero si la viuda concurría con descendientes del causante, la cuota sería en usufructo y la cuantía sería equivalente a la cuota legitimaria de cada uno de los hijos. En el Fuero Juzgo se incorporó la costumbre de los pueblos germanos por la que tanto la mujer como el marido recibirían el usufructo sobre una porción de bienes de la herencia con el objetivo de asegurar la continuidad del patrimonio familiar y el sostenimiento de los hijos menores. En las Partidas no se recogió el usufructo vidual, por dos razones, según menciona el autor: primero, por cierto desprecio hacia las costumbres de origen visigodo, y segundo, porque se entendía que el sistema de gananciales como régimen económico matrimonial, o la dote, o las fuertes disposiciones testamentarias a favor de la viuda, ya aseguraban su subsistencia después del fallecimiento del marido. Sí se recuperó, en cambio, la quarta uxoria, ahora cuarta marital, en favor de la viuda indigente. Dicha quarta alfonsina era, sin embargo, muy diferente a la justinianea: consistía en una cuota en propiedad en favor de la viuda, tanto si concurría con extraños como con hijos o descendientes. Pero como quiera que sólo se reconocía este derecho a la viuda pobre, se puede afirmar, dice el autor, que en Castilla no hubo legítima a favor del cónyuge viudo. Posteriormente, en la época de la codificación, el Proyecto de García Goyena de 1851 tampoco reconocía un derecho sucesorio forzoso a favor del cónyuge viudo, sino que simplemente permitía una atribución testamentaria en usufructo al cónyuge viudo hasta el límite de la cuota de la legítima de los hijos (artículo 653) o concedía una cuota en propiedad que correspondía al cónyuge viudo en la sucesión intestada.

164 Sin embargo, el artículo 835 CC regula la posible reconciliación de los cónyuges separados en los siguientes términos: "si entre los cónyuges separados hubiera mediado reconciliación notificada al Juzgado que conoció de la separación o al Notario que otorgó la escritura pública

de la mitad de la herencia (artículo 837 CC); por último, si no existen descendientes ni ascendientes, el cónyuge tendrá derecho al usufructo de los dos tercios de la herencia (artículo 838 CC). Se trata, por lo tanto, de una legítima de naturaleza variable, según quiénes sean los otros interesados que concurren en la sucesión. Este tipo de cuota forzosa es, además, probablemente el más excepcional y atípico, no sólo en el Código Civil, sino también en el resto de ordenamientos autonómicos, ya que no recae sobre la propiedad sino en usufructo; no en vano, De Cossío Corral la califica como esa "extraña figura dentro de nuestro derecho positivo"[165].

Un ejemplo de la particularidad de esta cuota reservada por ley lo encontramos en el hecho de que no se regula en la Sección 5.ª del Capítulo II, del Título III, "De las legítimas", junto con la de descendientes y ascendientes, sino en una sección autónoma en cuyo epígrafe no se menciona el término legítima: se ubica en la Sección 7.ª "Derechos del cónyuge viudo"[166].

Otra característica de la legítima del cónyuge –que no es sino inherente al hecho de que se trate del usufructo y no de la nuda propiedad– es la posibilidad de su conmutación *ex* artículos 839 y 840 CC[167]. El primer precepto establece tal facultad en favor de los herederos: "los herederos podrán satisfacer al cónyuge su parte de usufructo, asignándole una renta vitalicia, los productos de determinados bienes, o un capital en efectivo, procediendo de mutuo acuerdo y, en su defecto, por virtud de mandato judicial. Mientras esto no se realice, estarán afectos todos los bienes de la herencia al pago de la parte de usufructo que corresponda al cónyuge". El segundo precepto establece tal facultad en favor del cónyuge supérstite, al señalar que: "cuando el cónyuge viudo concurra con hijos sólo del causante, podrá exigir que su derecho de usufructo le sea satisfecho, a elección de los hijos, asignándole un capital en dinero o un lote de bienes hereditarios". Esta posibilidad de conmutación ha de llevarse a cabo antes o al tiempo de hacer la partición, pero no después[168]; además, un sector doctrinal considera que el causante puede imponer la conmutación al viudo y a los herederos o prohibirles su

---

de separación de conformidad con el artículo 84 de este Código, el sobreviviente conservará sus derechos".

165 De Cossío Corral, 1975, p. 945.

166 Fernández Campos, 2004, p. 33. Véase también Pérez Escolar, 2003, pp. 245 y ss.

167 Lacruz Berdejo, 1981, pp. 478 y ss.; Pérez Escolar, 2003, pp. 259 y ss.; Torres García y Domínguez Luelmo, 2012, pp. 110 y ss.

168 Véanse las referencias ofrecidas por Fernández Campos, 2004, pp. 90-91, y que, según el autor, recogen el sentido expresado en la STS de 24 de marzo de 1928; véase también, Bayod López, 2009, p. 249.

ejercicio[169]. En relación con esto, Maside Miranda[170] dice que a pesar de que la regla general de la legítima del supérstite es el usufructo (artículo 834) y la excepción, la de sustituir el usufructo por la renta vitalicia, los productos de determinados bienes o un capital en efectivo (artículo 839), lo cierto es que en la práctica ocurre al revés: el usufructo, siendo derecho primordial, se ve reemplazado en una elevada proporción por una renta vitalicia, por los productos de determinados bienes o por un capital en efectivo.

En cuanto a los requisitos para poder ser titular de este derecho, cabe señalar que no puede haber mediado divorcio, separación de hecho o de derecho, ni nulidad matrimonial antes del fallecimiento del causante; de hecho, y tras la reforma del artículo 834 por la Ley 15/2005[171], parece claro que la separación de hecho sí es relevante a efectos sucesorios[172]. Sin embargo, y como oportunamente señala Fernández González-Regueral[173], "la incidencia del matrimonio putativo sobre los derechos sucesorios del cónyuge de buena fe, se limita a los supuestos en que la anulación del matrimonio es declarada con posterioridad a la muerte de uno de los cónyuges"; por lo tanto, "debe admitirse únicamente la conservación de los derechos sucesorios del cónyuge en aquel caso en que un matrimonio con apariencia de válido, aunque afectado de nulidad, se viera disuelto por muerte de uno de los esposos; en cuyo caso, el cónyuge supérstite, aunque realmente no sea cónyuge, adquiere la condición de viudo, y con ella, el derecho a suceder al premuerto".

Por último, cabe tener en cuenta que la naturaleza jurídica de esta cuota forzosa en favor del cónyuge supérstite es, al igual que la de descendientes y ascendientes, ciertamente controvertida. En líneas generales, se puede afirmar que la doctrina mayoritaria considera al cónyuge supérstite como usufructuario-no-heredero que no responde, por tanto, de las deudas hereditarias[174].

---

[169] Todas las opiniones a favor y en contra en Fernández Campos, 2004, pp. 118-127; véase también, Bayod López, 2009, p. 251.

[170] Maside Miranda, 1989, pp. 212-213.

[171] Para conocer con mayor detalle la incidencia de la Ley 15/2005 en los derechos sucesorios del cónyuge sobreviviente, véase Pérez Escolar, 2008, pp. 175 y ss.

[172] Bayod López, 2009, pp. 233 y ss.

[173] Fernández González-Regueral, 2006, pp. 123-125.

[174] Sin embargo, existen otras teorías acerca de la naturaleza jurídica del usufructuario; así, Rey-Stolle de la Peña, 1952, p. 246, consideraba que el cónyuge es esencialmente un legatario, pero también "heredero honoris causa". Maside Miranda, 1989, pp. 318 y ss., pone de manifiesto que para algunos autores el usufructo se trata de un *tertium genus*. Para Fernández Costales, 1991, pp. 110 y ss., no es aconsejable ni adoptar una solución única y rígida aplicable a todos los casos, ni calificar al usufructuario como una figura *sui generis*; en su opinión, habrá de considerarse al

Así, Vallet de Goytisolo[175] consideró que "herencia y usufructo son términos incompatibles. El usufructuario o no es heredero, o, si lo es, no es un verdadero usufructuario, sino un fiduciario. Designado, por la ley o testamentariamente, como heredero en usufructo, es un *heres ex re certa,* al que debe aplicarse la doctrina característica de esta institución". El usufructuario, dice, sólo sucede en relaciones activas concretas, no en las relaciones pasivas. Las deudas hereditarias le afectan, pero no le obligan. Para García Valdecasas[176], el cónyuge supérstite no responde de las deudas pues dicha responsabilidad se hace efectiva a través del heredero en propiedad y no del usufructuario, de forma que el cónyuge no aparece legitimario pasivamente frente a la acción de los acreedores. Sin embargo, considera el autor que es erróneo pensar que el cónyuge supérstite es una especie de legatario *ex lege.* Albaladejo García[177] entiende que el que recibe el usufructo, no siendo sucesor universal, no es heredero; por ello, "la jurisprudencia viene señalando con reiteración, y a veces ocupándose del tema con detenimiento, que el instituido en usufructo no es heredero, sino legatario".

En relación con la jurisprudencia, son diversas las sentencias que se pueden citar. Así, entre otras, la STS de 24 de enero de 1963[178] ya había

---

usufructuario como heredero o como legatario según las circunstancias del caso concreto y de la voluntad del causante, de existir; criterio este al que se adhiere Gutiérrez Jerez, 1999, p. 231. De otra parte, Muñoz Sánchez-Reyes, 1997, p. 19, considera que el sucesor usufructuario lo es a título particular, no se subroga en la posición del causante ni es llamado a la generalidad de derechos y obligaciones, por lo que no responde personalmente por las deudas y cargas de la herencia. Barral Viñals, 2002, pp. 65 y ss., zanja cualquier posible discusión sobre la responsabilidad del usufructuario por deudas señalando que no es posible crear un único usufructo sobre la totalidad del patrimonio, sino que se trata de una suma de derechos de usufructo sobre cada uno de los bienes que constituya el patrimonio sucesorio; y como quiera que el patrimonio sólo se compone de bienes (aunque esté gravado con las deudas), dichas deudas no formarán parte en ningún caso del usufructo universal. Véase también Rodríguez Rosado, 2017, p. 46.

175 Vallet de Goytisolo, 1955, pp. 27-29. El mismo autor, 1989, p. 675 afirma que "a los efectos de responsabilidad por las deudas carece de valor que al usufructuario se le asigne el nombre de heredero o de legatario; pues, si verdaderamente es usufructuario, será legatario, como llamado a una cosa cierta, tal como se entiende que el usufructo lo es, aunque lo sea de toda la herencia".

176 García Valdecasas, 1963, pp. 964-965.

177 Albaladejo García, 1997, p. 26.

178 RJ 1963, 518. La citada STS enumera entre las diferencias, la sexta, según la cual ambas instituciones se distinguen "por sus efectos , el heredero responde de las cargas de la herencia, no sólo con los bienes de ésta, sino con los suyos propios (*ultra vires*), conforme a los artículos 1003 y 1084, salvo la aceptación a beneficio de inventario, autorizada por los 1010 y siguientes (artículo 1023, núm. 1º y 3º), mientras que el usufructuario, únicamente queda afectado por lo general por los legados de pensión vitalicia y alimentos (artículo 503) debido a la temporalidad de su disfrute, asemejándose con ello a los legatarios que responden de las cargas que les fueron impuestas (artículo 858) o de las que existieran cuando toda la herencia se hubiese distribuido

señalado que entre el heredero propiamente dicho y el sucesor usufructuario median profundas diferencias entre las que se incluye que mientras el heredero responde de las cargas de la herencia, no sólo con los bienes de ésta sino también con los suyos propios cuando no se hubiese solicitado el beneficio de inventario, el usufructuario sólo queda afectado por los legados de pensión vitalicia y alimentos[179].

Más recientemente, se pueden citar las SSTS de 29 de junio de 2006[180] o de 16 de diciembre de 2014[181], en la que se afirma que "el beneficiado por el testador con el usufructo sobre la totalidad de la herencia, o una parte o cuota, no puede ser asimilado a la institución o posición jurídica del heredero de la herencia". De nuevo, parece recomendable que el legislador lleve a cabo una reforma en esta materia en la que se aclare la naturaleza de la cuota reservada al cónyuge supérstite y se determine, tal y como ha hecho la jurisprudencia, la (ausencia de) responsabilidad del cónyuge por deudas hereditarias[182].

---

de esa forma (artículo 891) sin responder con sus bienes particulares, si bien todos estos gravámenes repercuten en el usufructo, porque al disminuir el caudal mediante su pago, se merman correlativamente los réditos de tal derecho, que recaen sobre el patrimonio neto y no sobre la totalidad de la herencia, aunque para evitarla su titular está facultado para utilizar los derechos que le confiere el artículo 510; de todo lo cual se deduce que el sucesor usufructuario no puede confundirse con un heredero ni con un legatario de parte alícuota y que, aunque esté designado a título universal, no se trata de un continuador de la personalidad del testador a efectos de no poder impugnar los actos por éste realizados cuando, como en este caso, lesionan sus intereses nacidos, no del usufructo, sino de su condición de heredero de otra persona, con lo que decae el cuarto y último motivo del recurso y procede la desestimación de éste en su totalidad".

[179] No obstante, la jurisprudencia ha sido contradictoria, tal y como hace notar Fernández Costales, 1991, pp. 76 y ss.; así, en la STS de 20 de septiembre de 1982 (RJ 1982, 4920) se afirma el carácter de heredero del cónyuge supérstite pero con características especiales, pues "si bien la viuda no puede ser condenada al pago del pasivo de la herencia y menos aún imponerle una responsabilidad ultra vires, es preciso que sea convocada al litigio en que se reclamen deudas contra el haber hereditario de su consorte, por tener un interés directo en el mismo...".

[180] RJ 2006, 4714. En esta resolución, después de recoger varias SSTS previas, se afirma que "el instituido en usufructo no es heredero, recogiendo una doctrina tan ampliamente compartida que las excepciones, que sólo cabe encontrar por referencias al nomen heredero forzoso o al uso impropio de la voz 'heredero', son marginales".

[181] RJ 2014, 6780.

[182] Véase Guinea Fernández, 2016, pp. 161 y ss., cuando relata las concretas circunstancias con las que la doctrina y la jurisprudencia han configurado la figura del cónyuge viudo que recibe el usufructo universal, y que se sintetizan en lo siguiente: en primer lugar, no debe responder de las deudas del causante; en segundo lugar, ostenta legitimación para el ejercicio de una acción de desahucio frente a un heredero; en tercer lugar, su facultad de opción entre el usufructo universal de los bienes de la herencia y otras opciones, como la de recibir el tercio de libre disposición en pleno dominio, no requiere de la concurrencia de los herederos del causante; en cuarto lugar, hasta la aceptación por todos los herederos forzosos, el cónyuge viudo favorecido con el usufructo

IV.2. La legítima del cónyuge o la pareja en los derechos autonómicos

IV.2.A. Introducción: sobre la equiparación (o no) al matrimonio de las parejas de hecho

A diferencia de lo que ocurre en la legislación estatal[183], la práctica totalidad de ordenamientos jurídicos autonómicos que regulan la legítima de la pareja supérstite no sólo la han contemplado para el caso en que haya mediado matrimonio[184], sino que también reconocen derechos sucesorios a la pareja de hecho[185], a excepción de Aragón[186]. La preocupación de los legisladores autonómicos sobre esta materia es palpable, llevándoles a una actualización constante de la normativa a la realidad social, pues tanto Cataluña (2010) como Navarra (2019) han derogado las primeras leyes autonómicas sobre

---

universal carece de una posición sólida; por último, para lograr el respeto de las legítimas se puede acudir a la facultad de mejorar del artículo 831 CC.

183 Espada Mallorquín, 2009, pp. 133 y ss., considera que el legislador estatal no ignora por completo la convivencia more uxorio, pues la contempla de forma fragmentaria en diversas normas (Ley de arrendamientos urbanos, Ley de adopción, Ley concursal, etc.) que no sólo afectan a la esfera privada, sino también a la pública (por ejemplo, a través de medidas en materia de Seguridad Social). Sin embargo, dicha regulación es muy dispersa y no comprende cuestiones sucesorias; por ello, "la mayoría de los tribunales acuden a la analogía iuris para reconocer ciertos efectos jurídicos *mortis causa* a la convivencia *more uxorio* disuelta por fallecimiento". Sin embargo, y en opinión de la autora, este recurso a la argumentación analógica implica cierta inseguridad jurídica y por ello considera justo que el legislador estatal se decidiese a regular la materia ad hoc, opción esta "oportuna y deseada".

184 Para un mayor estudio sobre las implicaciones de la pareja de hecho en el ámbito de las sucesiones, véase Espada Mallorquín, 2007 y Cantero Núñez y Legerén-Molina, 2018, pp. 377 y ss.

185 Espada Mallorquín, 2009, p. 137, define la pareja de hecho como "aquella compuesta por dos personas sin vínculo de parentesco próximo, de igual o de distinto sexo, que gozan de madurez o capacidad psicológica necesaria para convivir de un modo semejante al matrimonial y que establecen entre ellos una comunidad de vida y afectos acompañada, en su caso, de la puesta en común de determinados recursos económicos. Esta comunidad de vida también ha de estar cualificada por una estabilidad, exclusividad y notoriedad, y por una affectio maritalis que implica que esta convivencia tiene una dimensión sexual que se presupone".

186 A la pareja de hecho no se le reconocen derechos legitimarios en Aragón, pero sí derecho a otras atribuciones post mortem, como el ajuar familiar (con exclusión de joyas u objetos artísticos de valor extraordinario o bienes de procedencia familiar) y el uso de la vivienda habitual por el plazo de un año (artículo 311 CDFA). Pero, para que nazcan los derechos sucesorios de las parejas, es necesario que se encuentren inscritas en un Registro de la Diputación General de Aragón, así como anotadas o mencionadas en el Registro Civil competente si así se prevé; véase, sobre esto, Zubero Quintanilla, 2017, p. 71.

la materia y han aprobado otras de cara a no permanecer en regulaciones socialmente obsoletas[187].

Comenzando por las Islas Baleares, la Ley 18/2001, de 19 de diciembre, de Parejas Estables, determina en su artículo 13 que "tanto en los supuestos de sucesión testada, como en los de intestada, el conviviente que sobreviviera al miembro de la pareja premuerto tiene los mismos derechos que la Compilación de Derecho Civil balear prevé al cónyuge viudo".

La Ley Vasca 2/2003, de 7 de mayo, reguladora de las parejas de hecho, señala en su artículo 9 que "a los efectos de la Ley 3/1992, de 1 de julio, de Derecho Civil Foral del País Vasco, las parejas de hecho tendrán la misma consideración que las casadas". En este caso, debemos hacer notar que la Ley de Derecho Civil Foral del País Vasco ha sido sustituida por la nueva Ley de Derecho Civil Vasco de 2015, por lo tanto, habrá que considerar que la referencia se hace también a esta nueva ley[188].

El legislador gallego equipara a determinadas parejas estables a las casadas en su cuerpo de derecho civil; así, la Disposición Adicional 3ª de la Ley 2/2006, de 14 de junio, de derecho civil de Galicia, establece que "a los efectos de la aplicación de la presente ley, se equiparan al matrimonio las relaciones maritales mantenidas con intención o vocación de permanencia, con lo que se extienden a los miembros de la pareja los derechos y las obligaciones que la presente ley reconoce a los cónyuges"[189]; ello quiere decir que la pareja de hecho inscrita se equiparará al cónyuge viudo también en lo que a derechos legitimarios se refiera[190]. Téngase en cuenta, no obstante, que el Pleno del Tribunal Constitucional acordó, por providencia de 13 de septiembre de 2011, admitir a trámite la cuestión de inconstitucionalidad número 1826-2011, planteada por la Sala de lo Civil y Penal del Tribunal Superior de Justicia de Galicia, en relación con esta disposición.

Posteriormente el legislador catalán aprovechó la aprobación de la Ley 25/2010, de 29 de julio, del libro segundo del Código Civil de Cataluña,

---

187 Téngase en cuenta que, aunque la primera norma navarra al efecto, la Ley Foral 6/2000, de 3 de julio, para la igualdad jurídica de las parejas estables, fue sometida a un juicio de constitucionalidad, el TC no la declaró inconsitucional en bloque, sino sólo algunos de sus apartados o incluso incisos de los apartados. El resto de normas sueltas que sí superaron el juicio de constitucionalidad estuvieron vigentes hasta la postrera actualización llevaba a cabo por la Ley Foral 21/2019.

188 Karrera Egialde, 2016, p. 926.

189 Esta redacción no fue la primigenia, sino que es la que resulta de la Ley de reforma 10/2007, de 28 de junio. La redacción original establecía una equiparación ope legis al matrimonio, cuestión que fue ampliamente criticada y por la que se procedió a la reforma, de manera que a partir de la misma, sólo se equiparan las parejas que se inscriban en el Registro de Parejas de hecho.

190 Véase la Sentencia del TSJ de Galicia de 19 de octubre de 2018 (RJ 2018, 6008).

relativo a la persona y la familia, para derogar la Ley 10/1998, de 15 de julio, de uniones estables de pareja. Hoy en día, la regulación de las parejas estables se encuentra recogida en los artículos 234-1 a 234-14 CCCat y, tal y como se reconoce en el preámbulo de la Ley 10/2008, de 10 de julio, del libro cuarto del Código Civil de Cataluña, relativo a las sucesiones, "a pesar de mantener la denominación tradicional, la cuarta viudal ya no se atribuye solo al cónyuge viudo, sino también al miembro superviviente de una unión estable de pareja". Esta equiparación total y absoluta del miembro de la unión estable al cónyuge viudo es una de las grandes novedades y, según se ha dicho, "quizás allí donde el legislador ha sido más osado"[191].

Finalmente, el legislador navarro ha optado también por incorporar la regulación de la pareja estable en el cuerpo principal de Derecho civil; ya lo había hecho en el año 2013, pero aquella Ley había quedado trasquilada por el TC, como veremos a continuación. En la actualidad, el reconocimiento de derechos sucesorios a las parejas de hecho se hace a través de la Ley Foral 21/2019, de 4 de abril, de modificación y actualización de la Compilación del Derecho Civil Foral de Navarra o Fuero Nuevo, que entró en vigor el pasado 16 de octubre de 2019. En dicha norma se establece que las parejas estables no extintas al momento de la apertura de la sucesión también tendrán derechos sucesorios, como se deduce, a sensu contrario, de la ley 113: "en caso de extinción de la pareja estable por muerte o declaración de fallecimiento de uno de los convivientes, el sobreviviente solo tendrá los derechos sucesorios que se hubieran otorgado entre sí o por cualquiera de ellos en favor del otro, conjunta o separadamente, por testamento, pacto sucesorio, donación *mortis causa* y demás actos de disposición reconocidos en esta Compilación". Pero, como venimos de mencionar, conviene no olvidarse de la STC de 23 de abril de 2013[192], que declaró inconstitucional ciertos preceptos o incisos de la antigua Ley Foral 6/2000, de 3 de julio, para la igualdad jurídica de las parejas estables. A grandes rasgos, el problema de esta norma residía en que configuraba un régimen similar al matrimonial de forma obligatoria para las parejas que conviviesen durante más de un año; consecuencia esta que, de una parte, es contraria a las exigencias del libre desarrollo de la personalidad recogido en el artículo 10 CE

---

[191] Ollé Favaró, 2009, pp. 456-457, que también hace notar que el concepto de familia ha evolucionado y que la pareja estable es en efecto acreedora también de la protección a la familia que garantiza el artículo 39 CE.

[192] Sentencia ampliamente comentada por Asúa González, 2014, pp. 176 y ss.; véase, además, Gil Rodríguez, 2016, p. 276, y Egusquiza Balmaseda, 2016, p. 896.

y, de otra, vulnera la competencia exclusiva del Estado sobre las relaciones jurídico-civiles relativas a las formas de matrimonio (artículo 149.1.8 CE).

En la actualidad, la ley 106 CDCFN establece que "la pareja estable deberá inscribirse en un Registro único de parejas estables de la Comunidad Foral de Navarra a los efectos de prueba y publicidad previstos en la norma que lo regule, así como a los efectos que establezcan otras disposiciones legales". En definitiva, se exige voluntad expresa por parte de la pareja estable y su inscripción en un Registro. Téngase en cuenta, sobre esto, que los requisitos para constituirse como pareja estable en unas y otras regulaciones autonómicas varían considerablemente, creando un verdadero "caos jurídico"[193]. Por ello, nos parece del todo acertada la reivindicación que hacen algunos autores acerca de la necesidad de que exista una regulación estatal de parejas de hecho[194]; entendemos que en ese caso, dicha normativa derogaría las regulaciones autonómicas, por tratarse de una materia (relaciones jurídico-civiles relativas a las formas de matrimonio) de competencia exclusiva del Estado *ex* artículo 149.1.8º *in fine* CE.

IV.2.B. Islas Baleares

Siguiendo un orden cronológico, nos corresponde comenzar con la normativa de las Islas Baleares, que es, en nuestra opinión la más peculiar de todas; razones no nos faltan para esta afirmación. Y es que la normativa, como ya hemos referido, es diferente para las islas de Mallorca y Menorca (Libros I y II), de una parte, e Ibiza y Formentera, de otra (Libro III).

En el caso de Mallorca, el artículo 45 CDCIB reconoce como legitimario al consorte que "no se encuentre separado legalmente" siempre y cuando tampoco se hubiesen iniciado los trámites regulados a tal efecto[195];

---

193 Expresión que corresponde a Espada Mallorquín, 2009, pp. 134-135, que afirma que "en nuestro ordenamiento hay casi tantas respuestas frente a los conflictos típicos que suscitan las parejas de hecho, como Comunidades Autónomas existen". Sin embargo, y desde la perspectiva del ámbito privado, más correcto sería decir que existen tantas respuestas como Comunidades Autónomas con competencias civiles, pues aunque la Comunidad Valenciana aprobó en su día la Ley 5/2012, de 15 de octubre, de Uniones de Hecho, en la que se regulaban cuestiones civiles, incluidos los derechos sucesorios a la persona conviviente supérstite (artículo 14), dichos preceptos también han sido anulados por declaración de inconstitucionalidad en la STC de 9 de junio de 2016.

194 Espada Mallorquín, 2009, pp. 134 y 158; Nieto Alonso, 2010, p. 104; Zubero Quintanilla, 2017, p. 72; Romero Coloma, 2018-B, pp. 136 y 150. En contra, Asúa González, 2014, p. 190; Torres García y García Rubio, 2014, p. 167.

195 La redacción de este artículo se ha modificado recientemente por el artículo 18 de la Ley 7/2017, de 3 de agosto, pues la anterior redacción hacía referencia "al cónyuge separado por sentencia firme o de hecho pero por causa imputable al difunto", que era, según Llodrà Grimalt,

la reconciliación debidamente acreditada hace conservar los derechos legitimarios del cónyuge supérstite. Dicha legítima vidual también se caracteriza por ser variable, pues según el referido precepto: la legítima vidual en concurrencia con descendientes será el usufructo de la mitad del haber hereditario; en concurrencia con padres, el usufructo de dos tercios, y, en los otros supuestos, el usufructo universal. Iguales normas se aplicarán en Menorca *ex* artículo 65 CDCIB. Cabe señalar que la condición de legitimario del cónyuge puede ser conferida por diversos títulos, bien sea herencia, legado o donación[196].

En el caso de Ibiza y Formentera, el artículo 79 CDCIB no recoge al cónyuge supérstite en la lista de legitimarios. En opinión de cierta doctrina esto se debe a la tradición jurídica insular, toda vez que ha sido y es práctica habitual en las Pitiusas atribuir al cónyuge el usufructo universal de los bienes al otorgar testamento, o bien como cláusula de un heredamiento, o incluso de una donación[197]. Sin embargo, no se debe olvidar que a pesar de esta práctica habitual, nada impide que el causante no deje el usufructo universal al cónyuge si no lo desea. De ser así, este incluso se podría ver más beneficiado si el causante no hiciere testamento, ya que en la sucesión intestada sí se le reconoce un derecho de usufructo[198].

IV.2.C. Galicia

El artículo 238 LDCG sí reconoce al cónyuge viudo "no separado legalmente o de hecho" como legitimario, aunque no se hace mención alguna a la reconciliación acreditada[199]. Según cierta doctrina, la legítima gallega en favor del cónyuge es casi igual que la del CC, pero con diferencias[200]: regulación expresa de la facultad de conmutar del testador (artículo 255); ampliación de las facultades de conmutación a herederos (artículo 256) y derecho del cónyuge a impedir conmutación aplicando el usufructo sobre determinados bienes (artículo 257). Pero en términos generales, es

---

2016, p. 608, inaplicable en la medida en que tras la reforma del Código Civil por la Ley 15/2005, de 8 de julio, no constará en la sentencia la causa de la separación o divorcio.

196 Bayod López, 2009, p. 279.

197 Cardona Guasch, 2003, pp. 446-451; Munar Bernat, 2012, p. 336.

198 Giménez Costa y Villó Travé, 2018, p. 250.

199 Para un mayor estudio sobre la legítima gallega del cónyuge viudo o pareja de hecho, véase Mariño Pardo, "La legítima en el derecho civil de Galicia", en el *Blog Iurisprudente*, disponible en: www.iurisprudente.com/2019/02/la-legitima-en-el-derecho-civil-de.html.

200 Peña López, 2008, pp. 1100-1101; Bayod López, 2009, pp. 287 y ss.

igualmente variable como la regulada en el CC[201]: la cuantía será de la cuarta parte si concurre con descendientes o la mitad; también conmutable y de usufructo .

Como señala Peña López[202], para calcular la legítima del cónyuge viudo se aplicarán las reglas de los artículos 244 y 245 LDCG, y ello implica que le corresponde el usufructo de la cuarta parte o la mitad, no de los bienes de la herencia, sino de la masa compuesta por los bienes relictos, más las donaciones menos las deudas.

IV.2.D. Cataluña

En Cataluña el cónyuge supérstite o pareja estable sigue sin ser legitimario, tal y como se establece en el propio preámbulo de la Ley 10/2008, de 10 de julio, del libro cuarto del Código Civil de Cataluña, relativo a las sucesiones. Esto no quiere decir que exista una situación de desprotección total del cónyuge o conviviente supérstite[203], pues en la regulación catalana se reconocen dos tipos de derechos en favor del cónyuge supérstite: unos, de naturaleza familiar, como el derecho al ajuar de la vivienda común (artículo 131-30) o el denominado año de viudedad o *any de plor*, como derecho a continuar usando la vivienda conyugal y a ser alimentado con cargo al patrimonio del premuerto y de acuerdo con el nivel de vida que habían mantenido los cónyuges (artículo 231-31); y otros de naturaleza sucesoria, como la *cuarta vidual*[204], regulado de forma ectópica en el Capítulo II del Título V, dedicado a "otras atribuciones sucesorias determinadas por la ley", pero fuera del Capítulo I, dedicado a "la legítima".

Pues bien, la cuarta vidual se regula en los artículos 452-1 a 452-6 CCCat. En el primer precepto se establece el primer requisito, que es de contenido económico: "el cónyuge viudo o el conviviente en pareja estable que, con los bienes propios, los que puedan corresponderle por razón de liquidación del régimen económico matrimonial y los que el causante le atribuya por causa de muerte o en consideración a esta, no tenga recursos económicos suficientes para satisfacer sus necesidades tiene derecho a obtener en la sucesión del cónyuge o conviviente premuerto la cantidad que

---

201 Espinosa de Soto, 2007-B, pp. 784 y ss.

202 Peña López, 2008, pp. 1103 y ss.

203 Giménez Costa y Villó Travé, 2018, p. 233.

204 Gil Rodríguez, 2016, pp. 274-275; Espiau Espiau, 2016, p. 841. También lo cree así De Paula Puig Blanes, 2011, pp. 437-438, para quien la persona viuda ha de poseer capacidad para suceder al causante, por lo que se aplicarán las causas de indignidad, pero no las de desheredación, ya que no se trata de legítima.

sea precisa para atenderlas, hasta un máximo de la cuarta parte del activo hereditario líquido, calculado de acuerdo con lo establecido por el artículo 452-3. 2. Para determinar las necesidades del cónyuge o del conviviente acreedor, debe tenerse en cuenta el nivel de vida de que disfrutaba durante la convivencia y el patrimonio relicto, así como su edad, el estado de salud, los salarios o rentas que esté percibiendo, las perspectivas económicas previsibles y cualquier otra circunstancia relevante". Por lo tanto, el cónyuge viudo sólo tendrá acción para reclamar una parte del valor de la herencia cuando "no tenga recursos económicos suficientes para satisfacer sus necesidades", lo que no quiere decir que se exija un estado de pobreza absoluta; bastará con que el viudo no cuente con los medios necesarios para mantener el nivel de vida que ostentaba durante el matrimonio o la convivencia[205]. Además, conviene también tener en cuenta que lo que establece este precepto no es un derecho a la cuarta vidual, sino un derecho a una parte del valor de la herencia, siendo la cuarta parte del activo hereditario líquido el máximo que se puede obtener[206].

El segundo presupuesto se establece en el artículo 452-2 CCCat: "el cónyuge viudo o el conviviente en pareja estable superviviente no tiene derecho a reclamar la cuarta viudal si, en el momento de la apertura de la sucesión, está en alguna de las situaciones reguladas por el artículo 442-6", es decir, será necesario que al momento del fallecimiento del causante no estuviera separado legalmente o de hecho, o pendiente de una demanda de nulidad del matrimonio, de divorcio o de separación.

De otra parte, el artículo 452-4.1.º CCCat determina que "la cuarta viudal confiere acción personal contra los herederos del causante al cónyuge viudo o al conviviente en pareja estable superviviente en el que concurran los requisitos establecidos por el artículo 452-1". Por lo tanto, la cuarta vidual no convierte al cónyuge en heredero ni en legitimario, sino que le otorga un derecho de crédito[207]. Tal vez por ello existe cierta discrepancia en la doctrina entre quienes entienden que la cuarta vidual es un derecho de alimentos y quienes niegan esta condición[208].

---

205 Giménez Costa y Villó Travé, 2018, p. 235.

206 Espiau Espiau, 2016, p. 848; Del Pozo Carrascosa, Vaquer Aloy y Bosch Capdevila, 2017, p. 429; Giménez Costa y Villó Travé, 2018, p. 234.

207 De Paula Puig Blanes, 2011, p. 437; Giménez Costa y Villó Travé, 2018, p. 236.

208 Según Bayod López, 2009, p. 361, se trata de un derecho de alimentos o derecho de compensación que le corresponde al sobreviviente por desequilibrio económico; y para Ferrer Riba, 2011, p. 357, en realidad la cuarta vidual se adscribe a los derechos que en terminología anglosajona se

En cualquier caso, sí parece claro que la finalidad de la institución de la cuarta vidual consiste en atender a las necesidades del viudo o conviviente derivadas de la finalidad de la comunidad de vida con el difunto[209]; su razón no es, como a veces se dice, compensar al superviviente por su contribución, directa o indirecta, a la creación o al mantenimiento del patrimonio del difunto. Cierto es que en el preámbulo de la ley se dice que los criterios para observar el estado de necesidad serán "análogos" a los que sirven para fijar la pensión compensatoria en una crisis matrimonial; es decir: nivel de vida, edad, estado de salud, salarios y rentas percibidas o perspectivas económicas, pero en realidad la remisión al marco normativo de la pensión compensatoria lo que pretende es asegurar que en caso de viudedad el cónyuge no quede paradójicamente en una condición peor de la que podría haber disfrutado si el matrimonio se hubiese disuelto por divorcio[210].

IV.2.E. Aragón

En Aragón, el cónyuge supérstite no es legitimario; sin embargo, sí se reconoce en favor de aquel el usufructo de viudedad, derecho que es de carácter universal, personalísimo, inalienable, inembargable[211] y aplicable a todo tipo de matrimonios, bien sometidos al régimen consorcial o a la separación de bienes[212]. Según la propia normativa, esta institución unitaria se articula en dos fases: derecho expectante en vida de los cónyuges y usufructo vidual, una vez fallecido uno de los cónyuges (artículo 283 CDFA); fases que son diversas en su manifestación y contenido jurídico (Cfr. STSJ de Aragón de 11 de julio de 1994). El fallecimiento de un cónyuge produce *ope legis* la transformación del expectante del supérstite en usufructo; su carácter legal hace innecesaria la aceptación o cualquier otro acto del viudo[213]. La causa no es la muerte del otro, sino la celebración del matrimonio, y con independencia de cuál sea el régimen económico-matrimonial *ex* artículo 192 CDFA[214]; es por tanto una institución de Derecho de familia y no

---

denomina "de provisión familiar". Sin embargo, Giménez Costa y Villó Travé, 2018, p. 236, no consideran que se trate de un derecho de alimentos.

209 Del Pozo Carrascosa, Vaquer Aloy y Bosch Capdevila, 2017, p. 430.

210 Ferrer Riba, 2011, p. 357.

211 Giménez Costa y Villó Travé, 2018, p. 230.

212 Guinea Fernández, 2016, p. 153.

213 Biesa Hernández, 2015, p. 446.

214 Giménez Costa y Villó Travé, 2018, p. 229.

sucesoria[215]. Precisamente porque es necesario el matrimonio para que esta institución tenga cabida, el derecho de viudedad no resultará aplicable a las parejas de hecho[216], que sí tienen reconocidos otros derechos sucesorios (artículos 303 a 315)[217]. Cabe señalar, además, que existe la posibilidad de que los cónyuges pacten la exclusión o la limitación del derecho de viudedad, así como que lo regulen como libremente convenga (artículo 272); pactos que requieren una forma *ad solemnitatem,* y que son revocables de mutuo acuerdo. También se permite que cada cónyuge renuncie irrevocablemente al derecho expectante de viudedad; en este sentido, y como se ha hecho notar por la doctrina, "llama la atención la posibilidad de pactarlo solo para uno de los cónyuges y, por lo tanto, la no exigencia de reciprocidad"[218].

El derecho de viudedad se extingue cuando el matrimonio se disuelva o se declare nulo; o por la admisión a trámite de la demanda de separación, divorcio o nulidad, a menos que pacten su mantenimiento mientras el matrimonio subsista (artículo 276.2 CDFA); o si el cónyuge beneficiario incurre en causa de indignidad.

Como ha señalado la doctrina, el hecho de que la protección del viudo aragonés se otorgue desde el ámbito del Derecho de familia genera un problema en el caso de conflicto móvil, es decir, cuando los cónyuges cambien de vecindad civil. Para dar solución a esta cuestión, el artículo 16.2.1 CC establece que "el derecho de viudedad regulado en la Compilación aragonesa corresponde a los cónyuges sometidos al régimen económico matrimonial de dicha Compilación, aunque después cambie su vecindad civil, con exclusión en este caso de la legítima que establezca la ley sucesoria"; en otras palabras, "el usufructo de viudedad es inmune a los cambios de vecindad civil"[219]. Por último, conviene resaltar que el usufructo de viudedad alcanza también a la legítima, aunque ello no tenga la consideración de un gravamen al tratarse de un derecho previo a ella[220].

---

215 Bayod López, 2009, p. 331; Parra Lucán y Barrio Gallardo, 2012, p. 363; Gil Rodríguez, 2016, p. 275; Guinea Fernández, 2016, p. 153. Biesa Hernández, 2015, p. 446, afirma que la afectación de esta institución por su naturaleza familiar le confiere un alcance específico y demanda normas especiales que enlazan con su tradicional asociación a una posición personal del viudo de continuador de la familia más que como mero beneficio económico en su exclusivo interés. Véase también Zubero Quintanilla, 2017, p. 70.

216 Giménez Costa y Villó Travé, 2018, p. 230.

217 Zubero Quintanilla, 2017, p. 71.

218 Giménez Costa y Villó Travé, 2018, p. 230.

219 Giménez Costa y Villó Travé, 2018, p. 233.

220 Zubero Quintanilla, 2017, p. 73; Giménez Costa y Villó Travé, 2018, p. 230.

IV.2.F. País Vasco

En el País Vasco, el cónyuge supérstite o pareja estable sí es legitimario *ex* artículo 47 LDCV[221], siempre y cuando no estuviese separado por sentencia firme o por mutuo acuerdo que conste fehacientemente, o haga vida marital o se encuentre ligado por una relación afectivo-sexual con otra persona (artículo 55 LDCV). Sus características son muy similares al resto de ordenamientos civiles hasta ahora estudiados, pues según el artículo 52 LDCV, tendrá derecho al "usufructo de la mitad de todos los bienes del causante si concurriere con descendientes. En defecto de descendientes, tendrá el usufructo de dos tercios de los bienes". Por lo tanto, es un derecho legitimario de usufructo, de naturaleza variable, que será, según establece el artículo 53 LDCV, conmutable[222]; además, el artículo 54 LDCV reconoce en favor del cónyuge supérstite o pareja estable "un derecho de habitación en la vivienda conyugal o de la pareja de hecho, mientras se mantenga en estado de viudedad, no haga vida marital ni tenga un hijo no matrimonial o no constituya una nueva pareja de hecho"[223].

---

221 Giménez Costa y Villó Travé, 2018, p. 258, consideran que el hecho de que los ascendientes no sean legitimarios es una novedad y "un factor correctivo para la determinación de la cuantía de la legítima a favor del supérstite, lo que supone un claro beneficio".

222 Dicho artículo 53 LDCV establece que "1. Los herederos podrán satisfacer al cónyuge viudo o al miembro superviviente de la pareja de hecho su parte de usufructo, asignándole una renta vitalicia, los productos de determinados bienes, o un capital en efectivo, procediendo de mutuo acuerdo y, en su defecto, por virtud de mandato judicial. 2. Mientras esto no se realice, estarán afectos todos los bienes de la herencia al pago de la parte de usufructo que corresponda al cónyuge viudo o miembro superviviente de la pareja de hecho. 3. Si el usufructo del cónyuge viudo o miembro superviviente de la pareja de hecho recae sobre dinero o fondos de inversión, sean éstos acumulativos o no, se rige, en primer lugar, por las disposiciones del causante y por los acuerdos entre el usufructuario y los nudos propietarios. En segundo lugar, en defecto de dichos acuerdos, el usufructuario de dinero tiene derecho a los intereses y demás rendimientos que produce el capital, y el usufructuario de participaciones en fondos de inversión tiene derecho a las eventuales plusvalías producidas desde la fecha de constitución hasta la extinción del usufructo. Los rendimientos y plusvalías eventuales se regularán por las reglas de los frutos civiles".

223 Galicia Aizpurúa, 2016, p. 417, considera que en cuanto a la legítima usufructuaria del cónyuge viudo, la Ley de 2015 ha asumido y extendido a toda la Comunidad Autónoma Vasca las dimensiones que tenía en el Fuero de Bizkaia (artículo 58 LDCF): la mitad de todos los bienes en caso de concurrencia con descendientes y dos tercios en caso de concurrencia con cualesquiera otros sucesores (artículo 52) aunque con posibilidad de ampliar a todo el caudal, tal y como preveía el Fuero vizcaíno (artículos 61 LDCF y 57 LDCV). La novedad viene representada por la adición a esta legítima de un derecho de habitación sobre la vivienda familiar (artículo 54); sobre ello afirma que "no está muy clara cuál sea la relación entre ambos derechos sucesorios, pero parece intención del legislador configurar este último como una suerte de plus o añadido con respecto a aquel". Considera el autor que el supérstite podrá renunciar a una y aceptar el otro o viceversa, pues son derechos independientes.

Conviene tener presente que en el caso de vecindad civil vasca habría que comprobar el régimen económico-matrimonial legal, pues en principio, el régimen aplicable subsidiario es el de sociedad de gananciales del Código Civil español, pero si ambos contrayentes fuesen vecinos de la tierra llana de Bizkaia o de los términos municipales alaveses de Aramaio o Llodio, el matrimonio se regiría, a falta de pacto, por el régimen de comunidad foral de bienes, que puede tener beneficios viduales (artículos 129 y ss. LDCV).

IV.2.G. Navarra

Por último, en Navarra, la protección del supérstite se integra a través de las *aventajas* matrimoniales (ley 98) y el usufructo de viudedad (hasta hace poco llamado usufructo de fidelidad), que se diferencia del sistema aragonés en que carece de manifestación expectante durante el matrimonio y sólo toma vigencia con la muerte del cónyuge[224] (leyes 253 a 266). En este caso, y también a diferencia de lo que ocurre en Aragón, el usufructo de viudedad se reconoce expresamente al "miembro sobreviviente de una pareja estable constituida conforme a lo previsto en el título VII del libro I de la presente Compilación"[225].

Este derecho de usufructo constituye una "versión particular" del derecho legal *mortis causa* que la mayor parte de los ordenamientos sucesorios reconocen al cónyuge supérstite[226], y es inalienable, inembargable, universal[227] –aun cuando la ley 255 excluya determinados bienes–, y renunciable anticipadamente (ley 253.4). En cualquier caso, exige al usufructuario hacer inventario de todos los bienes a los que se extienda el usufructo (ley 257) y lleva implícitos ciertos deberes *ex* ley 259, entre los que se incluye: administrar y explotar los bienes con la diligencia que es común y razonable en el ámbito familiar; pagar los gastos de última enfermedad y sepelio del premuerto; prestar alimentos, dentro de los límites del disfrute, a los hijos y descendientes del premuerto, a quienes este tuviere la obligación de prestarlos si hubiese vivido y si aquellos se hallaren en situación legal de exigirlos; pagar con dinero de la herencia las deudas del premuerto que fueren exigibles; pagar todas las cargas inherentes al usufructo; o abonar la

---

[224] Gil Rodríguez, 2016, pp. 275-276.

[225] En cualquier caso, y antes de la reforma de 2019, ya la doctrina (Bayod López, 2009, p. 308) hacía notar que el derecho de usufructo se reconocía también al miembro de la pareja sobreviviente, en virtud de la Ley Foral 6/2000, de 3 de julio, para la igualdad jurídica de las parejas estables.

[226] Egusquiza Balmaseda, 2016, p. 891.

[227] Egusquiza Balmaseda, 2016, pp. 892-893.

prestación de compensación por desequilibrio cuando judicialmente resultare obligado a ello[228].

V. LA PUJA LEGITIMARIA ENTRE LOS DIFERENTES ORDENAMIENTOS SUCESORIOS COEXISTENTES EN ESPAÑA: ¿QUIÉN DA MENOS?

Como hemos visto, las divergencias que existen entre el Código Civil y las normativas autonómicas en materia de legítimas son de calado, pero, ¿en qué se concretan? ¿Cuáles son las normativas que ofrecen una mayor o menor protección a los legitimarios? ¿O cuáles son las normativas que propugnan una mayor libertad de testar? Se podría pensar que el Código Civil, por ser la norma más antigua, es la que ofrece mayores cuotas legitimarias y limitaciones más estrictas a la libertad de testar; sin embargo, esa suposición apresurada no sería del todo correcta. La respuesta a la pregunta dependerá, como se puede colegir de este trabajo comparativo, de quién sea el legitimario en cuestión.

Comenzando por la legítima de los descendientes, si hubiese que hacer una graduación de menor a mayor nivel de imposición de cuota legitimaria, el resultado sería: en primer lugar, cómo no, se encontraría Ayala. En segundo lugar estaría la regulación navarra, pues aunque también se propugna la libertad de testar, se establece la obligación de instituir en la legítima formal, y se reconoce un derecho a alimentos en favor de los descendientes con cargo a la herencia. Posteriormente se encontraría la normativa catalana, cuya cuota legitimaria es de un cuarto. También es de un cuarto la cuota legitimaria gallega, pero recordemos que la masa de computación será diferente en esta Comunidad Autónoma que en la precedente. En quinto lugar se encontraría la nueva regulación vasca, cuya cuota es de un tercio; cuota que podría llegar a darse también en cualquier isla de las Baleares, donde la legítima será de un tercio si los descendientes son cuatro o menos, o un medio, si son más de cuatro descendientes. Es decir, la legítima balear oscila entre la cuota vasca y la nueva cuota aragonesa de un medio, que ocupa el séptimo lugar. Por último, el Código Civil prevé la legítima más extensa, con una cuota de dos tercios, pero no debe olvidarse que sólo uno de los dos tercios será de legítima estricta, pues el otro tercio será de mejora y permitirá al testador distribuirla como quiera

---

[228] Para más información sobre el usufructo de viudedad, véase Bayod López, 2009, pp. 308-329; Egusquiza Balmaseda, 2016, pp. 898 y ss.

entre sus descendientes, si hubiese varios. En relación con esto, también debe tenerse en cuenta que tanto la legítima del País Vasco como la de Aragón son colectivas, por lo que no existe un derecho *individual* a legítima, sino que corresponderá al testador la elección de a quién o quiénes designa como legitimarios. Sin embargo, ambas normativas no desprotegen por completo a los descendientes, pues prevén un derecho de alimentos.

En relación con la legítima de los ascendientes, la graduación de menor a mayor imposición de cuota legitimaria sería la siguiente: en primer lugar, estarían todas las normativas que no prevén derechos legitimarios en favor de los ascendientes, a saber: Ayala, Navarra, Galicia, País Vasco y Aragón. En segundo lugar, se encontrarían las normativas de Mallorca, Menorca y Cataluña, donde se reconoce una cuota legitimaria de un cuarto, pero únicamente en favor de los padres o progenitores. En tercer lugar, se encontraría la normativa de Ibiza y Formentera, que remite al Código Civil; sin embargo, dicha remisión hay que entenderla hecha de acuerdo con el propio artículo 79 CDCIB, en el sentido de que sólo resultarán legitimarios los padres, y no así otros ascendientes. Además, como quiera que en estos territorios los legitimarios progenitores no podrán concurrir con el cónyuge supérstite (que no es legitimario), también habrá de entenderse que la remisión se hace únicamente al primer apartado. Es decir, que la cuota siempre será de un medio. Difícil es precisar si la cuota legitimaria del Código Civil es mayor o menor que la de Ibiza y Formentera: de una parte, cierto es que la legítima del Código Civil se extiende a otros ascendientes; sin embargo, no es menos cierto que la cuota legitimaria puede ser menor, si los ascendientes concurriesen con el cónyuge supérstite, en cuyo caso se reduciría hasta un tercio.

Por último, y en relación con la cuota legitimaria del cónyuge o pareja supérstite, conviene resaltar dos cosas previamente. En primer lugar, cabe tener en cuenta que la mayoría de ordenamientos autonómicos extienden, al contrario que en el Código Civil español, los derechos legitimarios del cónyuge supérstite a la pareja o conviviente de hecho que cumpla los requisitos aplicables para la extensión, a excepción de Aragón. En segundo lugar, la legítima prevista por todos los ordenamientos en favor del cónyuge o pareja supérstite es un derecho de usufructo, a excepción de la normativa catalana, que prevé un derecho *eventual* a la cuarta vidual. Pues bien, la graduación de menor a mayor grado de imposición de cuota legitimaria sería la que sigue: en primer lugar estaría Ayala, pero también Ibiza y Formentera, donde no se prevé legítima alguna en favor del cónyuge supérstite. En segundo lugar estaría Navarra, donde se reconoce el derecho al usufructo de viudedad; derecho que se prevé también en Aragón, pero de forma limitada al cónyuge supérstite y no a la pareja de hecho. Cierto es que se trata de derechos matrimoniales y no sucesorios, pero cumplen igualmente la finalidad de beneficiar *post mortem* a la pareja sobreviviente. En cuarto lugar se encontraría la normativa catalana, donde se prevé hasta un máximo de derecho a cuarta vidual, siempre y cuando se den los presupuestos referidos. En quinto lugar estaría la normativa gallega, que prevé un derecho de usufructo variable de un medio o un cuarto si concurriese con descendientes. Después se encontraría el Código Civil español, que también prevé un usufructo variable de dos tercios, si el cónyuge no concurre con nadie; un medio, si concurre con ascendientes, o un tercio, si concurre con descendientes. En sexto lugar estaría la normativa vasca, cuyo usufructo varía entre dos tercios o un medio si concurre con descendientes. Y, por último, la regulación de Mallorca y Menorca establece un usufructo variable de un medio, si el cónyuge concurre con los descendientes; un tercio, si concurre con ascendientes, y, en caso de no concurrir con nadie, el usufructo universal.

Capítulo Segundo

ARGUMENTOS EN CONTRA Y A FAVOR DE LA LIBERTAD DE TESTAR, TENDENCIAS EUROPEAS Y PROPUESTAS DE REFORMA

I. INTRODUCCIÓN: LA LIBERTAD DE TESTAR

Antes de analizar las tendencias y principales propuestas de reforma, creemos conveniente analizar los argumentos que se han dado en los últimos años, tanto a favor como en contra de la libertad de testar, así como arrojar algunas notas acerca de esta institución jurídica.

Una de las primeras cuestiones que convendría resaltar es que no existe ningún precepto en el Código Civil español que contenga la expresión "libertad de testar", a diferencia, por ejemplo, del artículo 421-1 CCCat[229]. Tampoco la CE hace mención a esta importante cuestión, únicamente el artículo 33 reconoce el derecho a la propiedad privada y a la herencia. La doctrina española ha deliberado largo y tendido acerca de si la legítima es una institución protegida constitucionalmente o no; sin embargo, creemos que también debería suscitarse el debate acerca de si la libertad de testar está protegida constitucionalmente o no[230], tal y como ya lo han planteado otros autores internacionales[231]. En nuestra opinión, la respuesta es clara:

---

[229] Vaquer Aloy, 2018, pp. 13 y ss., que también recoge el artículo 421-2 CCCat que reconoce expresamente la libertad de determinar el contenido del testamento.

[230] Aguilar Díaz, 2015, pp. 75 y ss., sí considera que se trata de una institución protegida constitucionalmente.

[231] Según Vaquer Aloy, 2013, p. 1156, en Italia se propuso la supresión de la legítima tras constatar que el principio de libertad de testar se trata de un derecho constitucionalmente garantizado. En Alemania, Schwab *et al*, 2017, p. 137, afirman lo siguiente: "*Testamentary freedom is an essential component of the German legal system of succession; it is part of individual autonomy as it pertains to the law of succession. According to the principle of testamentary freedom, the testator may*

sería rotundamente inconstitucional una hipotética supresión de la libertad de testar; el derecho a la herencia no sólo implica derecho a heredar, sino también derecho a donar/testar para después de la muerte.

La libertad de testar debe entenderse desde su propia condición de "libertad"[232]; decía Mill[233] en su célebre ensayo sobre esta materia que la única razón por la que el poder puede ser ejercida debidamente frente a un miembro de la comunidad, y contra su voluntad, es para prevenir el daño a otros[234]. ¿Significa esto que la libertad de testar debe ser coartada cuando haga daño a alguien, especialmente si se trata de una persona de su núcleo familiar? Sloan[235] lo desmiente, pues considera que la libertad de testar no puede restringirse sólo por el hecho de causar potencialmente daño a otro: un testamento puede claramente causar "daño" en cualquier sentido natural de la palabra y *beneficiar* a otro, por ejemplo, si el testador no lega en favor de su cónyuge e hijos pero sí en favor de una ONG.

La libertad de testar significa, por lo tanto, libertad de discriminar, y a mayor libertad de testar, mayor libertad de discriminar[236]. Esta facultad discrecional es consustancial a la libertad de testar; según Hines[237], se configura como "el derecho de un individuo a disponer en testamento de su propiedad siguiendo su criterio discrecional y absoluto sin tener en cuenta las responsabilidades hacia la familia o la comunidad". Dentro de la doctrina nacional también hay quien defiende esta facultad de actuar

make dispositions as he pleases in order to replace or alter the intestacy rules. Testamentary freedom is constitutionally guaranteed not only by the general freedom principle (Article 2 I GG) but also by the guaranteed right of succession".

232 Véase, sobre cómo interpretaron el concepto de "libertad civil" los juristas de las regiones de Derecho foral, Vallet de Goytisolo, 1967, pp. 7 y ss. En opinión de Rams Albesa, 1991, pp. 109-110, la libertad civil, de la que emana la libertad de testar, no es un prius a partir del cual se construya después todo el entramado de normas, sino que es un posterius, que empalma con una determinada concepción del hombre: un ser libre sujeto de derechos (titular). Ahora bien, la convicción de que la voluntad individual y libre es de por sí (no por reconocimiento externo y superior), elemento suficiente para la autorregulación de la conducta social y jurídica implica que se está ante algo más que la formulación del "principio de la autonomía de la voluntad": se trata de una verdadera potestad del querer.

233 Mill, "*On liberty*", 1859.

234 El texto literal sería el siguiente: "*the only purpose for which power can be rightfully exercised over any member of a civilised community, against his will, is to prevent harm to others*".

235 Sloan, 2017, pp. 2-3, donde también arguye que la libertad de testar es más coherente con el placer de hacer regalos.

236 Kerridge, 2011, p. 141.

237 Hines, 1964, p. 724.

discrecionalmente; así, Delgado Echeverría[238], considera que la libertad de disponer forma parte de la autonomía privada, pero que tiene una configuración propia, distinta de la libertad de contratación[239].

Continuando con la idea de que se debe partir del propio concepto de *libertad,* cabe señalar que esta se identifica, en un sentido positivo, con la autodeterminación o autonomía, y en sentido negativo, con la ausencia de impedimentos[240]. Esta *polarización* también se ha aplicado a la facultad testamentaria por las Profesoras Torres García y García Rubio: en sentido positivo, implica la libertad "de tomar las propias decisiones con plena validez jurídica, por inusuales, caprichosas o extrañas que estas sean"[241], y supone "la autorrealización de los propios fines de acuerdo con la autónoma voluntad" (libertad para testar)[242]. En sentido negativo, consiste en la posibilidad de disponer del propio patrimonio sin que otros (Estado) se interpongan en esa actividad (libertad de testar)[243]; es decir, la libertad de testar implica que toda persona con capacidad para ello podrá hacerlo sin interferencias ajenas a su voluntad[244]. Sin embargo, sabido es por todos que, en este último sentido, no existe en nuestro ordenamiento jurídico la plena libertad de testar; en primer lugar, la libertad sucesoria queda restringida por dos tipos de derechos: uno de

---

238 Delgado Echeverría, 2012, p. 536.

239 En igual sentido, Torres García y García Rubio, 2014, pp. 24 y ss.

240 Bobbio, 1993, pp. 97 y ss.

241 Para Delgado Echeverría, 2012, p. 536, "nadie tiene derecho a recibir una liberalidad. El testador ejerce un poder privado, no un officium o una función (como 'padre de familia'). Puede comportarse libremente, arbitrariamente, incluso caprichosamente, conforme a sus criterios y valoraciones personales. No está sujeto –legalmente– a principios de justicia o equidad en el 'reparto' de sus bienes". No está de acuerdo Martínez Sanchiz, 2014, p. 17, para quien "el derecho a ser cruel en la actualidad no admite defensa ni siquiera en Inglaterra".

242 Torres García y García Rubio, 2014, p. 95, citan una sentencia británica (Bird *v.* Luckie 1850, 8 *Hare*), en la que se dice que el testador es libre y no tiene por qué ser prudente, si sabio, ni bueno.

243 Torres García y García Rubio, 2014, pp. 16-17. En el ámbito internacional, y más concretamente, en *common law*, Bryant, 2003, p. 918, también ve una doble perspectiva en la libertad de testar, pero no polarizada; para el autor, la libertad de testar implica: a) la libertad de decidir cómo se va a partir nuestro patrimonio y b) la libertad de decidir quién hereda qué y cómo.

244 Con diferente criterio se ha distinguido también entre libertad de testar y libertad para testar: la libertad de testar significa la facultad para otorgar testamento u otro instrumento sucesorio hábil, reconocida en todos los ordenamientos jurídicos, incluidos los de ideología comunista, así como la facultad de decidir el contenido del testamento. De otra parte, la libertad para testar implica que la voluntad testamentaria debe ser libre en su formación y en su expresión. De esta forma, la libertad de testar y la libertad para testar se complementarían mutuamente. Véase, en este sentido, Vaquer Aloy, 2018, pp. 17 y ss.

orden público, en favor del tesoro público, para percibir una parte del valor del patrimonio transmitido en concepto de tributo[245] y otro de orden privado, que la ley atribuye a ciertos miembros de la familia del difunto; en segundo lugar, la libertad no puede ser omnímoda ni ilimitada, pues deben respetarse los principios generales del Derecho y, en especial, los Derechos fundamentales[246].

En relación con esta *voluntad libre*, cabe señalar que la legislación la protege con sumo celo y por ello se exigen mayores formalidades testamentarias: si bien en los actos *inter vivos* rige como regla general el principio de libertad de forma (artículo 1278 CC), en materia de testamentos rige un principio eminentemente formalista[247]. No en vano se ha dicho que este excesivo formalismo, casi sacramental, en materia testamentaria, puede dar lugar a situaciones absurdas que se apartan del espíritu de la norma; la forma es tan importante que la expresión "la voluntad del testador es ley en materia de sucesiones" sería una reminiscencia histórica, propia del Derecho romano, y no un principio jurídico aplicable[248]. Por último, cabe resaltar que la facultad de testar se puede ejercer tantas veces como el sujeto quiera, siempre y cuando tenga capacidad suficiente para ello; el testamento es "tan esencialmente revocable que no cabe la automutilación de la facultad de revocar"[249].

Expuestas, de manera sucinta, algunas notas acerca de la libertad de testar, cabe ya comenzar a examinar los argumentos en su contra o a su favor, y que son muchos; dijo Manresa Navarro en su día que "pocos temas existen tan debatidos como éste y que despierten mayor interés. Justo es reconocer que se ha dado a la cuestión una importancia que no tiene, y que se han exagerado hasta lo sumo las ventajas e inconvenientes del sistema de legítimas y del sistema de libertad de testar"[250]. En nuestra opinión, y aunque esta sea una cuestión ya tratada ampliamente, conviene volver a ella de cara a reflexionar acerca de una futura reforma de la legítima. Para hacer

---

245 Ferrer Riba, 2011, pp. 337 y ss.; Espada Mallorquín, 2007, p. 425, también reconoce el impuesto de sucesiones y donaciones como un límite de lo que se va a heredar, tanto en la sucesión testada como intestada. En opinión de Roca Trías, 2014, pp. 1255-1256, los impuestos constituyen la función social de la herencia como derecho fundamental, posibilitando el mantenimiento del caro estado de bienestar.

246 Torres García y García Rubio, 2014, pp. 89 y ss.

247 Torres García y García Rubio, 2014, pp. 27-29.

248 De la Esperanza Rodríguez, 2002, pp. 1097 y ss.

249 Vaquer Aloy, 2018, p. 26.

250 Manresa Navarro, 1932, pp. 214 y ss.

más fácil el análisis de la cuestión, hemos decidido comenzar exponiendo los grandes argumentos en contra, divididos en tres grandes categorías; después, expondremos a continuación los contraargumentos con los que ciertos autores han rebatido las posiciones contrarias a la libertad de testar; y, posteriormente, analizaremos los argumentos en favor de la libertad de testar.

II. ARGUMENTOS EN CONTRA DE LA LIBERTAD DE TESTAR

II.1. PRIMER ARGUMENTO: LAS LEGÍTIMAS PROTEGEN LOS VÍNCULOS FAMILIARES Y CONSTITUYEN, POR ELLO, UNA INSTITUCIÓN DE DERECHO NATURAL

Se podría decir que este primer argumento guarda una fuerte relación con el tradicional deber de *officium pietatis* con el que surgió la legítima en primer lugar[251]. Uno de los primeros autores que podemos citar en relación con este argumento es Espinar Lafuente[252]. Para este autor, la legítima (al menos entre los padres y los hijos) es de Derecho Natural; viene apoyada por el principio *Filius, ergo heres.* Si el padre (testador) es propietario individual exclusivo, sus hijos tienen un derecho subsidiario, una expectativa; quien adquiere, adquiere para sí y para sus hijos: *Non tantum propter nos, sed propter nosotros contrahimus*[253]. Existe un deber de conservar y de restituir el patrimonio, que es compatible con la propiedad individual personalísima del causante, incluso con la facultad de disponer; por ello, el autor insiste en estas dos ideas: el heredero tiene una expectativa, y el causante, el deber de conservar y restituir el patrimonio. Existen dos tipos de herederos: desde el punto de vista *normativo,* todos los herederos son, simplemente, herederos legales (forman el orden sucesorio único del Derecho común); desde el punto de vista *constitutivo,* hay dos categorías: herederos legales (*strictu sensu*) y herederos electivos (voluntarios). Y, en relación con los herederos legales, se debe rechazar terminantemente la pretensión de que el Derecho español se *foralice,* ya que es deseable la unificación del Derecho civil. En su opinión, no son "españolísimos, ni pecualiares de la

---

[251] Rey-Stolle de la Peña, 1952, p. 244, lo cita como fundamento característico de las legítimas.

[252] Espinar Lafuente, 1956, pp. 330 y ss.

[253] El autor cita a Mans Puigarnau, 1979, p. 102, que en realidad traduce esto como "no contratamos solamente para nosotros, sino también para los nuestros". En opinión de Vallet de Goytisolo, 1966, p. 38, "tal vez sería más exacto decir que son de derecho natural los deberes que constituyen la substancia de la legítima, ya que éstos pueden cumplirse sin que las legítimas existan".

nación española, el sistema de Navarra de absoluta libertad de testar, ni el sistema legitimario de Cataluña"[254].

Díez-Picazo Ponce de León también entendía que la libertad ilimitada de testar choca con una consideración de carácter ético: que causa daño a toda una serie de personas vinculadas al causante. En su opinión, los legitimarios "son personas que necesariamente han de verse favorecidas en la herencia, porque así lo reclama un imperativo de justicia. Es inadmisible que un hijo, por ejemplo, quede sin nada en la herencia del padre"[255].

Una de las posiciones más tajantes en esta materia es sin lugar a dudas la de García-Bernardo Landeta[256], que critica a quienes defienden la libertad de testar "fundándose en las corrientes desintegradoras de la familia tradicional, que se integran en la descristianización, en la degradación del matrimonio (…) todo en perjuicio de los hijos y en beneficio de una poligamia o poliandria, no simultáneas, sino sucesivas, propia de las especies inferiores, no de la humana, también con la pretendida regulación y creación *contra natura* de matrimonios entre personas del mismo sexo, de no generación natural de la prole, que repugnan la esencia del matrimonio como institución natural, cabeza y fundamento de la familia y conservadora de la especie humana y en la pretensión de equiparar las uniones de hecho a las matrimoniales…". Considera este autor que el sistema romano, por el cual se imponen ciertas limitaciones a la libertad de testar, es el superior, pues concilia la libertad de testar con los deberes naturales y patrimoniales *post mortem* para con los parientes más íntimos, con un fuerte sentido de la correlación entre derecho y deber en el seno de la procreación y de la familia. El sistema sucesorio de libertad de testar hace a los causantes más capaces y responsables en la ordenación de sus actos, pero resulta criticable, para el autor, la ausencia de mecanismos correctivos encaminados a evitar abusos o atropellos.

Por último, creemos que también encaja dentro de este argumento Ollé Favaró[257], que se muestra partidario de las legítimas al considerar que las teorías neoliberales que propugnan la libertad del individuo a ultranza no

---

[254] Por ello, Espinar Lafuente, 1956, pp. 443-448, propuso en aquel momento restaurar la fórmula tradicional hispánica: una quinta parte de libre disposición, más un tercio de mejora (no acumulable con el quinto). Otra fórmula más flexible sería: una cuarta parte de libre disposición, más una cuarta parte de mejora.

[255] Díez-Picazo Ponce de León, 1967, pp. 101-105.

[256] García-Bernardo Landeta, 2006, pp. 117 y ss.

[257] Ollé Favaró, 2009, pp. 465-466, que considera acertado que el legislador catalán haya seguido un punto "prudente e intermedio": simplemente reducir la legítima.

son "ni mucho menos mayoritarias", y que "no es ningún disparate que la legítima siga protegiendo esos lazos familiares y, concretamente, los vínculos paterno-filiales".

Este argumento de que la legítima constituye una institución de Derecho natural ha sido rebatido por los defensores de la libertad de testar. Una de las autoras a las que se puede citar es Concepción Arenal, quien en su obra *La cuestión social* afirmaba que a la muerte de un hombre que tiene bienes de fortuna e hijos, pueden presentarse varios casos[258]: primero, que deje hijos mayores y en situación de trabajo; segundo, que deje hijos que por su corta edad, por falta de salud o de inteligencia, no puedan proveer a sus necesidades[259]; y tercero, que deje hijos mayores y aptos para trabajar, pero que se obstinan en permanecer ociosos o depravados o perversos, que emplean los bienes de la fortuna en fomentar vicios y maldades. En el primer caso, el padre es dueño de disponer de sus bienes como le parezca; en el segundo, tiene la obligación de dejar a sus hijos con qué sustentarse, conforme a su clase: no son *herederos forzosos,* sino *acreedores con derecho,* siendo sagrado el que les asiste a que el autor de sus días no los haga desdichados pudiendo darles consuelo, y a no recibir limosna de la sociedad, cuando su padre tiene medio de ampararlos. En el tercer caso, no sólo el padre tiene el derecho de disponer de sus bienes como le parezca, sino que podrá tener el deber de no dejarlos a quien los ha de emplear como un medio de hacer mal, con daño propio y ajeno. "Los herederos *corrompidos* y *forzosos* convierten la herencia en elemento de perturbación moral y física; en mal hora la ley los favorece"; por lo tanto, la autora defendía la libertad de una persona "para disponer de su propiedad como le parezca, después de cumplidos los deberes de tal; ningún derecho de parte de los hijos a recibir de los autores de sus días más que sustento, buenos ejemplos y aquella educación, según su clase, que los ponga en estado de trabajar y proveer a sus necesidades: todo lo demás que se les de es a título de don voluntario, y no de derecho"[260].

---

[258] Arenal Ponte, 1895, Cartas a un señor, pp. 337 y ss.

[259] Añadía la autora "o hijas que se hallen en igual caso", especificando que su inclusión se debía a "la imposibilidad que tiene actualmente la mujer para vivir de su trabajo"; situación que, por fortuna, ya se puede considerar superada.

[260] Arenal Ponte, 1895, Cartas a un señor, pp. 335-336, quien ya era contraria a la idea de sucesión forzosa: "con la supresión de los mayorazgos se ha dado un gran paso hacia la justicia, pero no se llegará a ella hasta suprimir los herederos forzosos, modo de decir significativo, que expresa perfectamente un hecho contra derecho. Se ha limitado el número de estos herederos; pero si el mal tiene menores proporciones, no deja de existir por eso. La herencia, como he indicado, me parece una cosa injusta; no creo razonable más que la donación, sea entre vivos, sea póstuma. Tal

Desde una perspectiva internacional también se podría citar al célebre autor Montesquieu[261], para quien, la ley natural ordena a los padres que alimenten a sus hijos, pero no los obliga a convertirlos en sus herederos. Es cierto, dice el autor, que el orden político o civil requiere a menudo que los hijos hereden a sus padres, pero no lo exige siempre, pues para el autor existe una máxima general: alimentar a los hijos es una obligación de Derecho natural; donarles su herencia es una obligación de Derecho civil o política. Justo es reconocer, sin embargo, que esta postura de Montesquieu también ha sido rebatida por la doctrina española. Así, y entre otros, Míquel González de Audicana[262] no comparte la posición de Montesquieu al entender que la ley sálica se dirigía a justificar la concentración de riqueza en el varón primogénito. Para el autor, la legítima es cosa antigua, propia del Derecho romano, que sirvió en la Francia revolucionaria como instrumento de destrucción del poder aristocrático y remedio contra la acumulación de la riqueza, pues fue considerada garantía de igualdad entre los hijos. Y este es, pues, el segundo argumento en su favor.

II.2. Segundo argumento: la legítima permite la igualación de los hijos y descendientes

Según Ferrer Riba[263], en el dilema entre privilegiar la libertad o la igualdad, los legisladores revolucionarios optaron por el principio de igualdad, imponiendo la sucesión forzosa en favor de los hijos por partes iguales. Aquella decisión, fundamentada, dice, en la noción rousseauniana de igualdad social como presupuesto de la libertad política, pretendía en realidad eliminar los derechos de primogenitura; aunque no dejaba de ser paradójico

---

vez se diga que no es esencialmente diferente esta donación de la herencia, lo cual se comprende que no es exacto a poco que se reflexione, toda vez que para la donación, cualquiera que ella sea, se necesita la voluntad del donante, y para la herencia no". En su otra obra, Cartas a un obrero, 1895, p. 397, consideraba que "la herencia de padres a hijos no es una institución caprichosa de los hombres, sino una cosa natural y justa: si las leyes la prohibieran, contra ellas subsistiría. Si lo que tienes no pudieras dejarlo á tus hijos, harías de modo que no apareciera a tu muerte, y fraudulentamente les sería dado (...). Algo de esto ha sucedido ya: cuando una ley prohibió heredar a las hijas, aunque no hubiera varón, el padre no podía consentir que sus bienes fueran a una persona extraña, quedando en la pobreza la que era más querida, y la ley se burlaba".

261 Montesquieu, 1908, p. 437. En la redacción original: "*la loi naturelle ordonne aux pères de nourrir leurs enfants; mais elle n'oblige pas de les faire héritiers*"; "*il est vrai que l'ordre politique ou civil demande souvent que les enfants succèdent aux pères; mais il ne l'exige pas toujours*"; por ello el autor defendía esta "*maxime générale: nourrir ses enfants est une obligation du droit naturel; leur donner sa succession est une obligation du droit civil ou politique*".

262 Míquel González de Audicana, 2014, pp. 985 y ss.

263 Ferrer Riba, 2011, pp. 339-340.

que una sociedad que se proclamaba liberal restringiera de aquella manera la libertad de disponer.

Este criterio de la igualdad es, probablemente, uno de los que más han utilizado los defensores de las legítimas. Pero dentro del grupo de autores que rechazan la libertad de testar, algunos no sólo defienden la necesidad de la sucesión forzosa, sino que llegan al extremo de considerar que la sucesión debería deferirse siempre y en todo caso por ley. Este es el caso de Maynar Barnolas[264], quien reconoce que escribió su obra *El testamento es un absurdo* después de "uno de esos casos, demasiado frecuentes, de absurda predilección paterna a favor de un hijo en perjuicio de otro: uno de esos terribles casos en que el daño material, con ser enorme, es lo de menos, porque no sólo dejan al hombre desarmado en el momento de comenzar la lucha por la vida, sino que dejan vacío su corazón cuando más necesita estar repleto de los más puros afectos". Por ello, este autor consideraba que "las leyes, mediante la invención de las legítimas –negación, por lo menos parcial, de la facultad de testar–, llegan en ocasiones a absorber por completo la totalidad de la herencia"[265].

En sentido parecido decía Scaevola[266] que "sentado el derecho de los hijos a heredar a sus padres, ¿qué razones pueden abonar la diferencia entre ellos? Si todos tienen igual valor en el orden fisiológico respecto a sus progenitores, ¿por qué asignarles valor jurídico distinto? A la igualdad de las leyes en el orden de la Naturaleza debe corresponder la igualdad en el orden de derecho". Alonso Martínez[267] también consideraba nocivo que un padre pudiese instituir heredero sólo a uno de los hijos, con mengua de los demás, en cuyo caso se preguntaba: "¿no habrá hermanos que, aguijoneados por los celos, se rebelen en su conciencia contra una desigualdad tan irritante y sientan en su corazón escasa benevolencia hacia el favorito?".

Más recientemente, otro autor que defiende las legítimas porque cumplen el cometido de igualar es Míquel González de Audicana[268]; sin embargo, la igualación conseguida por las legítimas tiene, en su caso, un matiz

---

264 Maynar Barnolas, 1948, pp. 15 y ss.

265 Añadía el autor referido que "el Estado, aumentando constantemente su propia y preferente legítima, que eso es, en síntesis, el impuesto de transmisión de bienes, y exigiendo su pago en metálico, reduce la herencia a una verdadera ilusión".

266 Scaevola, 1944, p. 173.

267 Alonso Martínez, reedición 1940-1949, p. 45.

268 Míquel González de Audicana, 2009, pp. 498 y ss.

económico[269]. Para este autor, la limitada igualdad que proporciona la legítima "puede tener una saludable función distribuidora de la riqueza, si se trata de patrimonios importantes. En todo caso garantiza una mínima cuota de igualdad entre los hijos, valga lo que valga". En su opinión, "un sistema sucesorio que permitiera que un hijo lo recibiera todo y los demás, nada, sería absolutamente impopular"; por ello, cree que no ha llegado el momento de dar un paso tan radical como la supresión de la legítima.

De nuevo, este argumento relativo a la igualación de los legitimarios fue rebatido por cierto sector doctrinal. Uno de los primeros autores en contradecir la *supuesta* legitimidad de esta igualación fue Joaquín Costa[270], que lo hizo en los siguientes términos: "Suponed que el Código de Comercio mandara a todo deudor pagar a sus acreedores una cantidad igual, debiéndosela diferente: semejante precepto, ¿no sería injusto y tiránico? Pues eso es, sin punto de más ni punto de menos, lo que hace la legítima". En su opinión, el padre no debe lo mismo al que ha trabajado poco que al que ha trabajado mucho y contribuido más a acrecentar el haber paterno; no debe lo mismo al hijo rico o afortunado que al débil, al enfermizo o al que ha sido desgraciado en sus empresas. Se muestra crítico con la supuesta "igualdad mecánica, algebraica, abstracta, enteramente ilusoria" de la normativa, y considera que para repartir una herencia con verdadera igualdad hay que tomar en cuenta "una masa de datos tal y tan compleja, que apenas alcanza a lograrlo toda la discreción del padre y el conocimiento minucioso e íntimo que tiene de las interioridades del hogar, del carácter, estado, conducta, situación y necesidades de cada uno de sus hijos: una persona enteramente extraña, pongo por caso, el Juez, aun después de prolija información, no acertaría sino por casualidad".

Para Moret Prendesgast y Silvela[271], "la idea igualitaria de la legítima encierra en sí una monstruosa desigualdad dentro de la familia. El industrioso es equiparado al ignorante, el mayor al menor, el de escaso talento al que sus facultades privilegiadas señalan un elevado puesto en la sociedad, el que tiene ya una existencia independiente al que necesita aún de los cuidados y de los auxilios paternales. Desconocidas las verdaderas necesidades por la ley, que tiene que ser por fuerza ciega porque no puede ser individual, aparece violada bajo seductoras formas la justicia retributiva".

---

269 Como ya había apuntado Alonso Martínez, reedición 1940-1949, pp. 141-142, al afirmar que "con la división del patrimonio entre los hijos, no puede menos de aumentarse el número de pequeños propietarios, lo cual es de excepcional importancia en los tiempos que atravesamos".

270 Costa Martínez, 1883, pp. 505 y ss.

271 Moret Prendesgast y Silvela, 1863, p. 171.

Giner de los Ríos[272] creía que el carácter individual que hoy reviste la propiedad, así como la dignidad misma de la familia, que no debe considerarse como una sociedad mercantil, reclaman la abolición de las trabas a la facultad de testar y el reconocimiento de la plena libertad del propietario para disponer de sus bienes, una vez cumplidos íntegramente los deberes que le pudieran corresponder, como asegurar alimentos a los hijos menores; el único límite racional de la facultad de testar se halla "en los principios mismos de justicia, cuya infracción debe hacer declarar írrito, sin valor ni eficacia, aquel testamento manifiestamente absurdo en sus disposiciones, a juicio de los Tribunales. Pero no hay principio alguno de justicia que autorice semejante igualdad mecánica y abstracta en la división de los patrimonios, aun atenuada por el sistema de las mejoras; antes el Derecho pide que la fortuna, como toda clase de medios, se destine y proporcione con flexible conformidad a los fines que la hayan menester y a los sujetos de estos fines: todo lo cual varía en cada caso, infinitamente".

En sentido similar, Vallet de Goytisolo[273] consideraba que "la justicia de la igualdad aritmética resulta de que ésta es puramente cuantitativa, sin matices cualitativos. Si unos hijos abandonan la casa y trabajan para sí, y, en especial, si se les dio carrera con los ahorros de la casa; y si otro hijo quedó en ella, incorporando a esta todo su trabajo y aunando su esfuerzo a los del padre para educar y colocar a los demás hermanos, no parece equitativo que a la hora de heredar tengan éste y aquéllos que partir por igual la casa y las tierras que éste trabajó y de las que marcharon los demás, que sólo trabajaron para sí, y, tal vez, gracias a carrera estudiada o un oficio aprendido con el esfuerzo y el sacrificio económico de la casa". También De la Cámara[274] creía que "tan injusto es tratar desigualmente a los iguales como igualmente a los que son desiguales"; en su opinión, "la experiencia demuestra que los padres no desigualan a sus hijos si no están asistidos de sólidas razones para ello. Las divisiones arbitrarias son, sin duda, la excepción".

Más recientemente, Miguel González[275] considera que gran parte de la doctrina utiliza la voluntad del testador "hiperbólicamente como coartada para socavar la igualdad que la legítima representa"; sin embargo, "una decisión a favor de la libertad de testar y en contra de la legítima no corres-

---

272 Giner de los Ríos, 1890, p. 299.

273 Vallet de Goytisolo, 1966, p. 25.

274 De la Cámara Álvarez, 1964, p. 1005.

275 Miguel González, 2002, p. 153.

ponde al intérprete, porque es una elección de política legislativa que en un Estado de derecho incumbe al poder legislativo". Parra Lucán[276] cree que un mayor reconocimiento de la libertad de testar permitiría hacer frente a las necesidades vitales del viudo o la pareja así como de los hijos discapacitados; el actual sistema de cuotas es rígido y poco apropiado, pues no atiende a la situación económica o de las necesidades de los legitimarios. En un sentido similar se manifiesta Barrio Gallardo[277], quien ha insistido en que "el automatismo ciego y casi mecánico que comporta la legítima conlleva una rigidez criticable que no permite hacer justicia al caso concreto (p. ej. a la discapacidad)"; en su opinión, el anacrónico y anquilosado sistema sucesorio ha podido generar ciertos atavismos en el imaginario colectivo e imprimir a la herencia forzosa una fuerte carga simbólica[278]. Por último, Magariños Blanco[279] cree que es un error partir de que la naturaleza hace iguales a los hijos, cuando la mera observación de la realidad muestra las diferencias de talento, méritos, etc. que hacen del sistema legitimario un corsé que impide la distribución equitativa del patrimonio.

II.3. Tercer argumento: las legítimas deben existir porque el testador no es "confiable"

La falta de confianza por parte del legislador estatal en el testador es algo que parece resultar evidente a un sector amplio de la doctrina. Vallet de Goytisolo[280] afirmaba que "es de notar que en las legislaciones forales las normas suelen estar elaboradas partiendo del buen marido y del buen padre, mientras las disposiciones del Derecho común, y mucho más las emanadas modernamente del poder central, piensan en primer término en la posibilidad de abuso, en los casos patológicos, aunque sean excepción". También Roca Trías[281] considera que "el legislador sospecha de los testadores"; no está seguro de que vaya a cumplir con su obligación de atribuir la legítima y por ello no sólo reconoce las correspondientes acciones a los

---

276 Parra Lucán, 2009, p. 470.

277 Barrio Gallardo, 2019, pp. 311 y ss.

278 Galicia Aizpurúa, 2017, p. 6, afirma que "en esta materia hay algo de atávico, es decir, algo de aferramiento instintivo al sistema propio, producto tanto de la experiencia personal vivida como de una conciencia colectiva forjada a partir de un Derecho que ha pervivido a lo largo de muchos años".

279 Magariños Blanco, 2010, pp. 227 y ss.

280 Vallet de Goytisolo, 1966, p. 17.

281 Roca Trías, 2014, p. 1262.

afectados, sino que incentiva al progenitor-causante estableciendo impuestos más bajos.

Pero la falta de fiabilidad del testador es un argumento clásico que ya se *denunciaba* antes incluso de la aprobación del actual Código Civil; así, Gutiérrez Fernández defendía que la voluntad testamentaria debe limitarse por ley. Este autor consideraba que en favor de la libertad absoluta de los padres y de los ascendientes hablan razones de muy alto peso, como el derecho de propiedad. Entendía que o se niega un derecho o se admite con todas sus consecuencias, y "declarar al padre dueño de sus bienes y negarle la facultad que tendría un hombre libre para disponer como quiera de ellos, es hacerle de peor condición que un célibe"; al fin y al cabo, "la libre testamentifacción no puede pedir armas a la ciencia, ni escudarse con la imparcialidad del sentimiento, ni buscar apoyo en la tradición y en la historia. La testamentifacción nació de la misma manera que se conciben las instituciones en los pueblos primitivos, libre y entregada al arbitrio de los particulares". Sin embargo, Gutiérrez Fernández consideraba necesaria la restricción: "son los hombres demasiado impresionables para que sean infalibles en sus juicios"; por ello, reconoce "un fondo de justicia en la institución de las legítimas", si bien afirma que no por ello se declara enemigo de la libertad de testar[282].

Además, para un sector doctrinal no sólo el testador es poco confiable, sino también los propios descendientes. Destaca en este sentido la opinión de Lamarca Marqués[283], que defiende la legítima como límite a la libertad de testar toda vez que evita la competencia entre hermanos por la atención y el apoyo de sus padres. Con un sistema de legítima forzosa, se evita el *cain-ism*: que un hermano intente influir en sus padres para cambiar sus testamentos en su favor, convirtiéndose en único heredero gracias a la animadversión creada frente al otro descendiente, su hermano.

Una vez más, este argumento ha sido desvirtuado por los defensores de la libertad de testar. También antes de que se aprobase el actual Código Civil español, Cadafalch Buguñá[284] afirmaba que "no debemos ser pesimistas: confesemos que, siendo la libertad un noble y precioso don de Dios, los males que se siguen de su ejercicio son mil veces menores que los de las leyes restrictivas: confesemos que los abusos de la libertad de testar son afortunadamente lo excepcional; confesemos, como advierte un economista, que a medida

---

282 Gutiérrez Fernández, 1863, pp. 290-295.

283 Lamarca Marqués, 2014, p. 275.

284 Cadafalch Buguñá, 1862, p. 137.

que la personalidad humana va ganando terreno, se generaliza más y más la libertad de testar, y la herencia viene a ser como la extensión del derecho de propiedad personal, que se prolonga más allá del sepulcro".

Joaquín Costa[285] consideraba que eran tres las teorías proporcionadas para dar base racional a la legítima: la obligación impuesta a los padres de alimentar a los hijos, la existencia de un supuesto fideicomiso tácito y el principio de copropiedad de la familia; razones todas que el autor refuta; y, en cuanto a que la legítima se asocie con la palabra desconfianza, muestra su escepticismo acerca de por qué la ley se fía del joven y desconfía del viejo. Para Joaquín Costa, la legítima podría tener razón tratándose de un padre que ha sido vicioso, pervertido, derrochador o pródigo, pero cuando la legítima se ofrece un caso de ese género, "¡qué sarcasmo, señores! (...) la legítima es como el cazador que dispara contra la mata cuando de ella ha saltado ya la liebre". Asume el autor que los padres también podrían equivocarse, "pero el error es en ellos meramente posible, y en todo caso, no sucederá sino por excepción y accidentalmente"; por ello, identifica al padre como una especie de magistrado dentro de la familia, que hace de su lecho de muerte un estrado desde donde pronuncia fallos inapelables.

Para Giner de los Ríos[286], "la naturaleza discrecional del testamento obliga a la ley a respetar la última voluntad de la persona en términos análogos a como la respeta durante su vida", y afirma que "sin duda que en el testamento cabe sinrazón; pero querer suprimir la libre acción de la persona en este orden por temor al abuso, equivale a sustituir una injusticia posible con otra segura. El padre, por ejemplo, debe en vida alimentos al hijo en ciertas condiciones; debe por tanto asegurárselos en sus bienes para después de su muerte. Pero de ningún modo está en conciencia obligado a dejar siempre, sea por igual, sea por partes desiguales, su fortuna a sus hijos, ni a otra persona alguna".

En un sentido similar, Sánchez Román[287] afirmaba que la legítima no es sino una forma de consagrar la desconfianza y el recelo, como "anhelado" término medio entre los sistemas de herederos voluntarios y necesarios. Para este autor, el sistema de testar es preferible por ser más conforme a derecho: primero, porque esa libertad le permite cumplir con el conjunto de deberes que las relaciones de su vida han creado; segundo, porque el derecho de personalidad y libertad hacen necesario el que pueda disponer por actos de última voluntad; y tercero, porque como acto dominical, en cuanto se refiere

285 Costa Martínez, 1883, pp. 505 y ss.

286 Giner de los Ríos, 1890, p. 253.

287 Sánchez Román, 1910, pp. 715 y ss.

a bienes, debe ser respetado, sin que pueda ni deba estorbarlo su condición de *mortis causa*. También cree que es el más conforme con la naturaleza de las relaciones familiares, porque robustece la autoridad paterna y permite al padre acumular el patrimonio en uno o varios de sus herederos o distribuirle más racional y deliberadamente y menos casualmente; dejar *pro indiviso* a sus hijos las grandes explotaciones industriales – nada valen *despedazadas*. Por lo tanto, la *libertad de testar* sería, así, más conforme a Derecho que las legítimas; y los peligros por que se la rechaza no nacen de aquélla, sino de causas extrañas. Viendo la argumentación de este autor no sorprenden en absoluto las conclusiones a las que llega: primera, que el problema planteado (entre libertad de testar y legítimas) es un problema esencial, sino exclusivamente jurídico, y solo por motivos de esta naturaleza, es decir, de Derecho, debe ser resuelto (dejando de lado, se refiere, motivos morales, sociales, familiares, etc). Segunda, que se ha abusado mucho, por los defensores de las legitimas, de la nota sentimental, así como también los partidarios de la libertad de testar lo han hecho de la nota económica. Tercera, que los fundamentos que han ofrecido los defensores de la legítima con pretendido carácter jurídico no son aceptables. Cuarta, que sólo la libertad de testar es necesario complemento de la libertad individual del padre-testador.

Dando un salto considerable en el tiempo, cabe decir que un contraargumento más reciente es el que ofrece De la Esperanza Rodríguez[288], para quien es evidente que en cualquier caso se pueden producir consecuencias injustas; "*ya* sea el caso del hijo único que descuida a sus padres a sabiendas que tendrá derecho a dos terceras partes de su herencia, *ya* el del hijo que durante toda su vida ayuda al padre a formar la empresa familiar y luego ve cómo un desconocido capta la voluntad del padre para que teste a su favor". Por ello, se pregunta: ¿por qué desconfiar del padre en lugar de desconfiar del hijo?

III. ARGUMENTOS A FAVOR DE LA LIBERTAD DE TESTAR

III.1. Primer argumento: la libertad de testar es más coherente con el derecho a la propiedad y permite una mayor autoridad familiar

Este argumento se aprecia especialmente en la literatura anglosajona y americana, cuyos sistemas son paradigmáticos dentro de los que propugnan una mayor libertad de testar, o al menos así lo entiende la doctrina

---

[288] De la Esperanza Rodríguez, 2002, pp. 1115-1116.

española[289]; en este sentido, se ha dicho que la libertad de testar en derecho inglés contemporánea halla su causa en el liberalismo inglés como individualismo, con origen en una concepción apriorística de los derechos, en especial la propiedad privada[290].

En nuestra doctrina nacional también se han exaltado las bondades de la libertad de testar como principio que entronca mejor con el derecho a la propiedad. Uno de los autores a quien cabe destacar fue Cadafalch Buguñá[291], quien entendía que "a quien se le permite lo más debe serle también permitido lo menos. Ya que el hombre, a tenor de tan incontestable principio, puede transferir entre vivos el absoluto y pleno dominio de sus bienes, de modo que sus más allegados pierdan toda esperanza de volver a recobrar; no debe verse privado de hacer lo mismo por última voluntad". En su opinión, la supresión de la libertad de testar hiere inevitablemente la dignidad del hombre, causando desaliento al hacerle conocer de antemano que no gozará libremente del fruto de sus sudores. Este autor concibe el sistema de sucesión forzosa como "socialista y comunista", y se pregunta que cuál será, en un pequeño estado, es decir, la familia, la situación del padre que no puede obtener el respeto de los hijos, a quienes la ley ya ha concedido anticipadamente su fortuna; en definitiva, cree que con este sistema, el padre queda reducido a la simple condición de "un usufructuario y administrador de sus bienes".

En un sentido parecido, Moret Prendesgast y Silvela[292] afirmaban que "la libre testamentifacción no es más que una consecuencia del derecho de propiedad absoluto, y bajo este aspecto, la legislación catalana se presta a la crítica como todas las demás de las provincias forales, a excepción de la de Navarra". E insistían: "el derecho de testar no es más que una consecuencia de la propiedad; a quien puede disponer en vida de lo que le pertenece, y transmitir a otro la facultad absoluta de usar y gozar, no se le puede negar sin injusticia, sin violación de la ley natural, el poder de dividir a la hora de la muerte su patrimonio como mejor le plazca. Los límites, pues, que

---

289 Entre otros, Azcárraga Monzonís, 2007, p. 54. Cabe tener en cuenta, sin embargo, la consideración de Kerridge, 2020, pp. 384 y ss., cuando hace notar que, aunque generalmente se concibe el sistema anglosajón como aquel en el que se aplica con más fuerza y vigor el principio de libertad de testar, lo cierto es que el derecho inglés sólo permitió una completa libertad de testar durante un muy breve período de tiempo: 1891-1939. Recomendamos la lectura de esta obra para un mayor análisis histórico de la materia.

290 Barrio Gallardo, 2011, pp. 221 y ss.

291 Cadafalch Buguñá, 1862, pp. 109 y ss.

292 Moret Prendesgast y Silvela, 1863, pp. 156 y ss.

se pongan al uso de la propiedad, esos mismos tendrán que dejarse sentir en las herencias: los que sean justos en un caso lo serán en otro, y para nosotros la propiedad es un derecho absoluto, limitado solo por el derecho de los demás".

María Falguera[293] considerababa que "la mejor de las libertades es la que nos permite arreglar nuestro patrimonio conforme a nuestro libre albedrío y que no nos obliga a amoldarlo a la ciega voluntad del Estado que no puede saber lo que nos conviene. ¿De qué sirven sin eso todas las demás libertades? ¿Qué sacaremos de ser reyes en el Parlamento si no podemos reinar en nuestra casa?".

Como se puede observar, los autores clásicos hacían referencia frecuentemente a esta idea de "autoridad paterna" o "autoridad familiar" [294]; también así lo hizo Durán Bas, uno de los más firmes defensores de la libertad de testar[295]. Sus argumentos eran de carácter jurídico, político (libertad individual), moral y económico (criterios de producción); pero también familiares, pues entendía que para robustecer esta mencionada autoridad familiar es mejor la libertad de testar frente a la desheredación. Sin embargo, su defensa de la libertad de testar no era "ciega", pues como él mismo escribe, no ha de ser "precisamente omnímoda, ilimitada esta libertad"; tal vez por ello, el autor elogiaba el sistema legitimario catalán de una sola cuarta parte, que se debía conservar.

Pero, ¿debe tenerse en cuenta este criterio de la "autoridad familiar"[296]? En nuestra opinión, puede que este argumento haya quedado un poco desfasado en la actualidad, y es posible que Valladares Rascón[297] se refiera a él cuando dice que al leer a los autores que tratan sobre las legítimas y sus argumentos en contra y a favor se podría decir que hacemos un viaje al pasado, pues suenan a otras épocas; "lo malo es que, con escasísimas excepciones, la doctrina se sigue refiriendo a esta argumentación, ya tras-

---

293 María Falguera, 1889, pp. 13 y ss.

294 Lacruz Berdejo, 1981, p. 420, afirma que los defensores de la libertad de testar alegan que esta es un presupuesto del derecho de propiedad, que para ser tal ha de perpetuarse más allá de la muerte, que se liga asimismo a la "necesidad de que el jefe de la familia sea autónomo en el cumplimiento de unos deberes cuyo ámbito sólo él puede apreciar certeramente; y, en suma, que la libertad de testar robustece la autoridad paterna, estimula la cooperación y el esfuerzo de los hijos, y contribuye a mantener el espíritu y las tradiciones de la familia".

295 Durán Bas, 1883, pp. 204 y ss.

296 En Estados Unidos, Hill, 1995, p. 53, utiliza un concepto muy similar, al considerar que el Derecho de sucesiones se ha ido volviendo menos tradicional y paternalista y más flexible respecto de la autonomía familiar y la "*decisionmaking authority*".

297 Valladares Rascón, 2004, pp. 4893 y ss.

nochada". En este sentido, tal vez resulte más adecuada la expresión de Fernández Barreiro[298], quien considera, sin referirse a la idea de autoridad famiiar, que "tanto la razón natural como la experiencia de la vida histórica muestran que la sucesión hereditaria puede resolverse dentro del grupo familiar sin necesidad de intervención legal".

En cualquier caso, debe tenerse en cuenta que es en el sector notarial donde se encuentran los defensores más fervientes de la libertad de testar[299]. Magariños Blanco[300] afirma que ha podido comprobar que el sentimiento de rechazo está bastante extendido acerca de la limitación sobre la libertad de disposición de la propiedad de lo que han ganado con el esfuerzo de muchos años, y considera que el sistema legitimario español es demasiado rígido y severo.

III.2. Segundo argumento: la libertad de testar es más ventajosa en términos económicos

En relación con lo ventajosa que puede resultar la libertad de testar en términos económicos se puede distinguir al menos hasta tres tipos de subargumentos. El primero es el que concibe que las limitaciones legitimarias constituyen "unas expectativas desincentivadoras del trabajo y esfuerzo personal"[301]. Se parte así de que la libertad de disponer maximiza el valor que el causante da a su herencia[302].

El segundo tipo de argumento utilizado frecuentemente por quienes defienden la libertad de testar es que la ausencia de límites a la misma podría favorecer la transmisión de ciertas entidades económicas, como la empresa[303]. En este sentido, cabe reconocer con Delgado Echeverría[304], que "la herencia no constituye en nuestra sociedad el soporte económico principal para la vida de los individuos"; en términos generales, "las grandes

---

298 Fernández Barreiro, 2006, p. 116.

299 Así lo cree Cañizares Laso, 2014, p. 264. Sobre ello, Míquel González de Audicana, 2009, p. 499, considera que es explicable que a algunos testadores las legítimas les molesten, porque son limitaciones a su libertad de disponer, pero no son sólo los obligados los que deben opinar; el mismo autor, 2014, p. 985, esta vez afirma que "ciertamente la opinión de los notarios ha de tenerse en cuenta, pero no es el único punto de vista a considerar".

300 Magariños Blanco, 2010, pp. 207 y ss.

301 Magariños Blanco, 2010, p. 243.

302 Ferrer Riba, 2011, pp. 343 y ss.

303 Magariños Blanco, 2010, p. 243, considera que "las limitaciones legitimarias constituyen un serio inconveniente para la continuación de la empresa".

304 Delgado Echeverría, 2006, p. 86.

fortunas no se transmiten a las siguientes generaciones por los cauces del Derecho civil de sucesiones, sino preferentemente por instrumentos del Derecho de sociedades"[305]. Ya varios años antes, Radbruch[306] afirmaba que "las unidades económicas necesitadas de conservación en medio del cambio de los hombres, con la despersonalización de la economía y con la objetivización de las empresas, han pasado de las manos perecederas de las personas naturales a las manos inmortales de las personas jurídicas, escapando, justamente por eso, del círculo del Derecho hereditario".

Y, por último, la tercera razón para defender la libertad de testar en términos económicos es que esta evita los altos costes de litigación que generan las legítimas[307]. En relación con esto, cabe decir que Ferrer Riba[308], tras comparar el sistema anglosajón y el de legítimas, llega a la conclusión de que el sistema de porción fija genera más predictibilidad y por tanto más seguridad jurídica, pero también que se corre el riesgo de desviarse de manera flagrante del nivel óptimo de restricción a la libertad de testar; de otra parte, el sistema de provisiones familiares resulta más incierto. Pero para él, si los costos de transacción, a priori más elevado, que comporta la gestión de un régimen de provisiones familiares se pudiese contener suficientemente, se podría considerar este sistema preferible. En nuestra opinión no resulta del todo claro que el sistema de legítimas genere la seguridad jurídica que afirma Ferrer Riba pues es frecuente la judicialización de estos casos: bien porque la legítima no se ha satisfecho y debe reclamarse, bien porque los legitimarios no quedan satisfechos con el cálculo de la misma.

En definitiva, y como afirma Bouckaert[309], "aunque la legítima provoca probablemente más problemas de los que soluciona, la idea está profundamente enraizada en sentimientos populares, por lo que los argumentos racionales de abolirla o limitarla podrían ser vencidos por protestas emocionalmente contaminadas de sus defensores". En su opinión, la libertad de testar presenta indudables ventajas desde el punto de vista de la relación derecho-economía; así, por ejemplo, maximiza el valor del legado, optimiza la gestión de la herencia y reduce el coste de la implementación de las legítimas, entre otras cuestiones.

---

[305] Sobre sucesión de la empresa familiar, véase Parra Lucán, 2009, pp. 511-569.

[306] Radbruch, 1959, p. 210.

[307] Carrasco Perera, 2003, p. 3.

[308] Ferrer Riba, 2011, p. 349. Este autor hace notar que en el Derecho sucesorio catalán conviven los dos sistemas: de porción fija y de cuantía variable (la quarta vidual).

[309] Bouckaert, 2009, pp. 94 y ss.

III.3. Tercer argumento: repercusión en Derecho de sucesiones de los cambios sociales

La cuestión de si se debe suprimir o mantener la legítima está en pleno auge, y al repunte de su importancia ha contribuido, además de las divergencias en los derechos civiles autonómicos, la cantidad ingente de transformaciones sociales que se han producido. Y es que la legítima es una materia jurídica que ha permanecido prácticamente invariable desde 1889; sin embargo, la población española "nada tiene que ver con aquella que vivió la promulgación del Código Civil"[310]. En efecto, los cambios que se han producido son cuantiosos; nosotros analizaremos principalmente los tres siguientes.

En primer lugar, la transformación más evidente tiene que ver con el modelo de familia[311]. Actualmente se producen bastantes divorcios[312], cuestión esta que ni siquiera estaba permitida por ley en 1889 y que ha dado lugar a que cada vez sea más frecuente el caso de las familias reconstituidas. Además, y al mismo tiempo que incrementa el número de divorcios, también decrece el número de matrimonios, se institucionalizan nuevas formas de convivencia de pareja[313] y se produce un consecuente retraso en la maternidad/paternidad[314]. Hoy en día es cada vez más frecuente el caso de las familias monoparentales –o monomarentales–, y por ello, los sociólogos hablan de *postnuclearización*, donde predominan los núcleos familiares truncados o incompletos y que ello implica un individualismo en las relaciones familiares[315], que hace reflexionar todavía más acerca del sistema actual tan riguroso de legítimas[316].

---

[310] Yzquierdo Tolsada, 2004, p. 13. En un sentido parecido, Rebolledo Varela, 2010-A, p. 25, afirma que la estructura básica del modelo familiar a que responde el derecho de sucesiones en el Código Civil es esencialmente el mismo que el de 1889. Véase también Gomá Lanzón, 2013, p. 566; Barceló Domenech, 2016, p. 302; Peris Rivera, 2016, p. 331.

[311] Pérez Ramos, 2014, p. 107, considera necesaria la adaptación del Derecho de Sucesiones a lo que denomina el Nuevo Derecho de Familia, surgido tras la revolucionaria transformación de la familia en los últimos años.

[312] Rebolledo Varela, 2010-A, p. 29, elabora un trabajo extenso en esta materia y una de las conclusiones de su investigación revela que hay un aumento de rupturas matrimoniales, con opciones de familias monoparentales, pero otras veces reconstituidas. Véase también Magariños Blanco, 2010, p. 241.

[313] Rebolledo Varela, 2010-A, p. 29.

[314] Facal Fondo y Torréns Calle, 2010, pp. 56 y ss., afirman que la procreación se retrasa bastante, pero es voluntaria, por lo que "los hijos son deseados".

[315] Gomá Lanzón, 2013, p. 567, afirma que el anhelo de felicidad es un factor esencial en la forma del comportamiento, "no del colectivo familiar como grupo, sino de la persona. La búsqueda individual de la felicidad es el objetivo perseguido, que se impone al sentido del deber".

[316] Rebolledo Varela, 2010-A, p. 28. Facal Fondo y Torréns Calle, 2010, pp. 56 y ss., hacen mención al concepto de núcleo familiar, que se trata de una unidad emocional y afectiva; existe,

El segundo factor de transformación estructural se produce en relación a cómo se generan los patrimonios hoy en día. Se ha dicho que ya no puede hablarse de patrimonio familiar[317], pues en la actualidad los patrimonios proceden del esfuerzo personal, laboral o profesional del causante[318]; además, tal y como ha señalado el economista Becker en su obra *Human capital* (1975), gran parte de la riqueza actual proviene del "capital humano" considerado como inversión que un individuo realiza en sí mismo o en otro con la finalidad de adquirir conocimientos, habilidades y competencias que le proporcionen rendimientos económicos.

Por último, el tercer cambio tiene que ver con el aumento de la esperanza de vida[319], lo que produce dos circunstancias notables: en primer lugar,

---

así, una pérdida del peso relativo del hogar-tipo respecto a otras formas alternativas (familias monoparentales, parejas sin hijo, del mismo sexo, etc). Véase también Nieto Alonso, 2014, p. 1045; De Barrón Arniches, 2018, p. 115; Gomá Lanzón, 2019, pp. 69 y ss.; Del Campo Álvarez, 2019, p. 364.

317 Para Rebolledo Varela, 2010-A, p. 28, la familia ya no es un instrumento de conservación y transmisión del patrimonio. Magariños Blanco, 2010, pp. 235 y ss., considera que la casa ya no es el elemento físico referencial en el que se concentran las relaciones personales y afectivas; se ha hecho fungible, pues las personas cambian normalmente varias veces de vivienda. Ferrer Riba, 2011, p. 342, considera que la familia ha abandonado en la mayoría de casos su condición de unidad económica de producción; la provisión de muchas necesidades (educación, salud, cuidado de personas mayores) ha dejado de ser un cometido familiar y se ha desplazado a las instituciones públicas. El centro de gravedad en la vida social ha pasado de la casa, es decir, de la familia, a un grupo con un interés propio y superior al de sus miembros, a la persona. Por último, Roca Trías, 2014, pp. 1251 y ss., entiende que "la riqueza de los hijos ya no se basa en su herencia futura, sino en sus éxitos académicos". También que se ha producido un cambio en la naturaleza de los bienes, pues las herencias tradicionales tenían como objeto un conjunto de bienes, la mayoría de las veces, heredados previamente; sin embargo, la riqueza de la sociedad actual está basada en fuentes públicas de ingresos, entre los que se encuentran los beneficios de la seguridad social, las pensiones, en definitiva, el esquema que se traduce en lo que se ha venido en llamar el "estado de bienestar".

318 O'Callaghan Muñoz, 2015, pp. 4 y ss., cree que debería suprimirse la legítima, entre otras razones, por lo que denomina realidad social y económica: la primera se basaría en el principio de "no me des dinero, enséñame a ganarlo"; la realidad económica implicaría que la subsistencia no depende de la herencia: "los padres no piensan en que la economía de sus hijos vaya a depender de la parte de la herencia que constituye la legítima, sino que deben darles la formación adecuada para que sean ellos los que personalmente obtengan la suficiencia económica para subsistir dignamente".

319 Facal Fondo y Torréns Calle, 2010, p. 70, mencionan que ha aumentado la calidad de vida de los mayores, y que existe una tendencia al "envejecimiento del envejecimiento", es decir, al incremento del colectivo de población de 80 o más años. O'Callaghan Muñoz, 2015, pp. 4 y ss., cree que la actual longevidad de la vida humana es un argumento más para ampliar definitivamente la libertad de testar suprimiendo las legítimas: "es frecuente que actualmente la vida del ser humano se prolonga mucho más que antiguamente. Piénsese en 1889 cuando se promulgó el CC. Dándose esta realidad, la transmisión de la herencia o legado que atribuyen la legítima, se dará

que aumente el número de ancianos dependientes[320]; en segundo lugar, que las herencias, y consecuentemente el derecho a legítima, se reciba en el momento de mayor riqueza personal[321]. Para Carrasco Perera[322], la legítima sucesoria castellana de hijos y descendientes sobre los bienes de sus padres no goza de buena reputación en el siglo XXI: tal vez la legítima de los dos tercios tuvo sentido en una sociedad en la que la expectativa de sobrevivencia es baja; pero pierde su razón de ser cuando es lo bastante alta como para dar lugar a que los hijos hereden a sus padres en una etapa avanzada de la madurez de aquéllos. Por ello, y de forma muy aguda, se ha calificado a la legítima de "bienvenido complemento a la jubilación"[323], idea que no sólo se recoge en nuestra doctrina nacional, sino también internacional: Hill afirma que las tendencias demográficas en Estados Unidos demuestran que ahora padres e hijos envejecen juntos, y que esos patrones de esperanza de vida implican que los descendientes pueden esperar heredar al tiempo de su jubilación[324].

Todos estos cambios deberían tener, creemos, cierta repercusión en la libertad de testar[325]. El legislador español debe, por todos los medios, evitar que el *pronóstico* de Beckert se haga realidad: este autor, después de analizar la fricción entre libertad de testar y legítimas en Francia, Alemania y Esta-

con harta frecuencia cuando ya los hijos tengan la vida encarrilada. No deja de ser un sinsentido que una persona, por ejemplo de 50 años, tenga un derecho a exigir el abono de la legítima por la muerte de su padre o de su madre. Ello, con el perjuicio que puede ocasionar al padre o madre supérstite". Véase también Parra Lucán, 2009, pp. 471 y ss.; Magariños Blanco, 2010, p. 241; Barrio Gallardo, 2012, p. 451 y Pérez Arroyo, 2018, p. 107.

320 Rebolledo Varela, 2010-A, p. 29. Véase también Nieto Alonso, 2014, pp. 1045 y ss., que habla de la vulnerabilidad de la población envejecida; en su opinión, en la pugna entre recursos de orden público (Ley de dependencia) y recursos de orden privado, ganan estos últimos, pues pueden satisfacer necesidades tales como el afecto y la compañía personal.

321 La expresión corresponde a De Barrón Arniches, 2018, p. 114 quien afirma que los datos fácticos hacen concluir que el Derecho de Sucesiones no tiene hoy la importancia que cabía atribuirle en épocas pretéritas. En la doctrina internacional, Sonnekus, 2007, p. 84, afirma que en la actualidad los hijos ya no dependen para su subsistencia de la reclamación de su cuota legitimaria, por lo que esta ha perdido toda su razón de ser.

322 Carrasco Perera, 2003, p. 3.

323 Valladares Rascón, 2004, pp. 4900-4901, cree que ha desaparecido la razón de existir de las legítimas y, por ello, "deberían desaparecer también ellas".

324 Hill, 1995, p. 59.

325 Rebolledo Varela, 2010-A, p. 23, considera que la transformación social que la familia ha experimentado debería tener como resultado una alteración sustancial del derecho sucesorio. Bernard Mainar, 2019, p. 384, cree que tanto el distinto contexto sociológico de la familia como el aumento de la esperanza de vida justificarían sobradamente la necesidad de una reforma legislativa sobre legítimas.

dos Unidos, afirma que la *longue durée* de las reglas sucesorias en estos tres países indica que el desarrollo de la normativa sucesoria tiende a seguir el mismo camino que se había establecido, y es relativamente independiente de los cambios en las condiciones socioeconómicas y las constelaciones del poder político[326].

III.4. A MODO DE APÉNDICE: ¿QUÉ SERÍA LO NORMAL EN UNA SOCIEDAD SIN NORMAS PREEXISTENTES?

Menéndez-Valdés Golpe sugirió hace más de medio siglo que, en cuestión de legítimas, bien valdría la pena recurrir al planteamiento cartesiano de dudar de todo: este autor del siglo XVII tenía razón cuando sostenía que si pretendemos alcanzar la Verdad, hemos de prescindir de ideas preconcebidas[327]. Un buen ejemplo de esta metodología la podemos encontrar en un trabajo del Profesor Delgado Echeverría[328] en el que asume que son quienes defienden la conveniencia de reformar el sistema legitimario (entre quienes nos incluimos) los que deben argumentar su posición, pues "las razones para dejar las cosas como están es de suponer que resultan por sí solas del hecho de que las cosas, es decir, las leyes, son como son. No hacen falta razones para no hacer nada".

Por ello, este autor teoriza brillantemente acerca de cuáles podrían ser las deliberaciones que se llevasen a cabo en una sociedad sin normas preexistentes de cara a establecer una normativa para el futuro; para ello, parte de dos premisas que podrían recibir general aceptación: 1) lo lógico es que los hijos hereden la fortuna de sus padres, y 2) con los bienes de los fallecidos hay que atender a las necesidades de los allegados que dependían de aquél en vida. En relación con la primera premisa, el autor reflexiona acerca de las posibles razones que podrían llevar a imponer coactivamente la *portio debita:* en primer lugar, argumentar que la moral social no tolera que quien tiene descendientes deje voluntariamente sus bienes a extraños. El reproche, entiende, podría ser meramente moral o social, "como tantas otras conductas que se desvían de los estándares comúnmente admitidos sin que el Derecho haya por eso de intervenir". "En la sociedad actual, en que perdemos a nuestros padres más cerca de nuestros cincuenta años (y la cifra sube) que de los treinta, cuando quien no tiene resuelta su vida (en lo que sin duda habrá influido la escasa fortuna familiar) raro será que

---

326 Beckert, 2008, p. 82.

327 En palabras del propio Menéndez-Valdés Golpe, 1969, pp. 166 y ss.

328 Delgado Echeverría, 2006, pp. 123 y ss.

pueda enderezarla con apoyo de una cuantiosa y tardía herencia de sus padres, me parece difícil encontrar argumentos fuertes para introducir una intervención del Estado correctora de las disposiciones de los particulares. El interés público no está en juego". Sobre si el Estado debería actuar para proteger a la familia, Delgado Echeverría entiende que "las legítimas no constituyen una propiedad familiar ni protegen a un grupo familiar (...) El principio de protección de la familia no incluye ni, en realidad, tiene nada que ver con la protección del linaje". Sí considera el autor que se podría relacionar la protección de la familia con la exigencia de que los allegados del causante no dejen de recibir algo de la herencia si su muerte les ha supuesto una merma en la satisfacción de sus necesidades, pero eso conecta mejor con la segunda premisa. La segunda razón que podría ofrecerse para instaurar *ex novo* un sistema de legítimas es que la intervención estatal pudiese evitar una lesión mayor de los intereses que se pretenden proteger; sin embargo, cabría preguntarse cuál es el interés que se protege: si es el económico individual del legitimario, no parece que resulte en sí merecedor de especial tutela; si es el de la familia, parece difícil, dice, proteger a la familia contra sí misma. "Si lo que está en juego es la cohesión del grupo familiar, perjudicada por un reparto no igualitario o por la preferencia a extraños en la herencia, ¿cómo superará la familia el conflicto escenificado públicamente en el pleito? ¿Cómo evitar agrandar la ruptura en el grupo familiar cuando alguno de los miembros pleitea contra la voluntad del padre? De otra parte, la segunda premisa: sí interesa a la sociedad que los allegados del fallecido resulten favorecidos a cargo de la herencia en la medida en que les hubiese perjudicado su muerte para satisfacer sus necesidades vitales: "lo que está en juego son precisamente intereses existenciales, no meramente económicos". Por todo ello, concluye que en un hipotético país sin historia no resultaría aconsejado introducir el sistema actual de legítimas.

Pero las legítimas existen, y por ello, Delgado Echeverría ensaya tres razones para suprimirlas o modificarlas: la primera, que la sociedad ha cambiado (de nuevo, la vida de los hijos no dependen de los bienes que se heredan); la segunda, que las legítimas dificultan la realización de deseos y satisfacción de intereses que también resultan merecedores de la tutela del Derecho, como por ejemplo, "proveer al supérstite de medios económicos que le permitan mantener un tenor de vida no muy alejado del anterior a la viudez"; y, por último, que las legítimas también dificultan otros deberes más apremiantes respecto de personas con discapacidad, menores y mayores sean o no legitimarios.

Tanto la primera como la tercera razón que ofrece el autor han sido ya expuestas previamente; es la segunda razón, relativa a la realización de

DE CONFLICTU LEGUM
GRUPO DE INVESTIGACIÓN

FACULTADE DE DEREITO
Campus Vida
15782 Santiago de Compostela

Dear Prof. Kenidge.

I hope you like my new book.

Warmest greeting,

Mónica G. Godar

March 2021

deseos que también resultan merecedores de tutela, la que nos parece más original y sobre la que nos gustaría reflexionar un poco más. En relación con la misma, nos gustaría traer a colación la idea de "auto-herencia" (*auto-inheritance*) presente en la literatura anglosajona, como término que se refiere a la práctica de ciertos individuos de crear memoriales para sí mismos, para otros, o ambos; ejemplos de esto serían la creación de fundaciones, becas o ayudas con su nombre. A través de la auto-herencia, el muerto adquiere una especie de inmortalidad, viviendo a través de la donación filantrópica. Según la doctrina, estas formas de auto-herencia están típicamente limitadas a las personas adineradas; para los menos afortunados, la auto-herencia se limita a la compra de monumentos[329]. Esto nos hace preguntarnos: si una persona ya ha provisto a sus hijos con una buena educación, y estos hijos ya son mayores y no *necesitan* del apoyo económico de su progenitor, ¿por qué no se habría de permitir que dicha persona recurra a esta idea de auto-herencia, con la idea de crear una fundación o becas con su nombre? ¿O, como es muy habitual en Reino Unido y Estados Unidos, por qué no se habría de permitir un legado cuantioso en favor de la Universidad en la que uno se formó, u otras instituciones o personas a las que se está especialmente agradecido? Por supuesto, y de la misma forma, también debería ser válida la disposición testamentaria por la que se excluya la auto-herencia: estamos pensando en el ejemplo real del afamado novelista Charles Dickens. Este autor otorgó testamento en el año 1869 pidiendo expresamente, entre otras cuestiones, no ser protagonista de ningún tipo de monumento o placa conmemorativa en ningún lugar[330]; existen, sin embargo, al menos tres estatuas en su nombre: una en Estados Unidos, otra en Australia, y la última se erigió recientemente, en febrero de 2014, en su pueblo natal, Portsmouth. Sus tataranietos defienden la estatua, al considerar que el propio autor no podía entender la repercusión que tendría dos siglos después, pero, ¿es que acaso el testamento no debería cumplirse *ad infinitum,* o tal idea es imposible cuando los beneficarios directos y el albacea (*executor*) ya han fallecido? Dejamos esta idea anotada para resolverla en otro trabajo; baste por ahora considerar la idea de la auto-herencia (sobre todo la benéfica), como un posible argumento que aportamos a mayores de cara a defender una mayor libertad de testar.

---

[329] Bryant, 2003, p. 923.

[330] Sus palabras exactas fueron "*I conjure to my friends on no account to make me the subject of any monument, memorial or testimonial whatsoever. I rest my claims to the remembrance of my country upon my published works*".

Una vez examinados los principales argumentos en contra y a favor de la libertad de testar, pasamos al análisis de las principales tendencias europeas que se observan en las más recientes reformas sobre el instituto de la legítima.

IV. ESTUDIO COMPARADO CON OTROS ORDENAMIENTOS JURÍDICOS: PRINCIPALES TENDENCIAS

En el capítulo precedente comparamos los ordenamientos civiles coexistentes en España; ahora convendría fijar la vista en otros países de nuestro entorno. Para esta tarea resulta de gran utilidad el trabajo de Rentería Arocena[331] que, al estudiar esta materia, clasificó los más de doscientos ordenamientos jurídicos en cuatros grandes familias: el Derecho islámico, el Derecho anglosajón, el Derecho nórdico y el Derecho romano-germánico. Sin ánimo de retratar una fotografía exhaustiva, podemos afirmar que las restricciones a la libertad de testar son conocidas y reproducidas a lo largo y ancho de la Tierra; sirva de ejemplo que la parte de libre disposición en el Derecho islámico es apenas de un tercio de la herencia: el resto queda reservado por ley a los herederos forzosos[332]. Lo único que difiere, pues, es la intensidad con la que dichas restricciones se establecen. Tal vez probablemente debido a ello no debe resultar extraña la existencia, fuera de nuestras fronteras, del mismo debate doctrinal acerca de si mantener o no las dichas restricciones; debate que está en pleno auge y del que han surgido ciertas reformas actuales[333].

Quizás la única "familia jurídica" que resulta un poco ajena a esta cuestión es la del Derecho anglosajón, que comprende casi la cuarta parte de los ordenamientos jurídicos del mundo: a ella pertenecen el Reino Unido y todos los países que son o fueron con anterioridad colonias de aquel reino[334]. En esta "familia" no existen, a grandes rasgos, las cuotas forzosas; sin embargo, sí se puede apreciar un movimiento en cierta medida opuesto al planteado en este trabajo; sólo en ese sentido se puede interpretar la clara evolución que se produjo desde la libertad de testar

---

331 Rentería Arocena, 2011, pp. 2095 y ss.

332 Rentería Arocena, 2011, p. 2097.

333 Véase en este sentido la obra *Imperative inheritance law in a late-modern society: five perspectives*, (eds. C. Castelein, R. Foqué & A. Verbeke), Intersentia, Antwerp – Oxford – Portland, 2009, que trata los casos de Holanda, Reino Unido, Bélgica, Alemania y Francia.

334 Rentería Arocena, 2011, pp. 2098 y ss.

hasta la introducción de las *family provisions* en la *Inheritance Act 1938 y 1975*[335]. Estas *family provisions* no constituyen una cuota o porción de la herencia de la que el causante no puede disponer, sino un remedio *a posteriori* para recomponer las situaciones testamentarias que se consideran injustas[336]. Están legitimados para solicitarlas: el cónyuge o *civil partner* desde 2004; el ex cónyuge, siempre y cuando no hubiera repetido nupcias; el conviviente; los hijos y descendientes del causante (incluso los extramatrimoniales y los *nasciturus*); y cualquier persona que, al momento de fallecer el causante, dependiese de este último[337]. Es importante resaltar que la Ley británica sobre Parejas de hecho del mismo sexo de 2004 (*Civil Partnership Act*) reconoce a los *civil partners* los mismos derechos sucesorios del cónyuge[338].

Cabe destacar, asimismo, la existencia de excepciones a esta regla general de inexistencia de legítimas en el mundo anglosajón: en Escocia, Irlanda, Jersey o la Isla de Man sí las reconocen, por vía legal o consuetudinaria[339]. Además, la mayoría de los Estados Unidos de América reconocen un derecho en favor del cónyuge a parte de la herencia del causante, aunque la cuantía varía entre un tercio y la mitad (*elective share*), así como un derecho de usufructo vitalicio sobre la vivienda habitual (*homestead*)[340].

En cuanto a la familia del Derecho nórdico, resulta claro en el trabajo de Rentería Arocena[341] que la legítima es una institución recogida en los cincos Estados analizados (Dinamarca, Finlandia[342], Islandia, Noruega[343] y

---

335 Probert, 2016, pp. 31 y ss. De nuevo nos remitimos a Kerridge, 2020, pp. 384 y ss., cuando afirma que en realidad el derecho inglés sólo conoció la libertad de testar absoluta en el período comprendido entre 1891 y 1939. El mismo autor, 2019-B, pp. 241-242, aclara además que en realidad durante los siglos XVIII y XIX no hubo una verdadera libertad de testar para los terratenientes, pues la mayoría de las propiedades se transmitirían intactas de padres al primogénito por medio de un *strict settlement*.

336 Marañón Astolfi, 2019, p. 627.

337 Rentería Arocena, 2011, p. 2100; Marañón Astolfi, 2019, p. 627; Kerridge, 2020, pp. 384 y ss.

338 Rentería Arocena, 2011, p. 2100.

339 Véase Rentería Arocena, 2011, p. 2100 y Bernard Mainar, 2019, p. 40.

340 Rentería Arocena, 2011, p. 2100.

341 Rentería Arocena, 2011, pp. 2101 y ss.

342 En Finlandia, el derecho a legítima se llama *lakiosa*. Para conocer la regulación, véase Ley de Sucesiones – Perintökaari, disponible en: https://www.finlex.fi/fi/laki/ajantasa/1965/19650040.

343 Véase La ley de sucesiones de Noruega "*Lov om arv*", disponible en: https://lovdata.no/dokument/NL/lov/1972-03-03-5.

Suecia[344]). Algo que nos ha sorprendido es comprobar que en ninguno de estos ordenamientos se reconoce a los ascendientes como legitimarios: en algunos Estados tienen derecho a cuota forzosa tanto los descendientes como el cónyuge viudo[345]; en otros sólo los descendientes[346], pero como decimos, en ninguno se incluye a los padres o ascendientes. Cabe señalar que en Dinamarca se produjo una reforma importante en el año 2008, a través de la cual se fortaleció la posición de la pareja conviviente[347]; además, también se redujo la cuantía de la legítima de los descendientes hasta un cuarto de la herencia (que con anterioridad era de la mitad), aunque cabe que el testador reduzca la cuantía de los descendientes mientras no cumplan los 25 años[348].

Por último, Rentería Arocena incluye en la familia de derecho romano-germánico la práctica totalidad de los Estados europeos y de Latinoamérica, pero también las antiguas colonias de África central y Occidental[349]; además, cabe tener en consideración que los códigos civiles europeos tuvieron una influencia considerable en las legislaciones de regiones más alejadas[350]. Comenzando con los ordenamientos de Latinoamérica, cabría destacar que la regulación que se hace en el continente transoceánico en lo relativo a las restricciones a la libertad de testar es considerablemente diferente a la continental; baste de ejemplo los ordenamientos de Costa Rica, El Salvador, Guatemala, México o Panamá, en los que no existe legítima, pero sí se reconoce un derecho sucesorio de alimentos[351]. En Honduras

---

344 En Suecia, el derecho a legítima se llama *laglott*. Véase, sobre las cuantías: https://e-justice.europa.eu/content_general_information-166-se-es.do?init=true#toc_3

345 Dinamarca, Islandia y Suecia.

346 Finlandia y Noruega.

347 Godsk Pedersen y Lund-Andersen, 2016, pp. 162-163. Al parecer, desde la reforma es posible otorgar testamento en favor de la pareja conviviente, en el sentido de decidir que la pareja pueda heredarle como si estuviesen casados; sin embargo, se aplican condiciones para que una cláusula de este estilo pueda ser válida, a saber: estar conviviendo al tiempo de su muerte con el testador y haber tenido hijos en común o haber convivido por al menos dos años.

348 Véase http://www.erbrecht-berlin.eu/law-of-inheritance-in-denmark/ (§ 53 ARL)

349 Rentería Arocena, 2011, p. 2103, menciona, entre otras cuestiones, que el Código Civil portugués de 1966 sigue vigente en los países lusófonos de África, con la salvedad de Cabo Verde, que lo sustituyó en 1997 por un nuevo Código Civil; además, el Código Civil español rige todavía en Guinea Ecuatorial, pero ya no en Puerto Rico (desde 1930) ni Filipinas (desde 1950).

350 Rentería Arocena, 2011, p. 2103, afirma que los códigos civiles germánicos tuvieron influencia en las legislaciones de países como Turquía, Grecia, Etiopía o China. Además, el Código Civil de Holanda de 1838 quedó recogido en el Código Civil de Indonesia de 1847. Por último, considera este autor que el Derecho privado de Corea, Tailandia y Japón presenta influencias francesas y alemanas (existe legítima a favor de descendientes, cónyuge y ascendientes).

351 Rentería Arocena, 2011, pp. 2122 y ss.; Bernard Mainar, 2019, pp. 400 y ss.

y Nicaragua sólo existe legítima de un cuarto de la herencia en favor del cónyuge; para descendientes y ascendientes también se reconoce un derecho de alimentos; en Cuba no hay legitimarios pero sí herederos "especialmente protegidos", que son aquellos que dependen económicamente del causante, y para quienes la ley reserva la mitad de la herencia[352]. En el resto de ordenamientos jurídicos (Argentina, Bolivia, Brasil, Chile, Colombia, Ecuador, Paraguay, Perú, Puerto Rico, República Dominicana y Uruguay) sí se regula una cuota forzosa en favor de tres tipos de legitimarios: descendientes, ascendientes y cónyuge viudo; las cuantías difieren, y son de naturaleza variable o fija[353].

En cuanto a los ordenamientos continentales, y para no extendernos demasiado en el análisis de las diferentes restricciones a la libertad de testar en todos los Estados Europeos[354], nos centraremos únicamente en las regulaciones de los países de nuestro entorno más cercano.

En cuanto a Francia, cabe señalar que se produjo una reforma importante en sede sucesoria a través de la Ley 2006-728 de 23 de junio de 2006 (en vigor desde el 1 de enero de 2007). A partir de la reforma, sólo son legitimarios los descendientes y el cónyuge; los ascendientes dejan así de tener derecho a reserva[355]. La cuantía de la legítima de descendientes sigue siendo de naturaleza variable: a mayor número de hijos, mayor cuota legitimaria. Así lo establece el artículo 913 CCfr, en el que se establece que el causante sólo podrá disponer de la mitad de sus bienes, si sólo deja un hijo, de un tercio, si deja dos hijos, y de un cuarto, si deja tres o más hijos. En cuanto a la reserva del cónyuge viudo, este tiene derecho a una legítima en propiedad de la cuarta parte de la herencia, en ausencia de descendientes (artículo 914 CCfr); en caso de concurrir con descendientes, podrá recibir del

---

352 Rentería Arocena, 2011, pp. 2124 y ss.

353 Rentería Arocena, 2011, pp. 2121 y ss.; Bernard Mainar, 2019, pp. 400 y ss.

354 Nos remitimos sobre esta cuestión al anexo presente en el trabajo de Rentería Arocena, 2011, pp. 2108 y ss., aunque sí llamaremos la atención sobre dos cuestiones: la primera, que prácticamente todos los ordenamientos europeos que no analizamos en mayor profundidad han regulado una legítima de naturaleza *pars bonorum* (República Checa, Croacia, Grecia, Letonia, Lituania, Luxemburgo, Macedonia, Malta, Moldavia, Mónaco; únicamente Polonia habría establecido una legítima *pars valoris*). La segunda cuestión a destacar es que prácticamente todos estos ordenamientos establecen tres tipos de legitimarios: descendientes, ascendientes y cónyuge; Luxemburgo y Malta reconocen a dos legitimarios (descendientes y cónyuge); y República Checa sólo a los descendientes. Además, en un alto porcentaje de ordenamientos, la cuantía de la legítima constituye la mitad de la cuota abintestato.

355 Resulta curioso comprobar que Colin y Capitant, 1955, p. 495, al incluir la línea ascendente entre los parientes con derecho a legítima, consideraron que los redactores del Code francés habían ampliado considerablemente la libertad de testar del causante, al dejar fuera a los colaterales.

causante: el usufructo de toda la herencia, o un cuarto en pleno dominio y tres cuartos en usufructo[356]. Además, la Ley 2006-728 reconoce al cónyuge o pareja de hecho un derecho de habitación de la vivienda familiar por un plazo de un año desde el fallecimiento del causante (en las sucesiones abiertas a partir del día 1 de enero de 2007)[357].

En Portugal, cabe señalar que el nuevo Código Civil de 1967 se hubo de reformar en el año 1976 para adaptarlo a la Constitución portuguesa. La norma que produjo dicha adaptación fue el Decreto-Ley 496/77, de 25 de noviembre de 1976, y, entre otras cosas, introdujo una novedad importante: la inclusión del cónyuge supérstite como legitimario[358]. Según el artículo 2157, son herederos legitimarios el cónyuge, los descendientes y los ascendientes; queda claro, con el uso de la expresión "*herdeiros legitimários*", que se trata de una legítima de naturaleza *pars hereditatis*[359]. Sin embargo, una característica peculiar es la *variabilidad* de la cuota legitimaria. Así, por ejemplo, si concurren el cónyuge supérstite y descendientes, o si concurren el cónyuge supérstite y los ascendientes, la legítima será de las dos terceras partes. Por el contrario, si el cónyuge supérstite no concurre con descendientes ni ascendientes, su legítima es de la mitad de la herencia. Por último, tanto si descendientes como ascendientes no concurriesen con el cónyuge supérstite, la legítima sería de la mitad (en caso de que sólo haya un hijo o descendiente, o sólo fuesen llamados los padres), o de las dos terceras partes (si hay más de dos hijos o descendientes, o fuesen llamados los ascendientes de segundo grado y siguientes)[360]. Cabe mencionar que recientemente se aprobó una reforma en el Código Civil por la Ley número 48/2018, según la cual se modificaron los artículos 1700 y 2168, y se introduce un nuevo artículo 1707.A[361], cuya finalidad es permitir y regular la renuncia recíproca a la condición de heredero legítimo del otro cónyuge.

---

356 Rentería Arocena, 2011, p. 2112.

357 Rentería Arocena, 2011, p. 2112.

358 De Oliveira Ascensão, 2000, p. 354; Bernard Mainar, 2019, p. 398, indica además que el código luso de 1867 sólo incluía como legitimarios a los descendientes y ascendientes.

359 De Oliveira Ascensão, 2000, p. 373; Bernard Mainar, 2019, p. 399.

360 Artículos 2158-2161. Véase también De Oliveira Ascensão, 2000, pp. 355 y ss., cuando afirma que el sistema legal es complejo ya que las legítimas varían mucho y habla de hasta tres clases sucesorias.

361 Dicho artículo establece lo siguiente: "*1 - A renúncia pode ser condicionada à sobrevivência ou não de sucessíveis de qualquer classe, bem como de outras pessoas, nos termos do artigo 1713.º, não sendo necessário que a condição seja recíproca. 2 - A renúncia apenas afeta a posição sucessória do cônjuge, não prejudicando designadamente o direito a alimentos do cônjuge sobrevivo, previsto no artigo 2018.º, nem as prestações sociais por morte. 3 - Sendo a casa de morada*

En Italia, el artículo 536 del *Codice Civile* establece que son legitimarios el cónyuge, los hijos y los ascendientes[362]. La cuantía de la reserva legitimaria en favor de los hijos es variable, pues consiste en la mitad de la herencia, si se trata de un único hijo, o dos tercios, si son dos o más hijos[363]. En caso de que los descendientes concurran con el cónyuge, habrá que distinguir: si el cónyuge concurre sólo con un hijo, la legítima es de un tercio para cada uno; si concurre con más de un hijo, la mitad para los hijos y un cuarto para el cónyuge. En defecto de descendientes, la legítima de los ascendientes es de un tercio, salvo si concurre con el cónyuge, en cuyo caso, a este corresponde la mitad de la herencia y a aquellos un cuarto. Por último, en lo que respecta al cónyuge, la legítima consiste en la mitad de la herencia en caso de que no concurra con descendientes ni ascendientes, además de otros derechos sucesorios que le puedan corresponder, como el derecho de habitación en la casa conyugal[364].

---

de família propriedade do falecido, o cônjuge sobrevivo pode nela permanecer, pelo prazo de cinco anos, como titular de um direito real de habitação e de um direito de uso do recheio. 4 - Excecionalmente, e por motivos de equidade, o tribunal pode prorrogar o prazo previsto no número anterior considerando, designadamente, a especial carência em que o membro sobrevivo se encontre, por qualquer causa. 5 - Os direitos previstos no n.º 3 caducam se o interessado não habitar a casa por mais de um ano, salvo se a razão dessa ausência lhe não for imputável. 6 - Os direitos previstos no n.º 3 não são conferidos ao cônjuge sobrevivo se este tiver casa própria no concelho da casa de morada da família, ou neste ou nos concelhos limítrofes se esta se situar nos concelhos de Lisboa ou do Porto. 7 - Esgotado o prazo em que beneficiou do direito de habitação, o cônjuge sobrevivo tem o direito de permanecer no imóvel na qualidade de arrendatário, nas condições gerais do mercado, e tem direito a permanecer no local até à celebração do respetivo contrato, salvo se os proprietários satisfizerem os requisitos legalmente estabelecidos para a denúncia do contrato de arrendamento para habitação, pelos senhorios, com as devidas adaptações. 8 - No caso previsto no número anterior, na falta de acordo sobre as condições do contrato, o tribunal pode fixá-las, ouvidos os interessados. 9 - O cônjuge sobrevivo tem direito de preferência em caso de alienação do imóvel, durante o tempo em que o habitar a qualquer título. 10 - Caso o cônjuge sobrevivo tenha completado 65 anos de idade à data da abertura da sucessão, o direito de habitação previsto no n.º 3 é vitalício".

362 Según Tatarano, 2013, pp. 486-485, el fundamento de la legítima italiana reside en el hecho de que el cónyuge viudo, los ascendientes y los descendientes representan personas insertadas en una "*società familiare*", fuente de derechos y de deberes, pero sobre todo, del deber de solidaridad jurídica.

363 Bernard Mainar, 2019, p. 395, hace notar que esto supone un cambio respecto del *Codice* de 1865, en el que se establecía una cuota legitimaria invariable de la mitad de la herencia en favor de los hijos o de un tercio en favor de los ascendientes (en caso de no dejar hijos).

364 Artículos 537-540. Véase, también, Gazzoni, 1987, p. 465; Bonilini, 2013, pp. 162 y ss.

En Alemania, son legitimarios los descendientes, los padres[365] y el cónyuge viudo[366], y la cuantía consiste en "la mitad del valor de la porción hereditaria legítima" (§ 2303 BGB)[367]. La cualidad más característica de la legítima alemana es que se configura como una *pretensión de compensación* que constituye un crédito, el cual nace al fallecer el causante y que prescribe a los tres años, contados desde el momento en que el titular tiene conocimiento de la apertura de la sucesión y de la disposición que le perjudica[368]. Se trata, en definitiva, de una legítima *pars valoris*[369]. En el año 2010 se reformó la institución de la legítima, pero como se ha dicho, fue una enmienda de mínimos, ya que no se modificó la naturaleza de la institución jurídica (*pars valoris*); ni se cuestionó el fundamento de la figura; más bien al contrario, se mantuvo la cuantía así como los sujetos legitimarios (descendientes, padre, cónyuge). Se trata de una reforma que, en definitiva, respeta el tenor de la Sentencia del Tribunal Constitucional (BVerfGE) de 19 de mayo de 2015, sobre la que volveremos posteriormente[370].

En Suiza, los artículos 470 y 471 del *Code Civil* de 1907 incluyen como legitimarios a descendientes, padres y cónyuge supérstite o pareja de hecho registrada. Las cuantías son como siguen: para los descendientes, tres cuartas partes de su cuota legal intestada; para el padre, la madre y el cónyuge supérstite o pareja de hecho registrada, la mitad. Varias han sido las reformas que han modificado la normativa sucesoria en los últimos años: de una parte, la Ley Federal de 5 de octubre de 1984, en vigor desde el 1 de enero de 1988, suprimió la referencia a los hermanos como legitimarios; de otra, la Ley de 18 de junio de 2004, en vigor desde el 1 de enero de 2007, sobre la pareja de hecho registrada entre personas del mismo sexo, que incorpora esta misma a la relación de legitimarios[371].

---

365 Nótese, sin embargo, que "los descendientes más lejanos y los padres del causante no tienen derecho a legítima en tanto que un descendiente que les excluiría en el caso de sucesión legítima pueda exigir la legítima o acepte lo a él dejado" (§ 2308, traducción de Eiranova Encinas, 1998, p. 617)

366 Según Kipp, 1976, p. 77, los redactos del BGB se valieron del Derecho prusiano a la hora de conceder un derecho de legítima al cónyuge, lo que era consecuente con el hecho de que en la sucesión legal se le había dado también un derecho muy amplio.

367 Traducción de dicho precepto a cargo de Eiranova Encinas, 1998, p. 616.

368 Kipp, 1976, pp. 78 y 93.

369 Rentería Arocena, 2011, p. 2108.

370 Bernard Mainar, 2019, p. 397.

371 En la página web del Gobierno suizo relativa a la legislación federal se relacionan las reformas en los preceptos del Code: https://www.admin.ch/opc/fr/classified-compilation/19070042/index.html. Véase también Bernard Mainar, 2019, pp. 397-398.

Por lo que respecta a Austria, hasta hace bien poco se reconocía legítima en favor de tres tipos de sujetos: el cónyuge viudo, los descendientes y, en defecto de estos últimos, los ascendientes. Sin embargo, la importante reforma llevada a cabo en el año 2015 (en vigor desde el 2017) tuvo como corolario que los ascendientes dejasen de ser legitimarios[372]. La naturaleza de la cuota legitimaria es *pars valoris,* pues los legitimarios no tiene ningún derecho a los bienes de la herencia (§756 ABGB), y la cuantía asciende hasta la mitad de la cuota abintestato[373].

En los Países Bajos sólo los descendientes tienen derecho a legítima, cuya naturaleza jurídica ha pasado a ser *pars valoris*; la cuantía es de la mitad de la cuota abintestato (artículo 4:64 BW)[374].

Por último, en Bélgica se ha producido también una importante reforma a través de la *Loi modifiant le Code civil en ce qui concerne les successions et les libéralités et modifiant diverses autres dispositions en cette matière,* de 31 de julio de 2017. De entre todos los cambios que introduce la ley, destacaremos dos: en primer lugar, la legítima de los descendientes deja de ser variable[375] y pasa a ser de cuantía fija (la mitad de la herencia[376]); en segundo lugar, los ascendientes pierden la cualidad de legitimarios[377]. Cabe tener en cuenta, por último, que al cónyuge viudo corresponde el usufructo de la mitad de la herencia así como el usufructo de la vivienda habitual y sus muebles[378].

A modo de conclusión, se puede afirmar que existe cierta tendencia a flexibilizar las restricciones a la libertad de testar, de la misma forma que en los ordenamientos en los que existe plena libertad de disposición se introducen ciertas *provisiones* en favor de los parientes para evitar abusos. Es esta armonización o convergencia "espontánea", puesta de manifiesto

---

372 Christandl, 2019, p. 215; Bernard Mainar, 2019, p. 398.

373 Christandl, 2019, p. 215; Rentería Arocena, 2011, p. 2108.

374 Rentería Arocena, 2011, pp. 2117-2118; Bernard Mainar, 2019, p. 399.

375 Sobre la variabilidad de la legítima antes de la reforma, véase Rentería Arocena, 2011, p. 2109 y el portal de European e-justice: https://e-justice.europa.eu/content_succession-166-be-es.do#toc_3.

376 El artículo 913 del Code civil belga establece que "*les libéralités, soit par actes entre-vifs, soit par testament, ne pourront excéder la moitié de la masse visée à l'article 922, si le disposant laisse à son décès un ou plusieurs enfants*".

377 Véase el artículo 50 de la citada ley. Cabe tener en cuenta, sin embargo, que el nuevo artículo 205bis del Code civil belga establece un deber de alimentos con cargo a la herencia del causante y en favor del cónyuge supérstite o de los ascendientes que se hallen en estado de necesidad.

378 Artículo 915bis; véase también Rentería Arocena, 2011, p. 2109 y el portal de European e-justice: https://e-justice.europa.eu/content_succession-166-be-es.do#toc_3.

por la doctrina internacional[379] y nacional[380], la que llama nuestra atención: ¿es que el Derecho de Sucesiones está dejando así de ser la rama más *indígena* de nuestro ordenamiento? Así la calificaba De Waal[381], criterio que parece compartir Pintens cuando afirma que muchos autores son escépticos acerca de la complicada, delicada e inviable posibilidad de unificar o armonizar el derecho sustantivo sucesorio; algunos autores la rechazan porque creen que implicaría una pérdida de cultura[382]. En nuestra doctrina nacional, también Delgado Echeverría ha afirmado que "estamos en el núcleo duro del Derecho de sucesiones. El ámbito en que se manifiestan con más fuerza los perjuicios del etnocentrismo. Los juristas de cada país –probablemente, como el resto de la población– tienden a creer que las reglas de su grupo son las mejores, acaso las únicas realmente justas, e incluso que siempre han sido así, al menos desde hace muchos siglos"[383].

A pesar de ello, sí que se observa una espontánea armonización, sobre todo en lo que se refiere a la mejora de la posición del cónyuge supérstite[384]: se ha modificado progresivamente en toda Europa, pasando de un sistema sucesorio cuyo objeto era la solidaridad vertical a un sistema cuyo objeto

---

379 Verbeke y Leleu, 2004, p. 341, mencionan que es una regla generalmente aceptada la necesidad de proteger al cónyuge supérstite, y que existe una tendencia a reducir el número de legitimarios, especialmente en lo que se refiere a los ascendientes, por eso hablan de "espontánea convergencia" en el ámbito sucesorio. También lo cree así Pintens, 2011, pp. 8 y ss., que habla de una "espontánea armonización", sobre todo en cuanto a la extensión de los derechos sucesorios del cónyuge supérstite y también a los derechos legitimarios de hijos y descendientes.

380 Torres García y García Rubio, 2014, pp. 133 y 202, también hablan de "acercamiento entre los dos extremos" y "constatación de soluciones intermedias que se ha producido en las dos direcciones convergentes". De Lama Aymá, 2016, p. 181, entiende que existe una armonización, pero una armonización de mínimos.

381 De Waal, 2007, pp. 3 y ss., afirma que "*it has often been stated that the law of succession is one of the most indigenous branches of the law and that it does not lend itself easily to comparative research. The law of succession is, as it were, a part of a country's cultural goods – like its monuments and museums*". En su opinión, "*in the modern world, the law of succession cannot be confined to national boundaries*".

382 Pintens, 2011, pp. 5 y ss., quien además considera que el Derecho de sucesiones ha crecido en importancia.

383 Delgado Echeverría, 2006, p. 123. En un sentido parecido, Vaquer Aloy, 2011, p. 91, también cree que el Derecho de sucesiones tiene un carácter conservador.

384 Tendencia que ya comenzaba a observarse hace casi un siglo, tal y como afirmaba Rey-Stolle de la Peña, 1952, p. 246. En la actualidad, Azcárraga Monzonís, 2007, p. 55, cree que "se puede afirmar que en Europa existe un amplio consenso a favor de la contemplación de derechos sucesorios legitimarios, aunque con un contenido divergente según el modelo". Véase también Torres García y García Rubio, 2014, p. 152.

es la solidaridad horizontal[385]. Zoppini, después de analizar las reformas en Austria y Francia[386], cree que estas nuevas reglas en relación con la cuota forzosa del cónyuge o pareja supérstite se inscriben en el catálogo de principios del Derecho privado Europeo, objeto de una Recomendación del Consejo de Europa, de 16 de octubre de 1981, en la que se recomienda que aquel tenga derecho a continuar en la habitación de la casa familiar. En este sentido, Delgado Echeverría cree que si se propone una reducción o supresión de la legítima es precisamente para hacer más sitio al cónyuge; existen indicios vehementes de que un número importante de casados desearía favorecer en sus disposiciones *mortis causa* a su cónyuge más allá de lo que permiten las normas que protegen la legítima de los descendientes[387]. Así lo corrobora la doctrina americana: Hill afirma que en general los testadores casados suelen dejar sus herencias a sus cónyuges, debido a la idea común de que el matrimonio es una relación económica simétrica en la que ambas partes están facultados a compartir igualmente sus ganancias, ahorros e inversiones acumuladas durante el matrimonio[388]; lo mismo sugiere Bryant al poner de manifiesto que más gente casada muere testada que los no casados[389].

Otras tendencias europeas en materia de legítima son: su adelgazamiento[390], su configuración como un derecho de crédito[391] y la flexibilización del pago incluyendo la posibilidad de hacerlo de manera diferida[392]. En esto

---

385 Zoppini, 2002, pp. 65 y ss.

386 En relación con la reforma francesa, Zoppini, 2002, pp. 65 y ss., afirma que, según la doctrina francesa, se echa de menos que la mayoría de las normas que han mejorado la posición del cónyuge supérstite (reforma 2001 y 2006), no sean de orden público, pues los cónyuges podrían privarse entre sí con facilidad estos derechos sucesorios.

387 Delgado Echeverría, 2006, pp. 120-121. Cámara Lapuente, 2011, p. 278, afirma también que existe en España una práctica testamentaria de favorecer al cónyuge.

388 Hill, 1995, pp. 63 y ss.

389 Bryant, 2003, p. 919.

390 Torres García y García Rubio, 2014, p. 134.

391 Vaquer Aloy, 2013, pp. 1157-1158: "Si se toma en consideración los restantes países europeos que en el primer decenio del siglo XXI han reformado su derecho sucesorio (Holanda, Francia, Malta o Croacia), el resultado que se obtiene es una tendencia a convertir la legítima en un derecho de crédito y no en una parte de los bienes del causante, la reducción de la categoría de los legitimarios (en particular, excluyendo a los ascendientes) y la búsqueda de medios para reducir la cuantía de la legítima (por ejemplo, reduciendo las donaciones computables)". Véase también Torres García y García Rubio, 2014, p. 145.

392 Torres García, 2015, pp. 876 y ss. Para Azcárraga Monzonís, 2007, p. 54, "se aprecia un cierto abandono de la satisfacción in natura". Para Vaquer Aloy, 2018, p. 58, las principales tendencias son la minoración de la cuota legitimaria; reducción de los legitimarios (ascendientes);

puede tener algo que ver el hecho de que la UE recomendase la revisión del principio de pago de la legítima *in natura* para facilitar la transmisión de las pequeñas y medianas empresas (Recomendación de la Comisión Europea de 7 de diciembre de 1994)[393].

Pasamos ahora a analizar las propuestas de reforma que la doctrina nacional ha ido ofreciendo a lo largo de los últimos años de cara a comprobar si, efectivamente, se confirma la tendencia a una aproximación entre las legislaciones europeas.

V. PROPUESTAS DE REFORMA

Cabría, antes de nada, preguntarse si la legítima es una institución garantizada constitucionalmente o no; es decir, cabría cuestionarse si su hipotética supresión sería constitucional. Este tema adquirió importancia entre nuestra doctrina tras la trascendental resolución del Tribunal Constitucional alemán, de 19 de abril de 2005, en la que se afirma que la garantía constitucional del derecho a la herencia no sólo protege al testador, sino también a los herederos; es decir, la legítima está protegida constitucionalmente[394]. Tal vez por ello, algunos autores han considerado que sería inconstitucional "la supresión de las legítimas o la disminución de su *quantum* hasta el límite de lo irrisorio"[395]. Sin embargo, la mayoría de la doctrina considera que de ningún modo se puede deducir de la CE la exigencia de un sistema de legítimas[396], aunque tampoco falta quién mantenga una posición más intermedia[397].

---

configuración de la legítima como derecho de crédito; ampliación de las causas de desheredación. Por ello, afirma que estas tendencias "revelan una tendencia hacia el debilitamiento de la legítima".

[393] Delgado Echeverría, 2006, p. 130.

[394] Véase, entre otros, Torres García y García Rubio, 2014, pp. 23, 137 y ss.

[395] Busto Lago, 2009, p. 963.

[396] Valladares Rascón, 2004, p. 4901; Vaquer Aloy, 2007, pp. 12 y ss.; Parra Lucán, 2009, p. 501; Míquel González de Audicana, 2009, p. 498, considera que la regulación navarra de las legítimas no es inconstitucional, y que tampoco lo sería consiguientemente, una supresión de la legítima en Derecho común si se mantuvieran ciertas garantías de carácter formal en favor de los hijos y, al menos, un derecho de alimentos con cargo a la herencia. Véase también Serna Meroño, 2010, p. 253; Ferrer Riba, 2011, p. 348, dice que la vía alemana es, sencillamente, intransitable en España; Díez-Picazo Ponce de León, 2014, p. 78; Roca Trías, 2014, pp. 1256 y ss.; Cañizares Laso, 2014, p. 262; Galicia Aizpurúa, 2017, p. 6, y Vaquer Aloy, 2018, p. 57.

[397] Torres García y García Rubio, 2014, pp. 139-140, consideran que la legítima es solo uno de los mecanismos posibles para cumplir el mandato constitucional de protección de la familia, de modo que no sería estrictamente exigible por el texto constitucional el reconocimiento de la legítima con contenido material, aunque probablemente sí se pide al menos una garantía de índole formal. Zubero Quintanilla, 2017, pp. 61-64, dice que el sistema de legítimas no es una exigencia

Una vez queda claro que es constitucionalmente posible la supresión de la legítima, conviene mencionar las innumerables[398] propuestas que se vienen formulando por nuestra doctrina de forma general, es decir, con independencia de quién sea el legitimario. En primer lugar, un reclamo bastante habitual es que la legítima pase a ser de naturaleza *pars valoris*[399] (aunque también se ha propuesto que pase a ser *pars valoris bonorum*[400]); se ha propuesto asimismo que deje de tener esa naturaleza individual para tratarse de una legítima colectiva[401], que se facilite el pago[402], o se reformen las reglas para el cálculo de la masa[403]. Otras propuestas, menos habituales, son la limitación de la edad a la que se puede recibir la legítima[404] o establecer una legítima variable en función del número de hijos, como ocurre en Baleares[405]. Pasamos ahora a un análisis de las propuestas en función del parentesco.

V.1. Propuestas sobre la legítima de descendientes

La mayor parte de las propuestas en materia de legítima de los descendientes guardan relación con una reforma de reducción[406]; así, se ha propuesto

---

que derive de una norma constitucional pero, en cualquier caso, supone un medio adecuado para conciliar la libertad de disponer implícita en el art. 33 CE y la protección de la familia del art. 39 CE; por ello, no comparte los argumentos de quienes defienden la supresión total de las legítimas, aunque ello no le impide reconocer los beneficios de una mayor flexibilización.

398 No estamos de acuerdo con la opinión de Galicia Aizpurúa, 2017, p. 6, cuando afirma que uno de los motivos por los que no se acomete una reforma en tema de legítimas es por "la ausencia de propuestas concretas de reforma que ayuden a centrar y a conducir la discusión".

399 Entre otros, Serna Meroño, 2010, p. 258; Cañizares Laso, 2014, p. 268; Olmedo Castañeda, 2017, pp. 584 y ss.

400 Míquel González de Audicana, 2009, p. 499, propone que la legítima se configure como un derecho de crédito con afección real hasta su pago.

401 Vaquer Aloy, 2007, p. 15; Serna Meroño, 2010, p. 261. Lledó Yagüe y Monje Balsameda, 2014, p. 698, y sólo para la legítima de hijos y descendientes, pues creen que la legítima de los ascendientes debería suprimirse. En su opinión, un sistema de absoluta libertad de testar no sería aconsejable, pues ello supondría una decisión drástica y quizás desproporcionada en la concepción del ciudadano.

402 Luna Serrano, 1991, p. 140, considera que el aspecto más necesario es flexibilizar la legítima, no sólo reduciéndola, sino a través de su liquidabilidad en dinero. Míquel González de Audicana, 2009, p. 499, propone el aplazamiento del pago de la legítima para la conservación de la empresa y vivienda familiar. Serna Meroño, 2010, p. 261, afirma que "no menos importante que la reducción de la cuantía de la legítima destinada a los hijos y descendientes es la forma de satisfacerla".

403 Míquel González de Audicana, 2009, p. 499; Gomá Lanzón, 2013, p. 575 y Cañizares Laso, 2014, p. 268, proponen la limitación temporal de las donaciones para el cálculo de la legítima.

404 Vaquer Aloy, 2007, p. 17 y Magariños Blanco, 2005, p. 28.

405 Estas últimas propuestas son mencionadas por Cámara Lapuente, 2011, pp. 290-291.

406 Torres García, 2006, p. 227, considera que la legítima de hijos y descendientes debe mantenerse pero variándola. También considera que debe reducirse Cañizares Laso, 2014, p. 268. De

la reducción a: un cuarto, como en Galicia y Cataluña[407]; un tercio[408]; (también hay quienes apoyan cualquiera de las dos reducciones, es decir, un cuarto o un tercio, pero con supresión, eso sí, de la mejora)[409]; o la mitad del caudal computable a efectos del cálculo de la legítima, que a su vez quedaría dividida en dos cuartos, uno de legítima estricta y otro de mejora[410]. Otras propuestas consisten en eliminar la legítima para saltar una generación y ofrecérsela a los nietos, o limitarla a los menores o personas con discapacidad[411]; cambiar la naturaleza de la legítima a *pars valoris*[412]; o reformar el tercio de mejora, para que sea de libre reparto entre los descendientes y el cónyuge[413].

En realidad, si alguna propuesta ha resonado con especial intensidad ha sido la de suprimir la legítima como cuantía fija y su reemplazo por un deber de alimentos con cargo a la herencia[414]. Dice Lamarca Marqués que los críticos de la sucesión forzosa pueden dividirse en dos: los abolicionistas y los reformistas[415]; no queda duda entonces de que quienes propugnan la erradicación de la sucesión forzosa y su sustitución por un derecho sucesorio de alimentos, como atribución legal híbrida entre legítima y alimentos[416], se encuadran dentro de los primeros. Esta

---

Lama Aymá, 2016, p. 152, dice que existe tendencia entre la doctrina a apoyar la ampliación del principio de libertad sucesoria ya sea mediante la reducción de la legítima o la flexibilización de las solemnidades testamentarias. Hornero Méndez, 2016, p. 48, califica la reforma de las legítimas en aras de una ampliación de la libertad de testar como una de las "cuestiones comúnmente aceptadas y no discutibles".

407 Serna Meroño, 2010, p. 260.

408 Fernández Echegaray, 2019, p. 516.

409 Míquel González de Audicana, 2009, p. 499.

410 Pérez Escolar, 2007, p. 1659.

411 Véase Arroyo Amayuelas y Anderson, 2011, p. 69

412 Pérez Ramos, 2014, p. 121.

413 Gomá Lanzón, 2013, p. 575, que opina que, de este modo, se podría adjudicar al cónyuge dos tercios en pleno dominio.

414 Calatayud Sierra, 1995, pp. 246 y ss., afirma que de lo que se trataría así es de que "el hijo tenga aun fallecido su padre los mismos derechos de percibir alimentos de él que habría tenido si siguiera viviendo, pero a cargo de la herencia". También han propuesto sustituir la legítima por un derecho de alimentos, entre otros: De la Esperanza Rodríguez, 2002, p. 1116; Pantaleón Prieto, 2003, p. 13; Valladares Rascón, 2004, pp. 4901-4902; Cobas Cobiella, 2006, p. 60; Guinea Fernández, 2016, p. 165; Olmedo Castañeda, 2017, pp. 584 y ss.

415 Lamarca Marqués, 2014, p. 267, de quien parece desprenderse que se encuentra entre los reformistas, pues defiende que las legítimas sí tienen fundamento para su existencia y por ello deben conservarse.

416 Barrio Gallardo, 2012, pp. 483 y ss.

proposición es ciertamente rupturista; razón por la que ha sido rechazada por algunos autores[417]. Merece ser destacada, en este sentido, la postura de Delgado Echeverría, que tras afirmar rotundamente que preferiría suprimir la legítima y establecer algo parecido a alimentos, admitió ser consciente de que tal reforma generaría rechazo, como si se estuviera proponiendo que los padres priven a sus hijos de toda parte en sus bienes; en su opinión, la propuesta tiene más que ver con que la sociedad confíe en el discernimiento de los ciudadanos: en ausencia de normas legales imperativas la mayor parte de los bienes de los padres pasarían igualmente a los hijos. "La regulación de las legítimas –añade– tiene también una fuerte carga simbólica" en el sentido de reglar cómo deben ser las relaciones entre miembros de la familia[418]. De todos modos, cabe destacar que los derechos de alimentos con tintes sucesorios no representan estrictamente una novedad para el Código Civil, pues como bien pone de manifiesto Torres García[419], existen varios casos: un ejemplo es el de los alimentos que se le deberán a la viuda encinta, aunque sea rica (artículo 964), otro, los alimentos que se deben al cónyuge superviviente y/o los hijos en caso de disolución de sociedad de gananciales por muerte de uno de los cónyuges (artículo 1408)[420].

V.2. Propuestas sobre la legítima de ascendientes

En relación con la legítima de los ascendientes, hay mucha variedad en las propuestas ofrecidas. Así, hay autores que se muestran partidarios de suprimir la legítima para ascendientes, por no cumplir ya ninguna función

---

417 Vaquer Aloy, 2007, pp. 15-16, no se muestra partidario de los alimentos, pues cree que la tradición judicial española en la materia está muy arraigada en las cuotas fijas. Tampoco está a favor Gomá Lanzón, 2013, p. 574, que cree que llevaría a una mayor judicialización precisamente debido al arraigo de la legítima castellana. Díez-Picazo Ponce de León, 2014, pp. 74 y ss., argumenta que el derecho sucesorio de alimentos vendría a suponer el reconocimiento de que la falta de atribución de la legítima tiene algún dibujo de la prodigalidad. Martínez Sanchiz, 2014, p. 21, considera que no "hay que confundir la legítima con los alimentos, arbitrados para el caso de necesidad. La función de la legítima, el mínimo común múltiplo entre las existentes, consiste en blindar el patrimonio familiar frente a los extraños".

418 Delgado Echeverría, 2006, pp. 128 y ss.

419 Torres García, 2006, p. 223.

420 Véase, sobre esta cuestión, Martín Meléndez, 1995, pp. 392-407, que analiza extensamente este artículo considerando, entre otras cuestiones, que no representa una deuda de la comunidad, toda vez que su fundamento reside en el derecho de propiedad que corresponde a cada partícipe sobre su cuota, la cual está compuesta tanto por bienes originariamente comunes en el momento de la disolución, como por frutos y rentas procedentes de los mismos, y sobre ella pesan las detracciones que se realicen a causa de alimentos.

social[421]. Otros consideran que la legítima de los ascendientes debe mantenerse en base a criterios de justicia y reciprocidad[422]. Y, por supuesto, no faltan las posiciones intermedias de quienes piensan que debe limitarse[423], configurarse como derecho de alimentos con cargo a bienes de la herencia[424], suprimirse sólo cuando los ascendientes concurran con el cónyuge supérstite[425], o limitarse la relación de ascendientes con derecho a legítima[426].

Ya antes de aprobarse el Código Civil español[427] se podía observar la falta de unanimidad de la doctrina sobre esta materia. De una parte, la ilustre Concepción Arenal, bastante contraria al fenómeno de la sucesión forzosa, afirmaba que "cuando el heredero forzoso, en vez de ser descendiente, es

---

421 Valladares Rascón, 2004, pp. 4901-4902; Lledó Yagüe y Monje Balsameda, 2014, p. 680. Roca Trías, 2014, p. 1252, se pregunta si tiene sentido la legítima de los padres, cuando son ellos los que se han ocupado del hijo y han invertido cantidades muchas veces muy importantes en su educación y cuidado. O'Callaghan Muñoz, 2015, pp. 4 y ss., se muestra muy crítico con la legítima de los ascendientes, y expone el siguiente argumento: "el matrimonio sin hijos en que uno de los cónyuges fallece: la tercera parte de sus bienes (artículo 809, último inciso) la percibirán los padres como legítima y si el cónyuge sobreviviente es el heredero (por testamento⊠ en la sucesión intestada los padres van por delante del cónyuge supérstite ¡otra barbaridad!) tendrá que pagar la legítima a sus ex-suegros, con un más que probable enfrentamiento, tanto más si el único bien hereditario es la vivienda conyugal".

422 Olmedo Castañeda, 2017, pp. 595 y ss.

423 Así parece entenderlo Torres García, 2006, p. 226, al afirmar en relación con la legítima de padres y descendientes que la realidad actual no demanda su conservación tal y como está anunciada. Gomá Lanzón, 2013, p. 575, cree que la legítima de ascendientes habría que suprimirla o mantenerla hasta los veinticinco años de edad del descendiente, por ejemplo, y de manera colectiva entre todos ellos, o reducir su cuantía y siempre pagadera en dinero, como un crédito contra la herencia, salvo indicación contraria del testador.

424 Bayod López, 2009, pp. 409-410.

425 Míquel González de Audicana, 2009, p. 499; Cañizares Laso, 2014, p. 268; Guinea Fernández, 2016, p. 165. También lo considera así Pérez Ramos, 2014, pp. 117 y ss., quien reconoce que para evitar situaciones injustas, Juan José Rivas Martínez le había recomendado incluir en el testamento "la cláusula que el testador sin hijos sabedor de su deber de respetar las legítimas de sus padres sin embargo rogaba a los mismos que en caso de sobrevivirle renunciaran a su legítima, y al no operar el derecho de representación en la sucesión forzosa en la línea ascendente fuera todo el caudal relicto a su único heredero: su cónyuge viudo". Pero considera que esta solución, por interesante y recomendable que sea, no deja de ser un mero parche, con "indudable fuerza moral, pero nula fuerza jurídica".

426 Gomá Lanzón, 2013, p. 558, afirma que "ambas legítimas, descendientes y ascendientes, se alargan del mismo modo que se decía del derecho de propiedad antiguamente, usque ad ínferos et usque at sidera, es decir, sin limitación ninguna ni hacia arriba ni hacia abajo. En la actualidad, que no exista límite en la línea descendiente puede entenderse como algo plausible, pero no así en la línea ascendiente".

427 Por aquel entonces contenida en el Fuerzo juzgo, ley 21, tít. II, lib. IV.

ascendiente, resultan todavía más injusticias y mayor daño. ¿Qué fin moral se cumple, qué principio de derecho se atiende en que con ciertas circunstancias de que la ley prescinde, un padre herede a un hijo, un abuelo a un nieto? Aquí se pueden presentar varios casos: (...) 1.º Los ascendientes son pobres, y por vejez o enfermedad no pueden proveer a su subsistencia. 2.º Los ascendientes trabajan, o pueden trabajar, y no necesitan de la herencia para vivir. 3.º Los descendientes fallecidos son mayores de edad, y han adquirido los bienes que dejan. 4.º los descendientes fallecidos son menores de edad, y los bienes que dejan son heredados. (...) Aplicar a tan diferentes casos igual regla, como se hace, me parece que es separarse mucho de las de justicia. (...) El que muere mayor de edad y deja a su padre o a su abuelo necesitados, tiene el deber, si posee bienes, de dejarles con qué provean a su subsistencia; si no lo hace, la ley debe rectificar su torcida voluntad, o interpretar su silencio como deseo de hacer a su padre o a su abuelo donación de cuanto poseía, si no deja hijos, por el amor que a sus descendientes inspiraba, y por el que los tenía. (...) El que muere menor de edad y deja bienes que no ha adquirido por sí, y padre o abuelo necesitados, la ley debe sustituirse a él, cumpliendo el deber de auxiliar a sus ascendientes. (...) Cuando los ascendientes del que fallece no necesitan de los bienes de éste, si es mayor de edad, puede disponer libremente de ellos; si es menor, la ley deber tener en cuenta muchas circunstancias, y no declarar ciegamente herederos al padre o al abuelo del menor, con detrimento de la justicia y hasta de esos mismos lazos de familia que se quieren estrechar"[428].

Sin embargo, y también antes de aprobarse el Código Civil, Gutiérrez Fernández[429] defendía la legítima de los ascendientes en estos términos: "habla tan alto el sentimiento en favor de la legítima de los ascendientes que se nos hace duro creer que un pueblo primitivo, como el visigodo, entregado a las inspiraciones de su conciencia, la desconociese". Decía este autor que "hemos fundado el derecho de legítima en el deber que principalmente tienen los ascendientes de velar por los intereses de sus hijos, cuidarlos en vida, y darles a la hora de la muerte algún recurso que los proteja contra las eventualidades del porvenir; pero este deber ha de ser recíproco". Desde un punto de vista histórico, el autor argumentaba que "en Roma y donde quiera que a los hijos se ha concedido legítima, se ha establecido por máxima, que del mismo modo que los padres deben legítima a los hijos, la deben los hijos a los padres".

---

428 Arenal Ponte, 1895, Cartas a un señor, pp. 339-341.

429 Gutiérrez Fernández, 1863, pp. 285 y ss.

En la actualidad, la percepción del fundamento acerca de la legítima de ascendientes ha cambiado, probablemente debido al retraso de la maternidad y al aumento de la esperanza de vida, que hace ciertamente improbable que un progenitor *necesite* heredar a su hijo. Pero, ¿significa ello que la legítima deba suprimirse *tout court*? En líneas posteriores comentaremos nuestra opinión al respecto.

V.3. Propuestas sobre la legítima del cónyuge o la pareja supérstite

Cabe señalar que es respecto de esta legítima, la del cónyuge supérstite, sobre la cual se han ofrecido un mayor número de propuestas, probablemente debido a las tendencias anteriormente comentadas. Algunas de dichas propuestas consisten en la "extensión" de los derechos familiares como el usufructo universal del régimen aragonés y navarro al Código Civil[430], así como la opción por un derecho en la propiedad y no por el derecho de goce[431].

La mayor parte de estas proposiciones tiene que ver con el fortalecimiento de la posición del cónyuge[432], ya no sólo como legitimario, sino también en relación con la sucesión intestada[433]. De forma más precisa, se ha propuesto la imposición de un tercio de legítima a los descendientes

---

[430] Bayod López, 2009, pp. 409-410; O'Callaghan Muñoz, 2015, pp. 4 y ss., cree que la legítima del cónyuge "sí debe mantenerse aunque con distinto enfoque. No debería mantenerse tal como está ahora en el CC, como un derecho sucesorio. Debería regularse como una institución de derecho de familia, para evitar en todo caso el desamparo del cónyuge viudo".

[431] Ferreira de Sousa Leal, 2004, pp. 127 y ss., hace notar la diferencia que existe en la legítima del cónyuge supérstite entre el sistema del Código Civil español y el del portugués, pues mientras en el primero la legítima es de usufructo, en el segundo es en propiedad. Considera la autora referida que la legítima en propiedad es mejor; criterio que comparte quien firma el prólogo de su obra, la Profesora García Rubio, 2004, p. 18, al entender que aquella se adapta mejor que un derecho de usufructo a las exigencias sociológicas, económicas y técnicas de nuestro tiempo, especialmente, en los casos en el que el cónyuge supérstite lo sea de un segundo o ulterior matrimonio del causante y concurra a la herencia con los descendientes de anteriores matrimonios o uniones de hecho. Véase también Torres García y García Rubio, 2014, p. 162.

[432] Olmedo Castañeda, 2017, pp. 584 y ss., siguiendo la tendencia europea. Míquel González de Audicana, 2009, p. 499, propone el aumento de los derechos del cónyuge viudo especialmente respecto de la vivienda familiar.

[433] Valladares Rascón, 2004, pp. 4901-4902, propone una reforma del derecho sucesorio, en el sentido de que en la sucesión intestada, le corresponda al cónyuge viudo el usufructo universal de la herencia, asegurando, en su caso, el derecho a los alimentos de los hijos del premuerto. Pérez Escolar, 2007, pp. 1641 y ss., aboga por una reforma de la sucesión intestada anteponiendo el viudo por delante de los ascendientes o concediéndole un usufructo universal. Bayod López, 2009, pp. 409-410, cree que en la sucesión legal el viudo debe estar llamado en defecto de descendientes.

y otro en nuda propiedad a favor del cónyuge viudo, además de otorgar, de manera indispensable, el usufructo vitalicio de la vivienda familiar[434]. También se ha propuesto que, en caso de que el cónyuge viudo concurra con ascendientes, se reduzca la legítima cualitativamente a la nuda propiedad y se incremente cuantitativamente hasta la mitad de dicho caudal computable[435].

Como hemos dicho, la mayoría de las reformas propuestas son de signo positivo, en el sentido de buscar el reforzamiento del cónyuge; únicamente algunos que abogan por la supresión de la sucesión forzosa entienden que también debería sustituirse la legítima del cónyuge por un derecho de alimentos, en las mismas condiciones que los descendientes[436].

Sin embargo, también existen posiciones contrarias a la sucesión forzosa del cónyuge supérstite[437]. Uno de los autores que más contrario se muestra a esta tendencia es Fernández Campos[438], quien dice, sobre la función de la legítima del cónyuge viudo que, históricamente, el derecho sucesorio del cónyuge viudo se introdujo como institución que garantizase la subsistencia de la viuda (la *quarta uxoria* justinianea), y durante decenios alguna doctrina justificó la legítima como medio que aseguraba al cónyuge supérstite, especialmente a la viuda, su sustento; pero, en su opinión, esta no puede seguir siendo su función, pues ello implicaría que la legítima quedase condicionada al estado de necesidad del cónyuge supérstite (tal y como sucedía en la *quarta* justinianea). Por ello, se muestra crítico con

---

434 Fernández Echegaray, 2019, p. 516.

435 Pérez Escolar, 2007, pp. 1660-1661, para quien la legítima del cónyuge sobreviviente debería, manteniéndose desde el punto de vista cualitativo como derecho de contenido usufructuario, ser objeto de un incremento cuantitativo que afectara al supuesto de concurrencia con hijos o descendientes del causante, en el que podría aumentarse su actual cuota que recae sobre el tercio de mejora (artículo 834 CC) hasta una que alcance la mitad del caudal computable a efectos del cálculo legitimario, respecto de la que quedarían como nudo propietarios los propios descendientes dejándose la otra mitad de libre disposición y con el mantenimiento de una previsión específica de conmutación a instancia de los que en cada caso resultaran afectados por el gravamen usufructuario (artículo 839 CC). En concurso con ascendientes del causante y concurriendo sólo a la sucesión, podrían mantenerse sin embargo las actuales cuotas usufructuarias de la mitad y de los dos tercios del caudal computable que se prevén respectivamente para estos supuestos en los artículos 837 y 838 CC.

436 Calatayud Sierra, 1995, pp. 246 y ss., quien además cree que se les debería reconocer un derecho vitalicio de habitación sobre la vivienda conyugal.

437 Arenal Ponte, 1895, Cartas a un señor, p. 343, consideraba que los esposos sólo deberían heredarse mutuamente si fuesen lo que deben ser, "pero con nuestras depravadas costumbres, creo que se debe responder negativamente, salvo en los casos en que la viuda quede pobre, o el viudo imposibilitado de trabajar".

438 Fernández Campos, 2004, pp. 48 y ss.

el fundamento de la legítima: el viudo o viuda, aunque no tenga recursos propios, puede recibir a la muerte de su cónyuge otros medios económicos: pensión de viudedad a cargo de la Seguridad Social; deber general de alimentos a cargo de ciertos parientes, y además, si el régimen era de gananciales, obtendría la mitad de los mismos al tiempo de la liquidación.

En un sentido parecido, a Roca Trías no le parece moralmente explicable que un cónyuge que obtiene la mitad de lo adquirido constante matrimonio tenga, además, derecho a una especie de pensión compensatoria en forma de legítima vidual. Solo en aquellos casos en que la riqueza no proviene del trabajo, sino de bienes familiares que no forman parte de la sociedad de bienes matrimonial, podría admitirse este tipo de compensación[439].

V.4. Breve referencia a la propuesta de la APDC

Sorprendentemente, la Propuesta de Código Civil, elaborada por la Asociación de Profesores de Derecho civil, no sigue mucho ni las tendencias ni las propuestas *de lege ferenda* referidas. Como se advierte en la propia Exposición de motivos, en relación con el Título VI, dedicado íntegramente al Derecho de sucesiones, "no ha de esperarse ruptura o quiebra alguna respecto del actual régimen, puesto que el criterio seguido en orden a su revisión ha sido, en todo momento, el de mínima intervención". Así lo reconoce también Parra Lucán[440] al explicar la propuesta: se reduce la cuantía de la legítima de los descendientes hasta la mitad, conservando la mejora, que pasa a ser de un cuarto; sin embargo, cuando sólo exista un descendiente, la legítima será de un tercio. Se reduce también la cuantía de la legítima de los progenitores y ascendientes a la tercera parte, que pasará a ser de un cuarto cuando sólo concurra un solo ascendiente o cuando, existiendo varios, concurran con el cónyuge viudo. La cuantía de la legítima del cónyuge viudo se corresponde con el contenido de los actuales artículos 834, 837 y 838 CC: el usufructo de la tercera parte cuando concurra a la sucesión con descendientes; de otro modo, se amplía a la mitad del caudal. Se preserva la configuración de la legítima de descendientes y ascendientes como *pars bonorum,* pagadera en bienes relictos, aunque con notables excepciones[441]. Una importante novedad es que sí se busca cierto

---

439 Roca Trías, 2014, p. 1265.

440 Parra Lucán, 2019, pp. 193 y ss.

441 Será posible el pago en metálico extra hereditario en los casos en que lo prevea el causante (artículo 467-17 de la Propuesta), pero también cuando resulte de la regulación legal en los casos de reducción de donaciones, preterición o desheredación. También podrá percibirse la legítima

debilitamiento de la legítima a través de la limitación temporal en orden al cómputo de las liberalidades entre vivos, que pasa a ser de veinte años; como se explica en la propia Exposición de motivos, su adopción no ha sido caprichosa: "se explica por la elevada esperanza de vida de la que disfrutan los españoles".

V.5. Nuestra opinión al respecto

Comenzaremos diciendo que estamos de acuerdo con Roca Trías[442] cuando afirma que "la legítima podrá ser considerada un derecho legal, pero no moral. Legal, porque está reconocida en la ley, pero no moral porque nadie está legitimado para reclamar la titularidad de unos bienes en cuya adquisición no ha participado". También creemos que es cuestionable la utilización del propio término de *legítima* que recuerda a tiempos pasados, en los que se hacía distinción entre la familia legítima y lo demás[443].

Una vez dicho ello, creemos, en relación con la cuota forzosa de los descendientes, que las posturas que defienden la total supresión de la legítima y su sustitución por un derecho sucesorio de alimentos son perfectamente aptas[444], pues defienden una mayor libertad de testar sin caer en la desprotección total de los familiares del testador[445]. Así lo entendía la excepcional Concepción Arenal, quien, a pesar de ser una defensora acérrima de la

---

en dinero extra hereditario en los casos de reducción de liberalidad *mortis causa* que no admitan cómoda división y en los casos de pago de la legítima del viudo. Véase Parra Lucán, 2019, p. 197.

442 Roca Trías, 2014, p. 1263.

443 Lasarte Álvarez, 2011, p. 191, cree que el calificativo de legítima tiene resonancias ideológicas demasiado llamativas en relación con la calificación de la filiación y recuerda que, hasta la reforma operada por la Ley 11/1981, la legítima estaba reservada a los hijos legítimos. Pérez Escolar, 2003, pp. 244-245, hace notar que con anterioridad a la reforma a la que dio lugar la Ley 21/1987, de 11 de noviembre, los dos primeros números del artículo 807 CC sólo reconocían como legitimarios a los descendientes y ascendientes "legítimos"; los hijos ilegítimos que no alcanzaban la condición de naturales no eran legitimarios, quedando en sus manos la posibilidad de reclamar únicamente el derecho a alimentos. También Serna Meroño, 2010, p. 243, afirma que el calificativo de legítima era más propio de siglos pasados que del momento actual. Véase, sobre la importancia de la familia legítima en aquel momento, Alonso Martínez, reedición 1940-1949, pp. 47 y ss.

444 Imaginamos que los autores que afirman defender, sin más, la total supresión de la legítima, como Rodríguez Boix, 2001, pp. 175-177; Leña Fernández, 2000, pp. 149 y ss., o Ragel Sánchez, 2004, pp. 24 y ss., entre otros, serían partidarios de un sistema de alimentos sucesorios.

445 Roca Trías, 2014, p. 1265, afirma, sobre la creciente influencia del derecho inglés en el sentido de cierto movimiento favorable a admitir la participación en la herencia de aquellos parientes más próximos que puedan probar que la muerte del causante les ha producido un estado de necesidad irreversible, como discapacitados, hijos o ascendientes que dependan económicamente del fallecido, –es decir, el reconocimiento de un derecho sucesorio de alimentos–, cumpliría con la función social que el artículo 33 CE le otorga a la herencia.

libertad de testar, consideraba que "la facultad de *testar* no es más que una forma de la facultad de *dar*, de manera que el propietario de una cosa puede legarla a quien le parezca, como podría regalársela a quien quisiera. Pero esta libertad, como todas, ha de estar dentro de la ley moral, porque si un hombre deja hijos de menor edad o imposibilitados de ganarse el sustento, e hijas solteras que no pueden proveer a su subsistencia, o mujer pobre, no tiene derecho a sumirlos en la miseria, aunque sea relativa, para enriquecer a un extraño"[446].

Sin embargo, es probable que estas posturas puedan parecer muy radicales o rupturistas[447], difícilmente aceptadas por la ciudadanía, al menos en un primer momento[448]. Por ello, probablemente no estemos todavía en el momento de defender la supresión total de la cuota forzosa[449]; al fin y al cabo, y como ya hemos dicho, la libertad de testar no puede ser omnímoda ni ilimitada. Así parecía considerarlo Manresa Navarro[450], quien afirmaba no ver la necesidad de conceder al individuo todo o nada, y que hay que huir de toda exageración y condenar todo sistema absoluto: "el mero hecho de ser padre, hijo o esposo no debe motivar una incapacidad completa para disponer de los bienes por causa de muerte. El hombre no es solamente

---

446 Arenal Ponte, 1895, Cartas a un obrero, p. 397.

447 Así lo considera Pérez Ramos, 2014, pp. 119 y ss., que se muestra contrario a la supresión total de la legítima, pues cree que sigue cumpliendo una función y sigue siendo ajustada a la realidad social, incluso al caso de familias recompuestas. De igual forma, Sánchez Hernández, 2018, pp. 1495 y ss., también considera que en la sociedad actual aún están justificadas las legítimas, y que no está de acuerdo con su supresión. Cabe tener en cuenta, en relación con la experiencia comparada, que según Vaquer Aloy, 2013, p. 1156, en Italia se presentó un proyecto de ley cuya finalidad era suprimir la legítima en el derecho de ese país. Se trataba del Disegno di legge n. 57615, que abogaba por la supresión del "arcaico istituto della successione necesaria", proyecto que fue considerado demasiado radical, pues tanto énfasis en la libertad de testar exigiría una regulación más estricta de los vicios de la voluntad testamentaria. Véase también Torres García y García Rubio, 2014, p. 138.

448 Rams Albesa, 1991, pp. 126-127, considera que en los últimos tiempos los cultivadores del Derecho civil agrario han promovido y conseguido una orientación de las sucesiones en el patrimonio familiar agrario similar a la de los Derechos forales, "intentando con ello evitar la propagación de los efectos producidos por una aplicación 'irracional' aunque introducida en nombre de la razón, de las legítimas individuales de los herederos forzosos y de una interpretación de las mismas que impedía su conmutación por un crédito dinerario". Pero cree, a su pesar, "que esta forma de ver la realidad familiar-patrimonial llega tarde", y que "la libertad de testar y las demás instituciones de la economía familiar propia de los territorios forales son difícilmente exportables a formas de vida y de familia creadas al margen de sus tradiciones funcionales".

449 Además, y como se ha dicho, todavía se puede justificar en la actualidad sobre la base de los improbables casos de muerte prematura, en los que los hijos del causante se encontrarán efectivamente en situación de necesidad con respecto a la asistencia económica que les suponga recibir la herencia paterna o materna. Véase, en este sentido, Pérez Escolar, 2007, p. 1658.

450 Manresa Navarro, 1932, pp. 214 y ss.

miembro de una familia, sino que pertenece también a la sociedad; no solamente tiene deberes como padre, hijo o esposo, sino también como amigo; como ciudadano y como hombre. Si se reserva todo el caudal de una persona o la mayor parte de él como legítima de sus descendientes, ascendientes o cónyuge, se encadena en absoluto la facultad de disponer del propietario, se impide el cumplimiento de cuantos deberes existen fuera de la familia, se cercenan a la sociedad ventajas que debía esperar y recibir, y se presenta alguno de los inconvenientes que señalan los partidarios de la libertad de testar. Pero si considerando al propietario único juez y árbitro para cumplir todos sus deberes como estime conveniente, se le deja en absoluto la facultad de disponer de sus bienes para después de su muerte, se convierte la libertad en despotismo, desconociendo que es bien pobre la libertad del hombre, combatida incesantemente por el huracán de las pasiones, y bien triste el espectáculo de la ley, que consiente que un padre con sobrados medios de fortuna deje a sus hijos sumidos en la miseria". Entonces, "para que el sistema de legítimas no produzca grandes inconvenientes, es necesario que se deje al propietario la libre disposición de una parte de sus bienes. Cuanto menor sea esta parte o porción de bienes, más mermada se verá la libertad del propietario para cumplir sus deberes extraños a la familia. En cambio, si esa es exagerada, las legítimas se convertirán en una simple cuota para alimentos, no realizando su fin".

Por lo tanto, la libertad de testar debería estar sujeta idealmente a algunos límites, pudiendo no ser suficiente la idea de los alimentos, que únicamente se deberían en caso de estricta necesidad. Sí creemos, sin embargo, que la cuota forzosa de los descendientes debería reducirse drásticamente; cabría así ponderar cuál sería la cuota "justa" que, indudablemente, dependería de las circunstancias y de las familias. Por ello, y como quiera que no existe una cuota *ideal* aplicable a todas ellas, creemos que el legislador estatal debería reducir la legítima de los descendientes a un tercio, así no se debilita tanto la legítima como en otros ordenamientos autonómicos (Galicia, Cataluña) y se mantiene de alguna forma la idiosincrasia de la legítima castellana, pero a la inversa: si antes era de un tercio de libre disposición y dos tercios de legítima, ahora sería lo opuesto; además, supone una especie de punto intermedio entre las posiciones más conservadoras y las más transgresoras. No vamos a obviar que esta reducción fue expresamente rechazada en la encuesta del Profesor Delgado Echeverría[451]; sin embargo, creemos que esos datos deben ser

---

[451] Según Delgado Echeverría, 2006, pp. 164-165, los encuestados prefieren la reducción de la legítima a la mitad.

contextualizados por el año (2006) y las pocas reformas que se habían realizado en los Derechos autonómicos en aquel entonces. Estamos convencidos de que una nueva encuesta arrojaría datos totalmente diferentes.

La mejora debería desaparecer en nuestra opinión, por mucho que represente una de las figuras más castizas y originales de nuestro Derecho; creemos que, a la postre, el testador tendrá dos tercios de libre disposición con los que podrá mejorar a los descendientes, si así lo desea. Y, por último, creemos que la cuota forzosa debería configurarse como *pars valoris,* pues ello acabaría con todos los problemas resaltados por la doctrina en relación con la naturaleza jurídica de la legítima. No obstante, el legislador debería tener en cuenta que la configuración de la cuota forzosa como derecho a un *valor* podría suponer una carga excesiva para el heredero; pensemos, por ejemplo, en el supuesto habitual de la herencia que sólo está compuesta por un inmueble y algo de efectivo: podría ocurrir que el heredero no pueda *disponer* de una cantidad tan elevada como un tercio del valor del total de la herencia, o que ello le obligase a enajenar el inmueble. No creemos que constituya la esencia de la cuota forzosa *en valor* el compeler a los herederos a volatilizar los bienes de la herencia para poder sufragarla; por ello, entendemos que el legislador debería prever una excepción a estos casos, habilitando otros recursos, como el pago aplazado en cuotas[452]; al fin y al cabo, la cuota forzosa no debería añadir más presión liquidatoria al heredero de la que ya supone el pago del impuesto de sucesiones[453]. Se trataría, así, de facultar al heredero para que vaya pagando la cuota forzosa a plazos, cuya cuantía y tiempo máximo debería ser fijado por el testador, por acuerdo entre legitimarios y herederos, o, en última instancia, por criterio discrecional de un tribunal, con mención expresa a los intereses debidos. No vamos a ocultar nuestra sospecha acerca de la *judicialización* que esta medida traería aparejada, pero no creemos, sin embargo, que la misma fuese a ser mayor fuente de conflictos que la propia partición de la herencia.

Por último, en relación con la cuota forzosa de los descendientes, creemos también que el legislador debe tener presente los cambios sociales de cara a una futura reforma; más concretamente, debería tener en

---

452 Míquel González de Audicana, 2009, p. 499.

453 Feás Costilla, 2014, pp. 183-185, menciona los problemas que se suscitan a menudo por la posible falta de liquidez y la "inflexibilidad de la ley, que exige el pago en dinero y casi no permite a la Administración Tributaria cobrarse en especie". Rubio Garrido, 2019, pp. 143-146, trata precisamente de la importancia que tiene la presión fiscal, sobre todo en ciertas Comunidades Autónomas; por ello, propone liberalizar el modo de pago de la legítima.

consideración el supuesto de las familias reconstituidas[454]. Vaquer Aloy e Ibarz López[455] han propuesto que el hijastro o hijastra sean legitimarios cuando concurran cumulativamente los siguientes requisitos: a) el hijastro o hijastra ha convivido con el causante; b) la convivencia se ha iniciado durante la minoría de edad de hijastro o hijastra; c) el padastro o madastra ha asumido el ejercicio de las funciones propias de la potestad parental (con titularidad o sin ella); y d) tras la asunción de las funciones parentales la convivencia se ha prolongado otros dos años. Creemos que esta propuesta es ciertamente arriesgada, principalmente por tres razones: la primera, podría no resultar así de la voluntad del causante, que en cualquier caso siempre tendría expedita la vía de *beneficiarle post-mortem* a través de una disposición testamentaria; además, podría generar un fuerte rechazo entre los descendientes naturales del causante, al tener que *compartir forzosamente* la cuota legitimaria. En segundo lugar, podría ocurrir que la familia reconstituida se quiebre al morir uno de los miembros que dio lugar a la *reconstitución*. Y, en tercer lugar, no debemos olvidar que el hijastro o hijastra tendrá, en la mayor parte de los casos, derecho a legítima en la sucesión forzosa de su padre o madre natural, entonces, ¿por qué la ley debería reconocer un doble derecho a cuota forzosa en estos casos? Lo que sí se podría regular es un derecho de alimentos con cargo a la herencia en favor del hijastro o hijastra, cuando sea menor de edad o tenga discapacidad. Además, también creemos que sí se podría reconocer un derecho a cuota forzosa cuando el hijastro o hijastra no tenga la maternidad o la paternidad determinada, pues de igual forma que no se le puede *discriminar positivamente* sólo por el hecho de formar parte de una familia reconstituida –cosa muy común en estos días–, tampoco se le puede *discriminar negativamente*; por eso, si la maternidad o la paternidad no estuviesen legalmente

---

[454] Vaquer Aloy, 2018, pp. 80 y ss., hace notar que el derecho de sucesiones sigue tomando sólo en consideración la familia nuclear; ninguno de los derechos civiles vigentes en España contempla la sucesión dentro de las familias reconstituidas. En el derecho catalán existen dos preceptos sucesorios que tienen relación con las familias reconstituidas: el 422-13.4, añadido por la Ley 6/2015, de 13 de mayo, según el cual el artículo, relativo a la ineficacia sobrevenida por crisis matrimonial o de convivencia, "también se aplica a los parientes que solo lo sean del cónyuge o conviviente, en línea directa o en línea colateral dentro del cuarto grado, tanto por consanguinidad como por afinidad", y el 442-2.2, que establece que "la herencia no se defiere a los nietos o descendientes de grado ulterior si todos los hijos del causante la repudian, en vida del cónyuge o del conviviente en pareja estable, y este es su progenitor común". En Aragón, la Disposición Transitoria undécima establece que "en el supuesto de existencia de hijos no comunes del cónyuge premuerto, a la extensión del usufructo de viudedad ya causado el 23 de abril de 2003 se le siguen aplicando las limitaciones del artículo 73 de la Compilación del Derecho Civil".

[455] Vaquer Aloy e Ibarz López, 2017, p. 231.

determinados, pero sí se cumpliesen los requisitos propuestos por Vaquer Aloy e Ibarz López, el hijastro o hijastra debería ser incluido dentro de la sucesión forzosa de la madastra o padastro. La idea sería, al fin y al cabo, que toda persona tenga derecho a cuota forzosa en la sucesión de las dos personas que ejerzan como progenitores, con independencia de si se trata de una familia tradicional, reconstituida, *monomarental* u homoparental.

En relación con la cuota forzosa de los ascendientes, creemos que no debería suprimirse del todo; si es cierto, como se afirma, que el fundamento de la legítima reside en la solidaridad familiar o intergeneracional[456], no debería defenderse tan vehemente como se hace la supresión de la cuota forzosa de los ascendientes[457]; al fin y al cabo, ¿es que la solidaridad sólo debe ser en línea descendente?[458] En nuestra opinión, lo que el legislador debería prever no es una cuota forzosa, sino un derecho de alimentos[459]. En este sentido, nos parece interesante la normativa croata, que establece dos tipos de legitimarios: unos absolutos (hijos y descendientes, así como el cónyuge supérstite o pareja extramatrimonial) y otros relativos (ascendientes)[460]. Los primeros tienen derecho siempre a la mitad de lo que les hubiera correspondido por sucesión intestada; los segundos tienen derecho a un tercio de los que les habría correspondido, siempre y cuando no tengan lo necesario para vivir[461] y sean incapaces de trabajar. Cabría traer esta distinción de legitimarios absolutos y relativos a nuestro ordenamiento, de cara a establecer que los ascendientes también tengan derecho a alimentos con cargo a la herencia, en caso de necesitarlos y que no puedan proveer a su subsistencia debido a la edad u otros factores. Suprimir la legítima de ascendientes sin establecer, al menos, un derecho de alimentos con cargo a la herencia, nos parece que hace si cabe todavía más inexplicable e injustificable el fundamento de la cuota forzosa y que puede conducir a situaciones muy injustas[462].

---

456 Torres García y García Rubio, 2014, p. 139. Vaquer Aloy, 2018, p. 46, afirma que tradicionalmente se ha considerado la legítima como el "límite por excelencia de la libertad de testar"; por ello, cree que se trata de una institución transversal.

457 Cabe destacar, también, que en la encuesta de Delgado Echeverría, 2006, pp. 164-165, se muestra que la supresión de la legítima de los ascendientes tiene un apoyo mayoritario, pero también una fuerte minoría de oposición.

458 La respuesta a esta pregunta bien podía ser afirmativa, toda vez que la legítima de los ascendientes sólo será exigible tanto en cuanto no existan descendientes.

459 Ya propuesto por Bayod López, 2009, pp. 409-410.

460 Šarčević *et al*, 2011, pp. 264-265.

461 Šarčević *et al*, 2011, p. 264, menciona que sean indigentes ("*indigent*").

462 Como bien señala Barrio Gallardo, 2012, p. 455, con la entrada del siglo XXI estaríamos ante una "crisis de identidad" de los principios básicos de la institución de la legítima.

Por último, y en relación con la cuota forzosa del cónyuge sobreviviente o pareja de hecho, nos sumamos a las propuestas de quienes defienden que la ley debería reconocer un usufructo universal de viudedad, no como derecho sucesorio, sino como derecho familiar[463].

---

[463] Bayod López, 2009, pp. 409-410; O'Callaghan Muñoz, 2015, pp. 4 y ss.

Capítulo Tercero

EN RELACIÓN CON LOS CAMBIOS SOCIALES (I): LA ASISTENCIA AL CAUSANTE ENVEJECIDO Y LAS DISPOSICIONES TESTAMENTARIAS EN FAVOR DE LOS CUIDADORES

I. INTRODUCCIÓN

Hemos puesto ya de manifiesto que el aumento de la esperanza de vida ha hecho que con harta frecuencia la apertura de la sucesión *mortis causa* se produzca en relación con personas de edad avanzada; personas que probablemente necesitarán, debido al progresivo envejecimiento, de asistencia y cuidados en sus últimos años de vida[464]. Que las personas mayores necesiten cuidados no es nada nuevo, lo que sí ha cambiado, según Magariños Blanco[465], es la relación personal y afectiva entre padres e hijos: "hoy predomina el distanciamiento físico y afectivo, que termina en soledad y abandono de los padres en muchos casos; especialmente cuando éstos se hacen mayores y se convierten en una carga, que los hijos, atareados en el quehacer múltiple y absorbidos y envueltos por el vertiginoso ritmo de vida actual, no están dispuestos a asumir". Según este autor, lo que se

---

464 Farnós Amorós, 2014, pp. 456-457, afirma que el aumento de la esperanza de vida y de la movilidad geográfica, el desarrollo por ambos miembros de la pareja de trabajos fuera del hogar, así como la mayor tasa de separaciones y divorcios, explican que muchas personas pasen solas los últimos años de vida; ello ha dado lugar a que se comenzase a plantear la posibilidad de privar de derechos hereditarios en caso de abandono afectivo del testador por parte de los descendientes. Y, según García Rubio *et al*, 2017, pp. 794 y ss., existen más testamentos de mujeres que de hombres, observándose una gran diferencia de género en la viudedad: por cada 2.000 viudos que hacen testamento al año, testan 8.000 viudas en Galicia. Es decir, cuatro veces más, probablemente debido a que la mujer tiene más esperanza de vida y es el marido el que suele fallecer antes.

465 Magariños Blanco, 2010, pp. 240 y ss.

busca en la actualidad es independencia máxima, que lleva a la "la soledad y el distanciamiento. Es el egoísmo, que rompe la cohesión auténtica y no meramente jurídica o formal de la familia".

Analizada así la cuestión, parece perfectamente comprensible que la regulación actual se encamine a ampliar la libertad de testar, facilitando que los testadores puedan, de alguna manera, "sacar su herencia a una subasta en la que los hijos tengan que pujar con promesas de cariño y cuidados, con los que amenizar los tristes días de la ancianidad"[466]. Este *natural* deseo de beneficiar a quién nos cuide al final de nuestros días nos plantea, sin embargo, una duda en relación con la avanzada edad y la posible pérdida de facultades físicas o cognitivas del causante: ¿es la tercera edad la mejor época de la vida para planificar la sucesión? A esta pregunta la doctrina ha respondido tanto afirmativamente, por la experiencia de vida y la propia situación personal y patrimonial, como negativamente, por los riesgos aparejados a la longevidad en relación con la libertad de testar: se incrementan los casos de falta de capacidad para testar por enfermedad o vejez[467], así como los de manipulación o intimidación al testador vulnerable[468].

No podemos obviar que, efectivamente, una persona en edad avanzada puede devenir vulnerable, probablemente por la necesidad de cuidados y atención. Por ello, la legislación debe proveer mecanismos eficaces frente a lo que por influencia anglosajona se ha venido en llamar "influencia indebida", cuestión importante en los sistemas que propugnan una mayor libertad de testar; pero dicha legislación no debe partir del miedo y la desconfianza[469]. Existen mecanismos para salvaguardar, *de lege lata*, la vo-

---

[466] En palabras de Carrasco Perera, 2003, p. 3.

[467] Torres García y García Rubio, 2014, p. 60, afirman que "el progresivo crecimiento de la población de edad avanzada hace que aumente también el número de posibles testadores afectados por enfermedades relacionadas con la capacidad volitiva".

[468] De Barrón Arniches, 2018, p. 145.

[469] No podemos dejar de llamar la atención sobre una cuestión tratada por Mariño Pardo, "¿Es la presencia de los beneficiados en el testamento abierto notarial causa de ineficacia del mismo? Las Sentencias de la Audiencia Provincial de Gerona de 17 de septiembre de 2018 y de la Audiencia Provincial de Murcia de 14 de mayo de 2019" en el *Blog Iurisprudente*, disponible en: http://www.iurisprudente.com/2019/08/es-la-presencia-de-los-beneficiados-en.html, al comentar las dos sentencias que dan título a la entrada del blog y que parecen presuponer defectos de forma en el otorgamiento de un testamento en presencia del beneficiado. Como dice el autor, "aunque ciertamente se pueda considerar que, en ocasiones, la presencia de un tercero condiciona la libre voluntad del testador, esta conclusión no siempre es necesaria. El notario, como garante de la legalidad del acto y de la libre emisión de su voluntad por el testador, podrá sin duda considerar conveniente, atendidas las circunstancias del caso, que el testador exprese su voluntad y conformidad con el testamento sin la presencia condicionante de un tercero. Pero la realidad nos demuestra

luntad del testador; así, en los casos *sospechosos* se puede recurrir, en primer lugar, a la indignidad sucesoria en los supuestos en los que resulte aplicable[470]; en segundo lugar, a los vicios de la voluntad testamentaria (artículo 673 CC: violencia, dolo o fraude, complementado con error *ex* artículo 767 CC); o, en tercer lugar, a la impugnación del testamento con base en la falta de capacidad del testador[471].

Desde una perspectiva comparada, y *de lege ferenda,* también pueden resultar útiles los criterios del *common law*[472], donde existe una mayor conciencia acerca del problema que acecha en el *área gris* de testamentos realizados por personas de edad avanzada[473]. Allí, la doctrina habla de lo que se ha llamado la regla de oro ("*golden rule*"); según esta regla, cuando

---

que, ni la falta de presencia en el solo acto de otorgamiento constituye garantía de libertad, ni excluye el control de la voluntad del testador por un tercero que, si no accede al despacho notarial, estará en la antesala, ni, a la inversa, la presencia del tercero beneficiado en el testamento condiciona necesariamente la voluntad del testador. Incluso, en ocasiones, esta presencia tranquiliza al testador y se convierte en un mecanismo para que este exprese con mayor seguridad y certeza su voluntad testamentaria (aunque nunca podrá llegar a suplantarla). En definitiva, es el criterio del notario sobre la presencia del tercero beneficiado el que debe prevalecer, sin perjuicio del posterior control judicial, pero lo que no cabe es elevar esta presencia a requisito de ineficacia 'formal' del testamento, como parecen insinuar las sentencias que analizaremos".

470 Véase, sobre esta cuestión, García Rubio, 2016, pp. 617 y ss., y García Rubio y Otero Crespo, 2016, pp. 255 y ss., que analizan extensamente las causas de indignidad, así como las diferencias que se dan entre esta institución y la desheredación e incapacidad relativa para suceder.

471 García Rubio, 2014, pp. 497-498.

472 Sobre sentencias de common law relativas a fraud, undue influence o dubious circumstances, puede resultar interesante la lectura de Kerridge, 2019-B, pp. 87 y ss. Otro autor, en este caso, Sloan, 2016, pp. 189 y ss., ha estudiado la jurisprudencia relativa a testamentos en los que se legan bienes a los cuidadores y que son finalmente impugnados ("*challenged*"), sin conclusiones claras al respecto, salvo la constatación de que hay millones de cuidadores en Inglaterra y Gales, y que la sociedad continuará a depender de ellos en las próximas décadas, debido al envejecimiento de la población. Este autor cree que, a la vista de que la libertad de testar es un principio del derecho sucesorio anglosajón, es probablemente más fácil argüir que los cuidadores deberían conservar lo que se les ha legado en un testamento válido, más que defender que los cuidadores puedan reclamar por no haber sido incluidos en el testamento; y de aquí, la importancia de la doctrina de la influencia indebida. En los casos que analiza sí se apreció influencia indebida, pero en otros los tribunales expresaron su comprensión acerca de los motivos que llevaban a los testadores a dejar legados a sus cuidadores como en el caso Re Good (*deceased*). Por ello concluye que las disposiciones testamentarias en favor de los cuidadores son perfectamente comprensibles a la luz del contexto social, y no deberían ser anuladas tout court por razones de supuesta influencia indebida.

473 Kerridge, 2000, pp. 326-327 y Sonnekus, 2007, p. 91, dan cuenta de una propuesta de la Sección Inglesa de la Comisión Internacional de Juristas para modificar el Derecho inglés en el sentido de presumir que cualquier cláusula testamentaria en favor del dueño o gerente de una residencia donde la persona de edad avanzada viviese debería considerarse sospechosa y declarada como pro non scripto, salvo prueba en contrario.

un *solicitor* redacta un borrador de testamento para una persona de edad avanzada o que ha estado seriamente enferma, el testamento debe realizarse en presencia de testigos o debe ser aprobado por un médico, que debe certificar su análisis y diagnóstico[474]. En relación con esto, cabe tener en cuenta que la antigua regulación de los testamentos en el Código Civil sí requería la presencia de testigos en el acto de otorgamiento del testamento; normativa que fue modificada en 1991, no siendo ahora necesarios en circunstancias normales[475]. Por ello, no parece lógico volver a requerir su prensencia; más interesante parece, sin embargo, la idea de que, cuando se trate de una persona de edad avanzanda o que ha estado seriamente enferma, se requiera no la presencia, pero sí al menos un informe médico que *verifique* que el testador está en pleno uso de sus facultades mentales. Esto probablemente disminuiría la ingente cantidad de demandas en las que se impugna un testamento con base en falta de capacidad del testador; al fin y al cabo, no debemos olvidar que los Notarios no son facultativos especializados en cuestiones de salud.

Resulta interesante, sobre esta cuestión relativa a la capacidad del testador en edad avanzada, traer a colación la interesante reflexión de Delgado Echeverría[476], en el que expone el caso de la SAP de Barcelona de 3 mayo de 2007[477]. Esta sentencia trata del caso de una señora que había nombrado a su hija como heredera pero posteriomente cambió de opinión y sólo le dejaba la legítima, nombrando como herederos a sus hermanos tras permanecer en una residencia. El notario le había considerado capaz; sin embargo, tras su muerte, la hija impugnó el testamento alegando incapacidad de la testadora. En los fundamentos de la sentencia se observa que, como no existen en principio razones objetivas que justifiquen el apartamiento, "será que la testadora no estaba en su cabal juicio: *color insaniae*"[478]. Dice

---

474 Kerridge, 2000, pp. 310 y ss.

475 García Goldar, 2019, p. 56, nota 106: "en la primera versión del CC de 1889 su intervención [la de los testigos] era obligatoria en prácticamente todos los testamentos, a excepción, claro está, del ológrafo"; no en vano, "los artículos 694 CC (testamento abierto) y 707.2 CC (testamento cerrado) solían exigir la presencia en el acto de otorgamiento de tres y cinco testigos respectivamente. Esta tendencia histórica cambió significativamente tras la reforma operada por la Ley 30/1991, de 20 de diciembre, de modificación del Código Civil en materia de testamentos. En la actualidad, la intervención de los testigos tiene más bien carácter residual, estando limitada únicamente a situaciones de verdadera necesidad o por deseo del testador".

476 Delgado Echeverría, 2012, pp. 537 y ss.

477 JUR 2007, 270182.

478 En palabras de Delgado Echeverría. Lo que dice la SAP en realidad es: "veamos ahora si frente a las pruebas de carácter médico, constan en autos otras que pudieran desvirtuarlas y que

el autor que no conoce otra sentencia tan explícita[479], pero no cree que sea rara; en su opinión, los tribunales "han tenido siempre la propensión a juzgar sobre las disposiciones testamentarias con criterios extrajurídicos de decoro, corrección y moralidad, y a negar su apoyo a los testamentos que se desvían de las pautas sociales dominantes. (...) *Color insaniae, undue influence* y *fraud* son los instrumentos que los decepcionados parientes hacen valer con mayor frecuencia".

Este caso resulta en nuestra opinión verdaderamente revelador: probablemente se tratase de una testadora en edad avanzada que, ante el abandono emocional de su hija y la falta de cuidados, decide dejarle únicamente la legítima y nombrar herederos a sus hermanos (desconocemos si la razón del cambio se debió precisamente a que estos iban con más frecuencia a visitarla y *amenizarle* sus últimos días de vida). Y este matiz es importante: la legítima, principal límite a la libertad de testar, no se había burlado en este caso, pero igualmente, la jurisprudencia decidió que como la testadora no había actuado como se *cabría esperar,* es porque no estaba en su cabal juicio y su testamento debía quedar sin efecto. ¿Es que cumple esto con el principio de *favor testamenti*? Sería conveniente que los juristas de todos los sectores (academia, jurisprudencia y legislación) reflexionen sobre si es acaso lícito revocar testamentos que respetan los límites a la libertad de testar simplemente porque en ellos no se refleja lo *moralmente* esperado.

En cualquier caso, es claro que se debe proteger a los testadores vulnerables, ya no sólo desde el ámbito del Derecho civil, sino también desde el Derecho penal. Cabe destacar en este sentido la STS de 22 de enero de 2004, de la Sala de lo Penal[480]. En este caso, Luz era una mujer que durante los primeros meses del año 1999 había estado cuidando a Manuel y a su esposa en la localidad de Linares. Una vez fallecida esta última, Manuel le propuso a Luz que le cuidara a él en su localidad de origen Santisteban del Puerto; oferta que fue rechazada. Finalmente acordaron que Manuel

---

expliquen el cambio de voluntad experimentado por la testadora, quien revocando un testamento anterior y alterando el orden natural de los afectos, cual es el mayor cariño a los descendientes respecto de los colaterales, reserva a su única hija, la legítima que por ley le corresponde, pero instituye herederos a sus hermanos".

479 García Rubio, 2014, pp. 483-484, también cita una STS de 10 de junio de 2005 (RJ 2005, 4365), en un supuesto de testamento otorgado en peligro de muerte que favorecía a los titulares de la residencia donde se cuidaba al testador, y que finalmente fue considerado nulo al estimar que no estaba justificada la falta de intervención notarial, aunque no se demostró la influencia indebida. En este caso el Tribunal se excusa en una aparente falta de forma para revocar finalmente el testamento.

480 RJ 2004, 2107.

se trasladaría a vivir en el domicilio de Luz en Linares a cambio de dos cosas: la primera, que la nombrara heredera, haciéndolo así Manuel mediante testamento otorgado el 15 de noviembre de 1999; la segunda, que la autorizara para que pudiera sacar dinero de sus cuentas. En el periodo comprendido entre el 8 de octubre de 1999 y 29 de febrero de 2000, la beneficiaria dispuso de la cantidad de algo más de cuatro millones de las antiguas pesetas, y a continuación echó de casa a Manuel desentendiéndose del mismo. La Audiencia falló que se condenaba a la acusada Luz, "como autora responsable de un delito de estafa ya definido, a la pena de 2 años de prisión, privación del derecho de sufragio pasivo durante el mismo período y multa de 8 meses a razón de tres euros diarios lo que hace un total de 720 euros y al pago de las costas procesales excepto las de la acusación particular. En concepto de responsabilidad civil abonará al perjudicado D. Manuel en la cantidad de 3.348.000 pesetas (20.121,89 euros)". La acusada incurrió en casación por infracción de un precepto de la Ley Enjuiciamiento Criminal; sin embargo, el Tribunal Supremo no aprecia su petición y confirma la sentencia recurrida.

Como se puede ver, a veces el estado de necesidad de las personas envejecidas es tal que las normas civiles no bastan para proteger al defraudado y *devolver* la situación a un estado anterior y normal de las cosas. Esta tutela penal es indudablemente positiva, y sirve de protección extra al amparo de los testadores más necesitados. Una vez dicho ello, pasamos ya a un estudio más pormenorizado del marco civil en el que se encuendran las disposiciones testamentarias en favor del cuidador.

II. DISPOSICIONES TESTAMENTARIAS EN FAVOR DEL CUIDADOR EN EL ÁMBITO EUROPEO Y EN EL CÓDIGO CIVIL

Cabe preguntarse si las disposiciones testamentarias que buscan premiar o recompensar los cuidados prestados al testador son válidas; tema importante, ya no sólo porque cada vez son más y por mayor tiempo los individuos que necesitan de la asistencia y atención de otros[481], sino también por la repercusión de las posibles crisis económicas, que debilitan el Estado de bienestar

481 García Rubio, 2014, p. 481. Vaquer Aloy, 2018, p. 128, dice que la importancia del tema resulta de la estadística de personas ancianas que viven solas y que están ingresadas en centros geriátricos.

y el sistema público de protección y asistencia[482]; como se ha dicho, si el principio de solidaridad intergeneracional se concibe como recíproco, los sucesores podrían hallar un estímulo para cuidar al causante en su vejez, lo que conlleva, a su vez, un ahorro en gasto social para el Estado[483].

Cabe señalar, sobre esta cuestión, que no existe en el Código Civil ninguna norma al respecto, ni permitiendo ni prohibiendo este tipo de disposiciones *compensatorias,* a diferencia de ciertos ordenamientos civiles autonómicos y de los países de nuestro entorno, que parecen partir de una posición de desconfianza inicial[484]. Sin embargo, y a pesar de la falta de norma expresa, la doctrina nacional que ha estudiado este tema en profundidad entiende que sí, que las disposiciones en favor de quien cuide al testador son válidas aun cuando no existe una norma específica en el Código Civil que las permita[485]. Este tipo de disposiciones se podrían llevar a cabo –se ha dicho– bajo condición o carga de cuidados, pero también del tipo de "a la persona que me cuide"[486], siempre y cuando se cumplan los requisitos de certeza y determinación (o determinabilidad) que exigen los artículos 750 y 772.2 CC[487]; nosotros añadiríamos una tercera vía, tal

---

482 Véase Espinosa de Soto, 2008, p. 871, cuando señala que cada día es más importante los cuidados a las personas mayores; cuidados que tienden cada vez más a canalizarse a través de la asistencia pública, pero que no puede satisfacer ciertas cuestiones como la compañía y el afecto personal. Messía de la Cerda Ballesteros, 2014, p. 1181, afirma que las prestaciones del Estado "no alcanzan en nuestro país unos niveles que permitan proporcionar una posición adecuada a aquéllos, lo que incide en la mayor necesidad de la asistencia y el colchón familiar". Véase también Otero Crespo, 2018, pp. 119-120.

483 Vaquer Aloy, 2018, p. 72.

484 El artículo 909 CC francés, modificado por ley de 5 de marzo de 2007, en vigor desde el 1 de enero de 2009, establece que "*les mandataires judiciaires à la protection des majeurs et les personnes morales au nom desquelles ils exercent leurs fonctions ne peuvent pareillement profiter des dispositions entre vifs ou testamentaires que les personnes dont ils assurent la protection auraient faites en leur faveur quelle que soit la date de la libéralité*", aunque se establecen excepciones para ciertas disposiciones remuneratorias y las universales en favor de los parientes hasta cuarto grado. El artículo 511 CC italiano establece que sólo serán válidas las disposiciones testamentarias "*e le convenzioni in favore dell'amministratore di sostegno che sia parente entro il quarto grado del beneficiario, ovvero che sia coniuge o persona che sia stata chiamata alla funzione in quanto con lui stabilmente convivente*". Véase García Rubio, 2014, p. 484 y García Rubio y Otero Crespo, 2016, pp. 243-244.

485 García Rubio, 2014, pp. 488 y ss.; Nieto Alonso, 2014, pp. 1047 y ss.; Otero Crespo, 2018, pp. 120 y ss.

486 García Rubio, 2014, pp. 488 y ss.; Nieto Alonso, 2014, p. 1053; y Otero Crespo, 2018, p. 125, citan la STS de 21 de diciembre de 1920 que admitió la validez de institución de heredero en favor de la persona que durante su última enfermedad la cuidase.

487 García Rubio, 2014, pp. 488 y ss.; Nieto Alonso, 2014, pp. 1047 y ss.; Otero Crespo, 2018, p. 124. Véanse también las SSTS de 3 diciembre 2009 (RJ 2010, 269), 18 julio 2011 (RJ 2011, 5217) y 30 de mayo 2018 (RJ 2018, 2314).

vez la más simple, que es la de la disposición *compensatoria* en favor de una persona determinada, y como agradecimiento por la asistencia prestada.

Pasamos ahora a un estudio sobre los diferentes tipos de disposiciones testamentarias que se pueden encontrar en la jurisprudencia.

II.1. La disposición testamentaria "compensatoria" por la asistencia ya prestada

Cuando un testador dispone en favor de otra persona que la ha cuidado o asistido, o la nombra como heredera en todos sus bienes sin supeditarlo bajo condición sino como mero agradecimiento, lo que suele alegar quien pretende impugnar la eficacia de dicha cláusula es la existencia de "captación de voluntad" por coacción o maquinaciones llevadas a cabo por el beneficiario, en lo que podría denominarse un uso ilícito de su posición de confianza y proximidad con el testador.

Son los tribunales los que deberán apreciar o no la existencia de la supuesta captación de voluntad, aunque cabe tener en cuenta que estos parecen comprender las razones por las que un testador o testadora pueden querer beneficiar a su cuidador o cuidadora, tanto si es una persona de la familia como si es ajena a la misma[488].

Cabe destacar, en este sentido, la STS de 25 de marzo de 1957[489]. En este supuesto, Don Joaquín había otorgado testamento el 4 de febrero de 1928 en el que instituía como herederos universales a sus dos hijos Joaquín y Alfonso; posteriormente, el 9 de marzo de 1944, otorga testamento ológrafo en el que, dejando el anterior subsistente en lo fundamental, nombra heredero de todos sus bienes a su hijo incapacitado y lega una viña a Doña Josefa, su "servidora" (expresión de la propia sentencia), con cláusula de sustitución en favor del hijo de esta, Julio, a quien se refería como aquel "que cuidaba de su hijo Joaquín". Unos días antes, el 4 de marzo de 1944, había otorgado una memoria testamentaria[490] en la que ordenaba que se le abonase el sueldo fijado a Josefa si continuase cuidando de su hijo incapaz, entre otras cuestiones. Pues bien, el Tribunal Supremo no apreció captación de voluntad en este caso, al entender que "la vaguedad del verbo sugestionar por no implicar coacción o imperio sobre la voluntad, puede

488 Véase, en este sentido, la SAP de Jaén de 6 de noviembre de 2015 (AC 2016, 137) en la que también se había impugnado un testamento por captación de voluntad de la testadora que había dispuesto en favor de la hija cuidadora. En este caso, tampoco se apreció "influencia indebida".

489 RJ 1957, 1181.

490 Para conocer más sobre esta institución, véase De Lama Aymá, 2016, pp. 55 y ss.

obedecer a otros móviles que, como el amor, la gratitud u otros análogos, permitan lograr un ascendiente moral, que puede ser un estímulo respetable para obrar en uno u otro sentido, mas nunca para anular la voluntad ajena y sojuzgarla torpemente a la propia".

De forma más reciente, también se puede citar la SAP de Guipúzcoa de 26 abril de 2018[491]. Esta sentencia también trata sobre la impugnación del testamento abierto de Eliseo por el que instituía como heredera de todos sus bienes a Florinda, la persona que "le venía cuidando desde hacía varios años y la que se ocupaba de él". Se afirma en esta sentencia que no se acredita en modo alguno la existencia de algún tipo de violencia o abuso de confianza; más bien lo contrario, se acredita en autos "no sólo que Dª. Florinda se ocupó de D. Eliseo a lo largo de muchos años, incluidos sus últimos años de vida, ofreciéndole los cuidados y la atención personal que precisaba, sino también que contó con su confianza, dado que llegó a autorizarle en una cuenta suya, e igualmente que utilizaba sus servicios tanto para ponerse en contacto con las personas que le hacían algunas de las gestiones económicas que necesitaba, cuando ya no pudo hacerlas por sí mismo o no pudo hacerlo personalmente, como para desplazarse al centro de salud en el que recibía la atención médica que le era necesaria, siendo sin duda alguna esa dedicación y atención prestada durante tantos años, y muy en particular en sus últimos años, la que propició que el mismo le compensara finalmente con la decisión, plasmada en el testamento, de dejarle en herencia todos sus bienes".

II.2. La disposición testamentaria bajo condición o modo de cuidados

Este tipo de disposición testamentaria se puede llevar a cabo de dos formas: la primera sería designar a una persona concreta como beneficiaria bajo condición de cuidados; la segunda sería designar a un conjunto amplio de posibles beneficiarios los cuales adquirirán derechos siempre y cuando hayan cuidado a la testadora; en caso contrario, si no la cuidan, quedarían excluidos de la herencia. El tratamiento de ambos tipos de disposiciones vendría a ser el mismo, pues en los dos casos los beneficiarios están perfectamente determinados; la única diferencia que existe es que con la segunda forma, el testador designa un abanico más amplio de posibles beneficiarios, haciendo más improbable que la cláusula devenga ineficaz.

---

491 AC 2018, 1045.

II.2.A. Designación individual determinada

Este tipo de designación testamentaria en favor de una sola persona determinada bajo condición de cuidados es, probablemente, la más habitual. Y lo que se suele poner en tela de juicio en estos casos es el cumplimiento o incumplimiento de la condición por parte del beneficiario; cuestión esta que deberá determinarse conforme a los medios de prueba habituales. Sin embargo, creemos necesario resaltar que existen discrepancias en la jurisprudencia menor en relación con la relevancia del tiempo de los cuidados efectuados, como se muestra en estas dos sentencias de Audiencias Provinciales, en los cuales se debatía la eficacia de disposiciones testamentarias en favor de personas cuidadoras ajenas a la familia del testador.

La primera SAP que traemos a colación es la de Alicante de 30 de mayo de 2012[492], que trata sobre la impugnación de la disposición testamentaria que realiza María Antonieta por la que lega a Inés "todos los bienes, derechos y acciones que la testadora tenga en España, bajo la condición de que la cuide y asista hasta el momento de su fallecimiento. Se entenderá probado el cumplimiento de dicha condición si al momento del fallecimiento de la testadora, la legataria mantiene una relación laboral de asistencia". Los motivos en los que se basó la impugnación no fue sólo la posible "influencia indebida", sino también la falta de cumplimiento de la condición. Pues bien, en la propia sentencia se reconoce que "ciertamente resulta extraño a la Sala que en el periodo comprendido entre el 18 de agosto de 2010, fecha en la que el Ayuntamiento de la localidad de Jávea designa a la asistente social, la demandada Doña Inés para la atención de Doña María Antonieta, hasta el fallecimiento de ésta en 24 de septiembre de 2010, poco más de un mes, la citada Sra. María Antonieta cambiara el testamento que había hecho en fecha 26 de mayo de 2009 en el que legaba a su hermano, el demandante Don Ricardo, todos los bienes, derechos y acciones que poseía en España, por el testamento de fecha 15 de septiembre de 2010 revocando dicha institución de heredero dejando los mismos bienes a su cuidadora". Sin embargo, y a pesar de que en la exposición fáctica se mencionan los testimonios de personas que afirmaron cierto abandono por parte de la cuidadora en los días previos al fallecimiento, el Tribunal termina por considerarlos meras conjeturas y desestima la apelación.

La segunda SAP que queremos analizar sobre esta cuestión relativa al tiempo de los cuidados es la de Ciudad Real de 22 octubre de 2018[493]. En

---

492 AC 2012, 1285.

493 JUR 2019, 2021.

este caso, la señora Asunción había establecido en su testamento la cláusula siguiente: "Instituye heredera a Rebeca. Esta institución está sujeta a la condición resolutoria de que la cuide hasta el día de su muerte". En este caso, la Audiencia Provincial estimó que no podía considerar probado que Rebeca se ocupara de Asunción como exigía el testamento, pues no había acudido a su domicilio los días previos al fallecimiento, no preocupándose "por su estado, por cómo estaba o por lo que pudiera necesitar". Por ello, se afirma que no se puede "considerar cumplida la condición a la que se sujeta por la testadora la adquisición por la demandada de su condición de heredera, particular que determina que se haya de ser más exigente, si cabe, a la hora de considerar cumplida o no la referida condición, máxime teniendo en cuenta que entre el otorgamiento del testamento y el fallecimiento de la testadora transcurrieron escasamente diez días".

Parece, pues, que en esta última sentencia sí se valora el escaso tiempo (de diez días) que se produjo entre el otorgamiento del testamento y el fallecimiento de la testadora, y no así en la precedente (un mes). Esta divergencia nos suscita la duda de si el tiempo debería ser un criterio a tener en cuenta de cara a una futura reforma en relación con la eficacia de una disposición testamentaria en favor de una persona que cuide a un testador, máxime si se trata de una persona ajena a la familia. En nuestra opinión, así debería ser, aunque el plazo de tiempo no debería ser excesivamente extenso, bastaría con la previsión de un tiempo mínimo, que podría ser igual o superior a un año desde el otorgamiento del testamento.

Pero, además, la divergencia nos hace cuestionarnos dónde puede hallarse la diferencia para que las Audiencias Provinciales fallasen en sentidos opuestos, a pesar de que en ambos casos se había denunciado cierto abandono por parte de la cuidadora en los días previos al fallecimiento de la testadora: ¿será acaso que en el anterior testamento se establecía un único requisito para el cumplimiento de la condición – que la relación de trabajo no se extinga con anterioridad a la muerte de la testadora? De ser así, ello nos conduciría a otro interrogante: ¿es que la condición podría entenderse cumplida, aunque hubiese negligencia en los cuidados, si el único requisito establecido por el testador es que se conservase la relación laboral al momento de su fallecimiento?

Sobre la posibilidad o no de que el testador regule los presupuestos de los cuidados, cabe traer a colación la STS de 30 de mayo de 2018[494]. En este caso, la testadora había instituido como heredera universal en todos sus

---

494 RJ 2018, 2314.

bienes y derechos a su vecina Reyes, con la obligación de cuidarla y asistirla hasta su fallecimiento, sustituida vulgarmente por "aquel de sus descendientes que esté dispuesto a cumplir o seguir cumpliendo la obligación impuesta". También se preveía que, "si a la heredera le sobreviniesen circunstancias personales o familiares que le imposibiliten seguir cumpliendo la condición o falleciese antes de la testadora [aquella sería] compensada, por el que ocupe su lugar, con un porcentaje del valor de los bienes dejados en proporción a los años en que cuidó y atendió a la testadora". Lo más curioso, sin embargo, es que se preveía una peculiar forma de comprobación de la condición de cuidado, pues la testadora había designado a sus vecinos, Doña Carmen y Don Armando, "como personas encargadas de determinar el cumplimiento o incumplimiento de la obligación impuesta a la institución de heredero" e incluso se había establecido un plazo para el ejercicio de dicho encargo, de un año a contar desde el fallecimiento de la testadora.

Pues bien, en el relato fáctico de la STS resultó "acreditado tanto el cuidado que prestó la instituida heredera durante la estancia hospitalaria de la testadora, meses de enero a marzo de 2012, como la marcha voluntaria de la testadora durante el referido mes de marzo para residir en su casa"; sin embargo, se consideró relevante que "la instituida heredera conocía la disposición testamentaria y que la testadora y la heredera, el 24 de marzo de 2012, suscribieron un documento privado en el que la testadora liquidaba los gastos ocasionados por la atención dispensada por la heredera durante su período de convalecencia, dando por terminada su relación y sin dejar nada pendiente de reclamar. Sin que constase que tras la firma de dicho documento fuera requerida la heredera para prestar algún tipo de atención". Precisamente por esta pre-liquidación de gastos, así como "la versión ofrecida por los testigos que la propia testadora había designado en su testamento como personas encargadas de determinar el cumplimento de la obligación", el TS estimó la impugnación de la institución de heredera solicitada por el hermano de Reyes, D. Simón, con base en incumplimiento de la condición impuesta.

No ponemos en duda el hecho de que en este caso existiese efectivamente un incumplimiento de la condición de cuidados. Pero lo que nos plantea controversia es si los juzgados y tribunales deben, siguiendo el principio de que la voluntad del testador es ley, aceptar una cláusula testamentaria por la que se designe a una persona encargada de determinar si ha habido cumplimiento de la condición (es decir, si se han prestado los cuidados exigidos), apartándose incluso de otro tipo de pruebas que pudiesen existir y que contradijesen la opinión de las personas designadas. En nuestra opinión la respuesta a este y el anterior interrogante (que recordemos, se trataba de si la condición se daría por cumplida cuando la relación laboral hubiese estado vigente al momento del fallecimiento y a pesar de la negligencia en los cuidados) no puede ser más que negativa. Que los testadores establezcan pautas que faciliten la determinación del cumplimiento de la condición es útil y positivo, pues hará más ágil el procedimiento de prueba; pero en ningún caso puede implicar que los Tribunales se ciñan únicamente a ese requisito formulado por el testador o a la opinión de la persona designada, dejando de interpretar así lo que el concepto de "cuidados" debe significar para la justicia y el ciudadano medio[495]. Admitir lo contrario sería lo mismo que reconocer la propia inutilidad de llevar un caso dudoso a juicio, debido a la imposibilidad de los tribunales de fallar en sentido distinto.

Por último, creemos que esta cláusula por la que se nombra a una persona como encargada de determinar si hubo cumplimiento de los cuidados no constituye una designación de sucesor a través de tercero, permitida en algunos derechos autonómicos y prohibida en el artículo 670.2 CC[496]. La persona nombrada por aquella cláusula no tiene la facultad de designar sucesores, y mucho menos determinar las cuantías, sino que su cometido se reduce simplemente a una fiscalización de la condición a la que se somete la designación de sucesor; en definitiva, el encargado de determinar si hubo cuidados no tiene un poder directo sobre la designación, sino tan sólo indirecto.

II.2.B. Designación plural determinada

Existe también bastante jurisprudencia sobre este tipo de designación plural determinada; de hecho, son dos las SSTS que podemos citar sobre esta cuestión. La primera es la de 3 de diciembre de 2009[497] y trata sobre el testamento de Flor, en el que había instituido como herederos universales por terceras e iguales partes a sus hermanos Felicísima y Luis Ángel y a

---

495 En nuestra opinión, esta cláusula por la que se nombra a una persona como encargada de determinar si hubo cumplimiento de los cuidados no constituye una designación de sucesor a través de tercero, permitida en algunos derechos autonómicos y prohibido en el artículo 670.2 CC (véase, sobre esto, Asúa González, 1992, pp. 80 y ss.). La persona nombrada por aquella cláusula no tiene la facultad de designar sucesores, y mucho menos determinar las cuantías, sino que su cometido se reduce simplemente a una fiscalización de la condición a la que se somete la designación de sucesor; en definitiva, el encargado de determinar si hubo cuidados no tiene un poder directo sobre la designación, sino tan sólo indirecto.

496 véase, sobre esto, Asúa González, 1992, pp. 80 y ss.

497 RJ 2010, 269.

sus sobrinos Marcelina y Arsenio, hijos de su hermano fallecido Luciano, bajo condición de que "atiendan y asistan a la testadora en caso de enfermedad o cualquier otra situación de necesidad" y advirtiendo que, en caso de que no le presten asistencia en tales circunstancias, "perderán toda participación en la herencia". Uno de los hermanos, Luis Ángel, pidió que se declarara que sólo él se había ocupado de su hermana antes del fallecimiento, por lo que, en cumplimiento de la condición del testamento de Flor, le correspondía ser el único heredero. Sin embargo, el TS termina considerando que la condición de la testadora establecía que los cuidados se deberían prestar en caso de necesidad y, como quiera que aquí nunca se dio el presupuesto de necesitar los cuidados, todos serían herederos.

La otra STS que se puede citar es la de 18 de julio de 2011[498]. En este caso Marcelina, soltera y sin hijos, había designado como herederos a sus hermanos y sobrinos, bajo la obligación de que cada uno la acogiese en casa por periodos de tiempo iguales si la testadora no pudiera valerse por sí misma. También se establecía que si alguno de los nombrados herederos se negare a atenderla en estas circunstancias quedaría excluido de la herencia, y que no se consideraría incumplido el deber de asistencia, si hubiese de producirse el internamiento de la testadora en un centro hospitalario o geriátrico por necesidad de asistencia médico sanitaria. Pues bien, una hermana la cuidó algunos meses, antes de que la testadora ingresase en un centro geriátrico; razón por la que entendía que debía ser la única heredera. Sin embargo, tanto en segunda instancia como el TS aprecian que la condición deviene imposible de cumplir por su ingreso en la residencia.

Como se puede observar, en estos dos casos la dialéctica del TS es ligeramente diferente a otras sentencias: sí se aprecia que existe una condición que afecta a la cláusula testamentaria; sin embargo, y como quiera que son varios los designados, sólo se considera que la cláusula deviene eficaz en caso de que el testador efectivamente requiera cuidados, y no cuando el testador haya sido cuidado por alguno de los designados sin haberlo necesitado.

II.2.C. La necesaria perspectiva de género en esta materia

Finalmente, cabe tener en cuenta que el análisis de la jurisprudencia sobre esta materia parece advertir que la manera en que se juzga el cumplimiento de la condición impuesta al beneficiario varón es más laxa que cuando se debe determinar el cumplimiento de la condición por la beneficiaria

---

[498] RJ 2011, 5217.

mujer. Baste para comprobarlo una lectura acerca de cómo el TS interpreta tres cuestiones relacionadas con el cumplimiento de la condición, que son: en primer lugar, la condición de cuidar y "vivir en compañía del testador"; en segundo lugar, la relevancia acerca de si el beneficiario conocía o no la condición; y, por último, la determinación en sentido estricto de si se ha cumplido o no la condición de cuidados.

En relación con la primera, la condición de cuidar y "vivir en compañía del testador", nos gustaría traer a colación la STS de 21 de enero de 2003[499]. Este caso trata del testamento otorgado en 1964 por María, en el que ordenaba la mejora y el tercio de libre disposición en favor de su hijo, tras lo cual dispone la siguiente cláusula: "La mejora y el legado de la cláusula anterior los hace a su hijo Antonio, con la obligación modal de cuidar y asistir a la testadora y a su esposo, en cuanto precisen sanos o enfermos, y vivir en su compañía, en familia, ayudándoles, según costumbre, en los trabajos de la casa y laboreo de los bienes". Cabe destacar que la testadora había otorgado otros dos testamentos anteriores: el primero, en 1955, era prácticamente igual al ahora objeto de estudio; el segundo, en 1956, y tras haber emigrado su hijo Antonio a Santo Domingo, hizo idéntica disposición pero en favor de una de sus hijas, aunque en este caso se añadían más obligaciones (la de cuidar al resto de la familia); en concreto, se establecía que la disposición se hacía: "a condición de que habrá de asistir y cuidar a su padre en cuanto precise sano o enfermo en tanto se conserve viudo y vivir en su compañía en familia ayudándole según costumbre en los trabajos de la casa y bienes y la de tener con ella también en familia a sus hermanos solteros mientras no se casen o reclamen sus participaciones hereditarias y le ayuden según el estilo del país en las faenas agrícolas y domésticas", previendo, según dice la sentencia, que "si la hija así favorecida no cumpliera por su voluntad las condiciones impuestas o dejara de vivir en compañía de sus padres, los referidos legado y mejora pasarían a otra de sus hijas en las mismas condiciones y, en defecto de esta última por las causas expresadas, a otra hija distinta, también en igual forma". El testamento litigioso de 1964 se otorgó desde que el demandado retornase de Santo Domingo a casa de sus padres en Galicia; sin embargo, y por motivos laborales, volvió a marcharse, esta vez a Cataluña, de donde nunca volvió, salvo en vacaciones cuando regresaba al pueblo de sus padres, pero para hospedarse en casa de sus suegros. Pues bien, tras el fallecimiento de los progenitores, los otros hermanos impugnaron esa cláusula del testamento, resultando que

---

[499] RJ 2003, 604.

en primera instancia se desestimó pues se consideró que la referida cláusula era modal y no condicional, e interpretando la voluntad de la testadora en función de sus otros dos testamentos anteriores: la testadora se había considerado suficientemente atendida por su hijo mejorado-legatario, por lo que se desestimó la demanda. El tribunal de segunda instancia, razonando que el contenido de la cláusula segunda del testamento era el propio de una condición suspensiva potestativa de hechos pasados y entendiendo que el demandado la había incumplido por propia voluntad al alejarse del domicilio materno en Galicia para fijar su residencia en Cataluña, estimó en cambio la demanda y dejó sin efecto la mejora y el legado. Llegado el asunto al Tribunal Supremo, se consideró que efectivamente era un modo y no una condición[500], estimando así la eficacia de la cláusula impugnada: el hijo emigrado a Cataluña resultó mejorado, a pesar de la falta evidente de cuidados, de no haber vivido en compañía de sus padres, y de no haber ayudado en los "trabajos de casa y laboreo de los bienes"[501].

Sería conveniente contrastar esta STS de 2003 con la SAP de Asturias de 3 de febrero de 1995[502]. En este caso, Domingo había otorgado un testamento en 1968 en el que mejoraba a su hija bajo condición de "vivir en compañía del testador y su esposa asistiéndoles y reverenciándoles hasta su fallecimiento" y ordenando también que "como toda la herencia forma una explotación agrícola, se le adjudique íntegramente al que resulte mejorado, el cual separará en metálico a sus hermanos y coherederos en la parte que les corresponde". Las hermanas de la mejorada impugnaron la eficacia de la cláusula pues consideraron que no se cumplió la condición: la beneficiaria sí había cuidado a sus padres, pero se había trasladado a vivir, a raíz de su matrimonio en 1971, al domicilio de sus suegros, sito en otra localidad distante entre 5 y 12 km, según refiere la sentencia. El padre testador falleció en 1974, sin haber modificado la disposición testamentaria. Pues bien, la Audiencia Provincial termina considerando que "en el supuesto enjuiciado la cláusula sometida a debate entre las partes, en su propia literalidad, claramente evidencia que la real voluntad del testador

---

500 Véase, sobre si la obligación de cuidados constituye un modo o una condición, Mariño Pardo, "El heredero bajo condición de cuidados (Sucesiones 8)", en el *Blog Iurisprudente*, disponible en: www.iurisprudente.com/2015/10/el-heredero-bajo-condicion-de-cuidados.html.

501 No siempre la obligación de cuidados se considerará un modo, sino una condición propiamente dicha. Así lo ha establecido el TS en sus sentencias posteriores (ya citadas) de 3 de diciembre de 2009 (RJ 2010, 269) y 18 de julio de 2011 (RJ 2011, 5217), ambas relativas a la imposibilidad de que se cumpla la condición de los cuidados.

502 AC 1995, 393.

era la de supeditar la mejora a la convivencia del hijo o hija en que recayera la misma con el mismo hasta su fallecimiento ["vivir en compañía del testador"], y aunque obviamente las obligaciones establecidas eran más amplias que la mera convivencia, es claro que éstas no se agotaban en las de sola asistencia, cuidado y reverencia, únicas cumplidas por la heredera demandada. En definitiva y como conclusión del tenor literal de tales estipulaciones puede concluirse que la intención del testador no fue sólo la de procurarse la asistencia y cuidados personales de uno de sus hijos en los últimos años de su vida, sino la de mejorar al hijo o hija que estuviera conviviendo en la casa familiar, o cuando menos en lugar próximo a la misma, sino se quiere interpretar el término convivir tan rígidamente, pero en todo caso en el mismo lugar, único supuesto que le permitiría ponerse al frente de la explotación agrícola".

Como podemos observar, en la primera sentencia el Tribunal Supremo hace suyos los argumentos del Juzgado de Primera Instancia al entender que, a pesar de la literalidad de la cláusula que obliga al mejorado a "vivir en su compañía", la voluntad de la testadora se debe interpretar en el sentido de que "se había considerado suficientemente atendida por su hijo mejorado-legatario", ello a pesar de que el mejorado no sólo no viviese con ellos, sino que se mudase a otra Comunidad Autónoma, haciendo imposible cualquier tipo de cuidado, incluso ocasional, y a pesar, también, de que ni siquiera pasase las vacaciones en su casa, sino en la de sus suegros. De otra parte, en la sentencia de la Audiencia Provincial de Asturias, se lleva a cabo una interpretación rígida de la cláusula por la que se obligaba a la hija a "vivir en compañía del testador y su esposa", y ni siquiera el hecho de haberlos cuidado y asistido efectivamente impidió que la cláusula se estimase ineficaz.

En relación con la segunda cuestión, relativa a la importancia o no de que el beneficiario-cuidador conozca la condición impuesta, comenzaremos analizando la SAP de A Coruña de 26 de septiembre de 2014[503]. Este caso trata sobre el testamento otorgado por Raimundo en el año 2006 por el que legaba a su cónyuge el usufructo universal, a su hijo la legítima estricta, e instituía como heredero a su nieto, con la condición de cuidar y asistir al testador y a su esposa hasta el fallecimiento del último. En el relato fáctico de la sentencia se hace constar que algunos años antes de que el testador otorgase el testamento, en el 2003, el nieto-beneficiario había sufrido un grave accidente, siéndole reconocida una minusvalía del 65%

[503] JUR 2014, 262592.

en el año 2005. Pues bien, dicho testamento fue impugnado por el hijo, a quien sólo se le había adjudicado la legítima estricta, toda vez que el nieto no había convivido con el testador ni le había cuidado desde el accidente. La Audiencia Provincial termina desestimando el caso, pues por un lado, el nieto no conocía la condición, y por otro, "fue instituido, pese a que, desde el año 2003, no vivía con sus abuelos, en testamento de 2006, el cual no fue revocado en vida del causante, con respecto al cual no se ha demostrado, a través de los correspondientes informes médicos, que, desde que otorgó dicho acto de última voluntad, estuviera totalmente incapacitado para testar de nuevo, dejando sin efecto la mentada institución a favor de su nieto, y todo ello dentro de un escenario de alejamiento afectivo y falta de relación entre el causante y su hijo, demandante en este proceso, que explica la pervivencia de la disposición *mortis causa* a favor del nieto, una vez respetada la legítima de aquél". Como se puede ver, la Audiencia Provincial no sólo tiene en cuenta la falta de conocimiento de la condición por parte del nieto, sino que hace una interpretación de la supuesta voluntad del testador para dejar sin efecto la condición de cuidados, los cuales no habían tenido lugar.

Otra sentencia que convendría analizar también es la SAP de Pontevedra de 17 de marzo de 2017[504]. En este caso, la hermana de la testadora Nieves impugnó el testamento que esta había otorgado en 2009, en el que instituía heredero a su esposo Carlos bajo la condición de que si necesitase "atención por enfermedad, tanto mental como degenerativa, sea en la casa en la que habita donde se le cuide y se le facilite todo lo que necesite, en caso de no poder hacerlo su esposo, se contrate a una persona para que la atienda correctamente, negándose a que se le lleve a una residencia o geriátrico". Nieves había sido diagnosticada de problemas de deterioro mental en el año 2007 y permaneció en el domicilio familiar atendida y cuidada por su esposo hasta noviembre del 2012, momento en el que fue ingresada en una residencia, y posteriormente en otra, donde estuvo ingresada hasta su fallecimiento en enero de 2014. Lo que se cuestiona en la sentencia es si el demandado conocía dicha condición, de carácter potestativo y relativa a hechos pasados, pues su desconocimiento lo exoneraría: "no puede tenerse por incumplido aquello que se desconoce que se debe cumplir". Como quiera que no se pudo probar su conocimiento, la Audiencia Provincial desestimó el recurso.

---

[504] JUR 2018, 1928.

Y ahora contrastemos estas dos sentencias mencionadas con la SAP de A Coruña de 25 de febrero de 2002[505]. En este caso Manuel, un testador soltero y sin hijos, pero con tres hermanos (con uno de los cuales convivía desde hacía años) otorgó testamento el 29 de mayo de 1995 instituyendo como única y universal heredera de todos sus bienes a Susana Josefa, a quien el testador sólo conocía "por ser cliente del bar donde ella trabajaba", pero disponiéndolo "con la obligación de cuidar y asistir al testador hasta su fallecimiento". Esa misma noche "tuvo que entregar su alma". Pues bien, en la sentencia se afirma que "es indiscutible que, en el caso litigioso, la demandada no llegó a conocer antes de la muerte el contenido del testamento ni, por tanto, la condición que se le impuso para heredar"; sin embargo, se concluye que "lo supiera o no la demandada, lo cierto es que el hecho del que el testador condicionó o hizo depender la eficacia del nombramiento como heredera de aquélla no se cumplió, ni de modo propio o real o verdadero ni impropio o ficticio o legal"; por ello, procede "la apertura de la sucesión intestada o legítima y deferir la herencia en favor de los hermanos".

Como se puede observar, en este caso poco importa si la beneficiaria conocía o no la condición que le vinculaba de los cuidados. No vamos a negar que estamos de acuerdo con el resultado final pues, como afirmamos con anterioridad, creemos que es necesario cierto tiempo mínimo de cuidados efectivos para que una cláusula de este tipo pueda tener valor; sin embargo, con lo que no podemos estar de acuerdo es con la argumentación jurídica, pues o se le da valor al hecho de conocer la condición impuesta o no se le da. Pero este no puede tratarse de un principio que se aplique únicamente cuando convenga, especialmente, para no desvirtuar las cláusulas testamentarias dispuestas en favor de cuidadores varones que no cumplen con las condiciones establecidas. Creemos que aquí la Audiencia Provincial probablemente llevase a cabo una interpretación moralista, contraria al principio de libertad de testar, del tipo de: ¿qué clase de hermano prefiere dejar su herencia a la camarera que le atiende en el bar que a su propia familia? Sin embargo, en nuestra opinión, no corresponde a los Tribunales hacer esta clase de interpretaciones, pues tal y como establece el artículo 763 CC, "el que no tuviere herederos forzosos [como ocurría en este caso] puede disponer por testamento de todos sus bienes o de parte de ellos en favor de cualquier persona que tenga capacidad para adquirirlos".

---

[505] JUR 2002, 136495.

Por último, y en relación con la tercera cuestión relativa a la determinación del cumplimiento o no de cuidados al testador, convendría analizar la STS de 9 de mayo de 1990[506]. En este caso, Melania había otorgado testamento en 1977 por el que mejoraba a su nieto Manuel, hijo de Ramona, y lo instituía heredero en el tercio de libre disposición, bajo condición "de que atienda al cuidado y asistencia de la testadora hasta su fallecimiento, y la obligación de abonar los gastos de entierro y funerales". En el remanente instituía herederas por partes iguales a sus dos hijas, con sustitución en favor de sus descendientes por estirpes. Melania falleció y fue enterrada en Dumbría, siendo atendida por su hija Ramona en su propia casa durante los últimos días; por ello, tanto Ramona como su hermana entendieron que no se había cumplido la condición expresada en el testamento y la impugnaron solicitando su nulidad. Lo que dice el TS es lo siguiente: "Su lectura revela que se trata de condición suspensiva, que impide adquirir el derecho si no se cumple, y que consiste en hechos pasados, puesto que han de tener existencia antes de que el testamento despliegue su eficacia. Además es potestativa, puesto que su cumplimiento depende de la voluntad de la persona del favorecido bajo condición (también de la voluntad de la causante). Así pues, siendo potestativa y de hechos pasados, naturalmente ha de conocerla el obligado a cumplirla para que su voluntad pueda determinar el cumplimiento. El Código prevé la hipótesis de condición suspensiva consistente en hechos posteriores a la muerte del causante y, además, potestativas (artículo 795), pero no contempla la condición suspensiva potestativa de hechos pasados. Por ello, en el caso de autos, ha de tenerse en cuenta lo dispuesto en el artículo 798, conforme al cual si el interesado en que se cumpla, que lo es, se presume, la causante, por propia voluntad cambia su domicilio, no por ello ha de entenderse que no se ha cumplido la condición, pues es él quien lo impidió y habrá de tenerse por cumplida y, por tanto, subsistente la disposición de bienes condicional, que, como bien dice la sentencia recurrida en calidad de obiter dicta, de haber querido la causante que perdiera eficacia habría revocado el testamento con otro posterior. Si la interesada en que no se cumpla, que son, también se presume, las hijas recurrentes, con su conducta produjeron el incumplimiento, también ha de tenerse por cumplida según el repetido artículo 798".

Es decir, según se desprende del Tribunal Supremo, poco importa si el nieto mejorado cuidó efectivamente a la testadora y cumplió con la condición establecida pues, de una parte, la testadora pudo haber cambiado el

---

[506] RJ 1990, 3696.

testamento (aunque ello nos suscita la intriga de por qué aquí no se aplica el principio de irrelevancia de la falta de revocación de testamento toda vez que "el carácter condicional de la obligación impuesta le hacía [a la testadora] confiar razonablemente en la ineficacia de la institución de heredera contemplada en su testamento", tal y como se afirma en la STS de 30 de mayo de 2018)[507]; y, de otra parte, las hijas, al impedir el cumplimiento de la condición cuidando a su madre, la dieron por cumplida *ex* artículo 798 CC (que establece que "cuando el interesado en que se cumpla, o no, impidiere su cumplimiento sin culpa o hecho propio del heredero o legatario, se considerará cumplida la condición"). Nada se dice, sin embargo, si las hijas conocían la cláusula testamentaria e impidieron a propósito la condición de cuidados con el propósito de impugnarla tras el fallecimiento de la testadora o si, simplemente decidieron cuidar a su madre, tal vez, aunque de nuevo nada se pueda saber del relato fáctico de la sentencia, debido a la pasividad del nieto beneficiario, o de su posible falta de diligencia a la hora de llevar a cabo los cuidados. Lo único que queda claro es que el Tribunal Supremo decide condenar a las hijas por su proactividad al decidir cuidar a su madre la testadora.

Pero si en un caso se condena la proactividad de las hijas, en otro se condena precisamente su falta de determinación, como ocurre en la SAP de A Coruña de 15 de mayo de 2019[508]. En este caso, Noemí, viuda y con seis hijos (tres varones y tres mujeres), ordenó testamento en 2010 por el que hacía legados y disponía de la parte de libre disposición en favor del hijo o hijos que, en caso de necesidad, la atiendan y asistan hasta su fallecimiento, quedando instituidos los demás en la legítima que por ley corresponda. Y, en caso de no necesitar la asistencia referida, instituye herederos por partes iguales a cinco de sus hijos (tres hijos y dos hijas). En octubre de 2016 Noemí enferma y se contrata primero a una señora y después a otra para que la atiendan tanto por el día como por la noche (los tres hijos varones aportan dinero para los gastos). En enero de 2017 empeora por los que sus tres hijos varones deciden ingresarla en una residencia geriátrica en Vigo y, como la pensión de la testadora no cubría por completo los costes, los tres hijos varones deciden poner 300 euros mensuales cada uno; uno de ellos (justamente al que sólo se le instituía en la legítima, Sebastián) remitió un burofax a sus tres hermanas solicitando que también colaborasen con los gastos. Finalmente, Noemí fallece en junio de 2017.

---

[507] RJ 2018, 2314.

[508] AC 2019, 846.

En la sentencia de primera instancia se determina que debe distribuirse la parte de libre disposición entre los tres hijos varones y se rechaza en todo caso la posibilidad de incluir en el pasivo los 7.504 euros que los tres hijos varones habían gastado en la residencia geriátrica en la que estaba ingresada la testadora, pese a la conformidad de las tres hijas, porque, de una parte, había precluido el trámite para variar el inventario, y, de otra, no son deudas de la herencia los pagos realizados voluntariamente por uno de los hijos a su causante, en cumplimiento voluntario de la obligación alimenticia. Posteriormente, la Audiencia Provincial afirma que valorada la prueba en su conjunto se llega a la misma conclusión que la juez de primera instancia: "Sea por la razón que fuere –distancia, situación económica, situación personal, otras obligaciones familiares, carácter...– lo cierto es que mientras los hijos adoptaron una actitud proactiva a la hora de prestar asistencia a su madre, las hijas mantuvieron una postura totalmente pasiva. Todo son discusiones, manifestaciones de discrepancias, promesas y propuestas alternativas. Pero quien adoptaba las soluciones, quien busca las señoras para cuidar a doña Noemí, quien aporta el dinero para pagar a esas cuidadoras, quien gestiona la residencia geriátrica y sufragaba el coste de las atenciones, son los hijos don Sebastián, don Oscar y don Víctor Manuel. Se puede comprender la situación personal de cada cual. Pero lo que no es posible es posponer siempre para el futuro la toma de decisiones y la adopción de medidas. Doña Noemí precisaba las atenciones cuando las requería, y no podía dilatarse en el tiempo prestarle la necesaria asistencia. Muestran su discrepancia con la aportación económica, pero claramente se les dijo que al menos reconociesen el importe que se pagaba para descontarlo en su día, y ni eso hicieron. Plantean llevársela a su casa y cuidarla allí, o bien ir a atenderla a su domicilio. Pero ninguna adoptó esa decisión realmente. Ninguna se la llevó, ni ninguna se mudó a su vivienda". En la sentencia se critica también "la frase que tanto invocan de ofrecimiento a cuenta de la herencia futura". "Claramente se está diciendo que, si alguna no puede aportar numerario lo harían los otros hermanos por ella, y que lo devolvería cuando liquidasen la herencia. Se está ofreciendo un préstamo". Por todo ello, la sentencia determina que "estamos en presencia de una institución condicional. Y la condición fue cumplida exclusivamente por don Sebastián, don Óscar y don Víctor Manuel. Y por lo tanto el recurso debe ser desestimado". Sin embargo, se hace una importante reflexión, pues si en la sentencia de primera instancia se determinaba que el contador partidor debía efectuar cuaderno particional aplicando el tercio libre de la herencia a los tres hijos varones, en la SAP y con muy buen criterio, se observa que el testamento es claro en el sentido de que Sebastián no es nunca heredero, por lo que asignarle "una participación en la parte de libre disposición, cuando es mero legitimario, supone no respetar la voluntad de la causante"; en definitiva: "quizá sea conveniente replantearse este extremo a la hora de confeccionar el nuevo cuaderno, o en posibles impugnaciones ulteriores".

Las críticas que nos suscita esta sentencia son numerosas: de una parte, no llegamos a comprender la dureza con la que se juzga a las hijas por no colaborar en los gastos de los cuidados (a pesar de que se deduce del relato fáctico que se ofrecieron a cuidar a la testadora, aunque no llegaron nunca a hacerlo), infravalorando razones tan determinantes como las mencionadas (situación económica u otras obligaciones familiares). No se debe obviar que a menudo las mujeres son las que se quedan en casa al cuidado de los hijos u otros familiares, sin obtener a cambio ningún tipo de remuneración[509]. Entonces, ¿no sería acaso comprensible que las hijas tuviesen razones de peso para no poder asumir el gasto de los cuidados de la testadora? En ningún caso se desprende del relato fáctico que las hijas, pudiendo, no quisieran participar en los gastos; más bien al contrario, lo que se dice es que las hijas entendían que los gastos asumidos por los hijos varones serían recompensados posteriormente con la herencia futura, incluyendo todas las cantidades como pasivo sucesorio (a lo que prestaron su conformidad, tal y como se desprende de la sentencia, aunque finalmente no fuese reconocido así por no tratarse de una deuda sucesoria); o que, en cualquier caso, se trataría de un préstamo que podrían resarcir con la herencia futura. Tanto la sentencia de primera instancia como la de apelación entendieron que los gastos por el cuidado de la testadora en sus últimos años de vida no eran deudas de la herencia, sino que se trataba de una obligación alimenticia. Esta afirmación es ciertamente rebatible, pues no es sino cuando Noemí enferma en el año 2016 que los hijos varones deciden contratar primero a dos señoras y después ingresarla en una residencia,

---

[509] El cuidado de otra persona, bien sea un menor de edad, una persona dependiente o una persona en edad avanzada sigue siendo, todavía, "cosa de mujeres", tal y como denuncian Pau Pedrón, 2020, pp. 8 y ss., y García Rubio, 2020, en "Perspectiva de género en la pandemia del COVID-19", de 25 de marzo de 2020, disponible en: www.valedordopobo.gal/es/essential_grid/perspectiva-de-genero-en-la-pandemia-del-covid-19-por-maria-paz-garcia-rubio-catedratica-de-derecho-civil-de-la-universidad-de-santiago-de-compostela/. En efecto, así lo demuestran los datos: según el estudio "CuidadorES", realizado por la Sociedad Española de Geriatría y Gerontología en colaboración con Lindor, en 2016, el 89% de los cuidadores eran mujeres; véase la noticia publicada en la web de la Sociedad Española de Geriatría y Gerontología (SEGG), de 3 de noviembre de 2016, disponible en: www.segg.es/institucional/2016/11/03/el-89-por-ciento-de-los-cuidadores-en-espa%C3%B1a-son-mujeres-y-en-el-47-por-ciento-de-los-casos-el-cuidador-principal-es-un-familiar.

donde fallece en 2017, por lo que cabría interpretar que se trata de un gasto de última enfermedad que sí formaría parte del pasivo sucesorio[510]. Además, y en caso de tratarse realmente de una obligación alimenticia, tal y como se afirma en las dos sentencias, las cantidades debidas por cada uno de los alimentistas debería ser proporcionada a su caudal, es decir, a sus capacidades económicas (artículo 146 CC). Entonces, ¿por qué no se tuvo en cuenta la solvencia de cada uno de los hijos sobre esta cuestión?

Pero si hay algo que definitivamente nos descuadra por completo es que se considere cumplida la condición de asistencia por los hijos varones que nunca llegaron a cuidarla efectivamente, tal y como la testadora exigía; todo lo más que hicieron fue delegar su cuidado en otras personas: primero, en las dos señoras contratadas; segundo, con el ingreso de la testadora en una residencia geriátrica; sitio donde, dicho sea de paso, la testadora no deseaba estar, pues quería ser atendida por alguno de sus hijos, tal y como había establecido en el testamento. Si es que, de nuevo, se entiende que lo que hicieron los hijos fue un pago de alimentos, tal pago no puede considerarse hecho por voluntad propia, sino por exigencia de la ley; entonces, lo que existe no es cumplimiento de una condición testamentaria de cuidados, sino cumplimiento de un deber legal. Por ello, nos surge la duda: ¿es que se puede interpretar que hay cuidados efectivos cuando alguno o varios hijos pagan la diferencia entre la pensión del testador y lo que cuesta la residencia donde la están cuidando, a pesar del rechazo expreso del testador a su ingreso en uno de estos centros? ¿Y que, a sensu contrario, habrá falta de cuidados cuando alguno de los hijos no pueda pagar ese extra gasto, a pesar de que visiten al testador en la residencia geriátrica, tal y como hacían las hijas en este supuesto?

En nuestra opinión, este caso gira únicamente en torno a una cuestión económica: sólo los hijos varones satisficieron la diferencia entre lo que ganaba la testadora y lo que costaba cuidarla por otros; sólo ellos pagaron los gastos de la última enfermedad. Por ello, lo normal hubiese sido considerarlo una deuda sucesoria, a satisfacer con el patrimonio hereditario; o, en caso de insistir en que se trata de una obligación de alimentos, considerar que los hijos varones que asumieron la deuda tienen una acción de regreso frente a las hermanas, en función de lo que hubiesen tenido que pagar, en proporción a sus medios económicos. Sin embargo, que dicha deuda entre hermanos hubiese supuesto la exclusión de las hijas en la herencia de la

---

510 García Goldar, 2019, p. 105, sobre la ausencia de definición de carga sucesoria en el Código Civil y la relación de elementos que se consideran cargas sucesorias en los ordenamientos autonómicos, en los que se incluyen los gastos de última enfermedad.

testadora (salvaguardada su cuota de legítima) nos parece una consecuencia un tanto radical que puede ser además contraria a la voluntad de la testadora, que quería legar la herencia a quién la cuidase efectivamente, y en caso de no ser cuidada (por no necesitarlo, a lo que podría añadirse, ser cuidada por otros), que cinco de sus seis hijos fuesen los herederos.

Sin embargo, la dureza con la que se condena la falta de proactividad de las hijas en esta sentencia (cualidad esta, la proactividad, que se condena en la sentencia posterior) nos lleva, de nuevo, a cuestionarnos: ¿será que existe un doble rasero por parte de los Tribunales a la hora de evaluar los cuidados llevados a cabo por las mujeres frente a los llevados a cabo por hombres? ¿Se habría llegado a cualquiera de las soluciones planteadas si la situación hubiese ocurrido a la inversa? Es decir, en el caso anterior, ¿se habría conservado la validez de una cláusula en favor de la nieta bajo condición de cuidados, si finalmente quienes terminan cuidando a la testadora son los hijos?; y, ¿se hubiese excluido de la herencia a los hijos varones si sólo las hijas hubiesen prorrateado los gastos de la residencia? En nuestra opinión, cualquiera de las sentencias referidas demuestran lo necesaria que es la perspectiva de género, tanto en la legislación, como (incluso más, si cabe), en la jurisprudencia.

II.2.D. Por último, acerca del posible reconocimiento de derecho al reintegro de los gastos que ocasionen los cuidados en favor del cuidador

Como hemos visto, y aunque no esté previsto en la regulación actual del Código Civil español, estas disposiciones testamentarias en favor de quien cuide al testador son válidas. Ello no debe hacernos olvidar que las mismas no están exentas de complicaciones, como vimos por ejemplo, en relación con los presupuestos que deben darse para resultar aplicables[511]; tal vez por ello se ha propuesto, con mucho acierto, que una futura reforma sobre la materia debería contemplar dos aspectos: en primer lugar, determinar el tipo de instrumento sucesorio en el que pueda contenerse la disposición (que debería ser *a priori* el testamento); en segundo lugar, la

---

[511] Otero Crespo, 2018, pp. 130 y ss., dice que estas disposiciones testamentarias plantean dos problemas: en primer lugar, el de concretar quién es el beneficiario, si no se ha hecho de forma concreta; en segundo lugar, si se ha cumplido la condición, esto es, los cuidados. Dice que ha encontrado tres tipos de supuestos de hecho: en primer lugar, los casos en los que se ha cumplido con el cuidado, pero por equivalencia o analogía a lo dispuesto por el testador; en segundo lugar, los casos en los que el testador impide el cumplimiento sin que medie culpa del instituido (por ejemplo, ingresando voluntariamente en una residencia); y por último, los casos en que los cuidados se exigen cuando resulten necesarios sin que llegue a concurrir este requisito (necesidad de cuidados).

forma de determinación del cumplimiento o incumplimiento del cuidado y la asistencia prestados[512]. Entre estos últimos, creemos que sería necesaria la referencia expresa a determinados criterios que ya hemos expuesto con anterioridad, como si es relevante el conocimiento de la condición o si es necesario que exista un tiempo mínimo de cuidados cuando el beneficiado sea una persona ajena a la familia.

Pero, además, creemos que sería conveniente también regular otras cuestiones, como si la preliquidación de los gastos originados convierte en ineficaz la cláusula testamentaria o si, en cualquier caso, la persona que haya incurrido en algún tipo de gasto por el cuidado del testador podrá tener derecho a reembolso con cargo al caudal hereditario.

En relación con la primera cuestión, nos gustaría retomar el caso ya mencionado de la STS de 30 de mayo de 2018[513], en la que recordemos, el Tribunal Supremo daba cierto valor jurídico al hecho de que "la instituida heredera conocía la disposición testamentaria y que la testadora y la heredera, el 24 de marzo de 2012, suscribieron un documento privado en el que la testadora liquidaba los gastos ocasionados por la atención dispensada por la heredera durante su período de convalecencia, dando por terminada su relación y sin dejar nada pendiente de reclamar". Esto hace que nos preguntemos, ¿acaso la pre-liquidación de gastos debe considerarse como revocación tácita de la institución de heredero bajo condición de cuidados, tal y como parece deducirse de la STS? Nosotros no lo creemos así, aunque puede que en este supuesto específico sí lo fuese: así parece indicarlo el hecho de que suscribieran un documento privado. Pero en términos generales, creemos que es de alguna manera lógico y natural que el testador desee resarcir a su cuidador también en vida por los gastos y perjuicios ocasionados; al fin y al cabo, la remuneración *in actu* siempre resulta más beneficiosa que la deferida, máxime si se tiene en cuenta que resulta normalmente desconocido cuándo el testador-cuidado fallecerá y podrá el cuidador, por tanto, disfrutar de la herencia.

Conectando esto con la segunda cuestión, relativa a si tiene el cuidador derecho a reembolso con cargo a la herencia, cabría traer a colación la propuesta de García Rubio[514]. Esta autora entiende que no existe ningún espacio para la apreciación de méritos adquiridos por el cuidador, por ejemplo, a través del reconocimiento de derechos sucesorios de origen

---

512 Nieto Alonso, 2014, p. 1064.

513 RJ 2018, 2314.

514 García Rubio, 2014, p. 503.

legal en su favor; por ello, considera que los cuidadores deberían poder reclamar contra la herencia, no como herederos o legatarios, pero al menos sí como acreedores, una vez consigan probar la existencia de una relación obligatoria así como el incumplimiento por parte del receptor de los cuidados de la contraprestación debida, lo que no siempre será sencillo[515]. Su propuesta se parece, en cierta manera, a la reforma que se ha llevado a cabo en Alemania, donde, según Vaquer Aloy, se ha modificado la regulación de la legítima mediante la *Gesetz zur Anderung des Erb und Verjiihrungsrechts* que ha entrado en vigor el uno de enero de 2010. Se trata de una reforma muy liviana, que ha dejado incólumes los fundamentos de la legítima y su regulación básica, pero cuyo objetivo ha sido el de "tomar en consideración la realidad social en que muchos ancianos son atendidos por sus familiares sin recibir contraprestación. Con la modificación aprobada, los descendientes que han cuidado al causante pueden exigir de los restantes herederos abintestato la colación de los gastos soportados en estas atenciones aunque ello no les haya supuesto una reducción en sus ingresos"[516].

En nuestra opinión, la propuesta de García Rubio es muy acertada, pues no se debe olvidar que los cuidados suponen un *coste* para quien los lleva a cabo, bien sean económicos, a consecuencia de la compra de recursos o de la ausencia de otros ingresos o salarios, bien sean personales, por el *coste de oportunidad* que implica no poder hacer otras actividades, incluidas las relativas al ocio y al descanso, tan necesarias. Tampoco se debe olvidar que, en muchos casos, el cuidado de una persona mayor es una labor excesivamente exigente y absorbente; no en vano, existe una patología denominada "*síndrome del cuidador*" que a veces precede a un cuadro de depresión tras la muerte de la persona cuidada. Por todo ello creemos que, de una parte, es lógico que el causante desee recompensar en vida al cuidador por los gastos y perjuicios ocasionados y, de otra, que si el causante no beneficia a su cuidador en testamento, estos deberían poder reclamar dichos gastos y perjuicios. Esta solución sería especialmente útil para el caso de la ya citada STS de 9 de mayo de 1990[517], en el que las hijas habían cuidado a su madre pero no le heredaron por haber supuestamente *impedido* que el nieto beneficiario cumpliese la condición de cuidados: ya puestos a no considerarlas

---

515 También Messía de la Cerda Ballesteros, 2014, p. 1186, afirmaba que "podría ser justo reconocer algún derecho de carácter patrimonial en favor de quienes mostraron tal preocupación y en detrimento de aquellos otros que manifestaron el reprochable desprecio".

516 Vaquer Aloy, 2013, p. 1157.

517 RJ 1990, 3696.

herederas, al menos sería justo que tuviesen derecho a un reintegro de los posibles gastos y perjuicios que tales cuidados les ocasionase.

En los sistemas donde se consagra una mayor libertad de testar también se ha estudiado esta cuestión relativa a los cuidados en la vejez. Así, de una parte, Hartog[518], estudia la jurisprudencia norteamericana de hijos que reclaman ser pagados por el trabajo realizado cuidando a sus progenitores; para el autor, con el tiempo, y como reflejo de un cambio moral y económico, se ha vuelto cada vez más claro que el cuidado a los mayores es algo por lo que uno debe ser ordinariamente remunerado. En *common law,* Sloan[519] también se plantea si los hijos adultos que han cuidado de sus padres fallecidos deberían tener algún tipo de compensación sucesoria, y su conclusión es que la jurisprudencia no es clara al respecto. En el caso *Espinosa v Bourke* se consideró que el difunto había contraído una deuda moral debido a los cuidados que la hija le había proporcionado, así como a una promesa de que le dejaría determinados bienes. En el caso *Re Conventry* se sugirió que podría contraerse una obligación moral por el solicitante por haber cuidado a un padre discapacitado; sin embargo, no se pudo apreciar por el juez de primera instancia suficientes evidencias de los cuidados. En el caso *Re Callaghan* se demostró que el cuidado de un hijo puede ser relevante en relación con la *1975 Act*, pero en este caso no se trataba de un hijo biológico, sino de un hijastro. Se le fue concedida una compensación ("*award*"), pero como el propio autor indica, el hecho de que no fuese hijo legítimo pudo tener un significativo impacto. Por ello, el autor concluye que las demandas por hijos adultos debido al cuidado de los padres difuntos presentan numerosas otras circunstancias que impiden aislar un determinado razonamiento judicial. En cualquier caso, afirma que tal vez tanto el *common law* como el *civil law* deben considerar la posibilidad de usar el fenómeno sucesorio para reconocer y promover el cuidado a los mayores.

Por último, y aunque no se trata exactamente de la misma cuestión, resulta llamativa también la especial regulación croata, que considera excluida de la herencia la parte en que el heredero descendiente que vivía con el causante haya colaborado a formar o aumentar su patrimonio. Esta exclusión no opera de oficio, sino a petición del descendiente en un plazo de cinco años, y para tener derecho a ella es requisito esencial que la inversión del descendiente haya conducido a un incremento del patrimonio del causante (no siendo válido la inversión para sólo preservación, es necesario

---

518 Hartog, 2012, pp. 206-248.

519 Sloan, 2011, pp. 259 y ss.

que exista un aumento en el patrimonio). En este sentido, la jurisprudencia ha determinado que la adquisición de bienes nuevos para el causante o el pago de alguna de sus deudas constituyen incremento del patrimonio del causante y da lugar a la petición de la exclusión de la herencia[520]. Esta institución nos parece realmente atractiva, y creemos que sería muy interesante su transposición a nuestro Derecho interno, en el sentido de *favorecer* a los descendientes-convivientes que hayan contribuido a la fortuna del testador, por vía del pago de deudas, de la contribución directa o indirecta al incremento en el patrimonio, o a través, cómo no, del trabajo personal en la empresa familiar, por ejemplo. Creemos que, tal y como defendieron muchos autores, no todos los descendientes son iguales pues no todos han contribuido por igual en el patrimonio familiar. Y este derecho a una exclusión en la parte en la que se haya colaborado a aumentar dicho patrimonio es, como decimos, realmente interesante.

III. DISPOSICIONES TESTAMENTARIAS EN FAVOR DE LOS CUIDADORES EN LOS ORDENAMIENTOS AUTONÓMICOS

En cuanto a los ordenamientos civiles autonómicos, cabe señalar que existen dos *approaches* diferentes sobre la materia: el de cierta desconfianza, del legislador catalán, y el de la plena aceptación, del legislador gallego.

En el caso del Código Civil catalán, el artículo 412-5.2º establece que "las personas físicas o jurídicas y los cuidadores que dependen de las mismas que hayan prestado servicios asistenciales, residenciales o de naturaleza análoga al causante, en virtud de una relación contractual, solo pueden ser favorecidos en la sucesión de este si es ordenada en testamento notarial abierto o en pacto sucesorio". El legislador catalán desconfía, pues, del cuidador formal o del cuidador informal ajeno a la familia, con el que existe una relación contractual. Se ha criticado que esta norma esté en la sección de prohibiciones de suceder, pues los beneficiarios sí tienen capacidad para suceder, siempre y cuando se cumplan determinadas formalidades[521]; también que la limitación no afecte a instituciones públicas o ONGs, cuando

---

[520] Šarčević *et al*, 2011, pp. 209-210.

[521] Arroyo Amayuelas y Anderson, 2011, p. 57. Gómez Pomar, 2009, p. 123 y García Rubio, 2014, p. 486, consideran que la regla reproducida no establece un nuevo supuesto de inhabilidad sucesoria, sino una serie de cautelas formales destinadas a preservar la integridad de la voluntad testamentaria de la persona sometida al cuidado.

las razones para sospechar que ha podido haber influencia indebida son las mismas[522].

Además, este precepto parece incongruente con la Ley catalana 22/2000 de 29 de diciembre de acogida a personas mayores, que regula la figura del "pacto de acogida"[523] por el que una persona o pareja cuida a una persona o pareja mayor de 65 años o discapacitada[524]. Esta ley reconoce derechos sucesorios para los cuidadores, siempre que hayan vivido los cuatro años precedentes a la muerte con ellos, quienes tendrán derecho "a ejercer una acción personal y a exigir a los herederos de aquéllos, bienes hereditarios o su equivalencia en dinero a elección de los que sean herederos, que representen una cuarta parte del valor de la herencia" (artículo 8.1º)[525]. Esto ha sido criticado por algunos autores[526] toda vez que se trata de un contrato que no es gratuito[527], por lo que los cuidadores

---

522 Gómez Pomar, 2009, p. 124; Arroyo Amayuelas y Anderson, 2011, p. 57.

523 Según Messía de la Cerda Ballesteros, 2014, p. 1186, esta es una figura ya adoptada en otros países como en Francia, con la Ley 87-47510, de 10 de julio de 1989, sobre acogimiento de personas mayores o discapacitadas por acuerdo oneroso. Ribalta Haro y Arroyo Amayuelas, 2001, pp. 33-80, estudian esta figura en profundidad; se trata, a grandes rasgos, de una institución consuetudinaria surgida en comarcas del Pirineu lleidatà.

524 Messía de la Cerda Ballesteros, 2014, p. 1187, no cree sin embargo que esto constituya una incongruencia, pues en su opinión, ambas figuras son compatibles toda vez que responden a objetivos diferentes.

525 Cabe señalar que en otras Comunidades Autónomas también se ha regulado la figura del acogimiento de personas mayores, como en Navarra, con la Ley Foral 34/2002, de 10 de diciembre, de Navarra. Sin embargo, y como señala Arcos Vieira, 2003, p. 63, a lo largo de la tramitación parlamentaria de esta ley se eliminaron, "afortunadamente", los artículos que preveían consecuencias de carácter sucesorio a la extinción del acogimiento por fallecimiento de la persona acogida.

526 Sin embargo es alabada por Messía de la Cerda Ballesteros, 2014, pp. 1186-1187, quien cree que "la audacia de la norma es innegable. Por una parte, aunque a primera vista pudiera pensarse que su aplicación puede plantear problemas en aquellos supuestos en los que se produzca cierta confusión de aquellas situaciones en las que verdaderamente concurre una relación de acogida y las que encubren una relación de carácter laboral o de servicios, lo cierto es que la Ley establece una serie de requisitos formales de constitución —escritura pública e inscripción— que minimizan este riesgo. Por otro lado, la norma establece una serie de requisitos objetivos que eliminan la necesidad de apreciar la concurrencia de voluntades o similares exigencias de naturaleza subjetiva e imprecisa. De esta forma, el peligro de la captación de la voluntad desparece. Además, la atribución económica se configura como una compensación por los gastos y esfuerzos realizados por el acogedor, alejándose de la consideración como atribución gratuita y adoptando un esquema de simbiosis o colaboración entre acogedores y personas acogidas que legitima la mencionada compensación".

527 No parece opinar lo mismo García Rubio, 2014, p. 486, al criticar las incoherencias de esta norma, como "la falta de correspondencia entre la rúbrica del capítulo donde se sitúa y su contenido, o como el escaso sentido de que se limite el supuesto de hecho al caso de que entre

ya reciben contraprestación por los cuidados[528]; aunque se cree que el legislador quiso beneficiar a esas personas en detrimento de quienes, a pesar de estar emparentados con el causante, no lo cuidaron: la solidaridad familiar estaría así reemplazada por lazos formados en un período avanzado de la vida[529]. De cualquier forma, no tiene sentido, como se ha dicho, reconocer derechos sucesorios legales a los cuidadores, de una parte, y de otra, sospechar que pueden influenciar indebidamente la voluntad del testador[530].

En el caso de la Ley de Derecho civil de Galicia, el artículo 203 establece que "será válida la disposición a favor de quien cuide al testador. Salvo que se disponga otra cosa, si el testador hubiera designado testamentero, será este quien determine en escritura pública la persona o personas que cuidaron al testador"[531]. Lo que está permitido por la ley gallega es, entonces, una institución de heredero indeterminado pero determinable al momento de fallecer el testador[532]. Además, también se contempla *ex* artículo 204 LDCG la institución bajo condición de cuidados. Este artículo establece que "también será válida la disposición hecha bajo la condición de cuidar y asistir al testador, sus ascendientes, descendientes o cónyuge[533]. Si el testador designara testamentero, corresponderá a este la facultad de apreciar el cumplimiento o incumplimiento de la condición resolutoria"[534].

---

causante y cuidador haya mediado una relación contractual que, al menos según el tenor literal del precepto, no tiene por qué ser onerosa".

528 Ribalta Haro y Arroyo Amayuelas, 2001, p. 80.

529 Arroyo Amayuelas y Anderson, 2011, p. 58.

530 Arroyo Amayuelas y Anderson, 2011, p. 58.

531 Véase sobre una interpretación extensa de este artículo, Rueda Pérez, 2007, pp. 199 y ss.

532 Cree Mariño Pardo, "La designación del heredero. La designación de personas con el mismo nombre y apellidos. La designación por circunstancias. La designación a favor de quien cuida a la mascota del testador. La designación a favor de quien cuida al testador. Su determinación por tercero. El error obstativo. La posibilidad de su subsanación de oficio por el notario: la Sentencia del Tribunal Supremo de 20 de marzo de 2012. Los llamamientos colectivos y el artículo 671 del Código Civil: La Sentencia del Tribunal Supremo de 9 de octubre de 2003. (Sucesiones 3)", en el *Blog Iurisprudente*, disponible en: www.iurisprudente.com/2015/08/la-designacion-del-heredero-la.html, que tal facultad establecida en la ley gallega también podría corresponder, en Derecho común, al albacea o al contador partidor nombrado por el testador, especialmente si así lo hubiese determinado este último, pero también en caso de no hacerlo de forma expresa cabría interpretar que esa era su voluntad.

533 Sobre la posibilidad de legar bienes a un hijo bajo condición de que cuide y asista a su hermano sin enviarlo a un manicomio, véase la STS de 12 de junio de 1956 (RJ 1956, 2482).

534 Según García Rubio *et al*, 2017, pp. 805 y ss., el testamento en favor de quien me cuide previsto en los artículos 203 y 204 LDCG es más frecuente en mujeres, tal vez debido a que son muchas más las viudas que los viudos.

Cabe señalar que este tipo de disposiciones en favor de quien cuide al testador tienen mucho arraigo en Galicia[535]; sin embargo, su reglamentación positiva es bastante vaga e imprecisa, pues no se concretan adecuadamente sus presupuestos[536]. Un ejemplo de imprecisión lo encontramos en la ausencia de determinación de qué se entiende por cuidados al testador; laguna que ha sido de alguna manera cubierta por la doctrina. Así, para Espinosa de Soto, existe un *standard* social, un concepto común de qué se entiende por cuidar a otra persona y en especial a una persona mayor: ocuparse de que tenga las atenciones necesarias para vivir en condiciones dignas ayudándole a todo aquello en que no pueda valerse por sí misma[537]. Pero convendría que el legislador gallego regulase de forma más prolija este tipo de disposiciones testamentarias, estableciendo qué criterios han de tenerse en cuenta para determinar si los cuidados existieron y si, en todo caso, fueron adecuados y suficientes.

Por último, nos gustaría insistir en que la posible designación de un testamentero no convertirá a este en el único criterio que los tribunales puedan o deban aplicar a la hora de determinar si ha habido o no cumplimiento de los cuidados; decir lo contrario supondría admitir la inviabilidad de dilucidar un caso dudoso, debido a la imposibilidad de los tribunales de fallar en un sentido diferente.

IV. NUESTRA PROPUESTA: DE LA AUSENCIA DE HERENCIA *REVERTIDA* A LA ADMISIBILIDAD DE LA HERENCIA *COMPENSATORIA*

McNamee y Miller[538], al estudiar *el mito de la meritocracia,* hablaban de la herencia *revertida,* fenómeno que ocurre cuando los padres invierten

[535] Nieto Alonso, 2014, p. 1052; Otero Crespo, 2018, p. 128. La STSJ Galicia de 15 de septiembre de 2009 (RJ 2010, 2488), señala que esta es "una práctica notarial del rural gallego en la que encuentran acomodo las disposiciones testamentarias (por lo general de los mayores) a favor de algún pariente bajo la condición o modo de que este cuide y asista al testador o a otra u otras personas".

[536] García Rubio, 2014, p. 487, afirma sin ambages que "el criterio de justicia conmutativa que subyace en una norma de este tipo no debe ocultar las dificultades que origina su aplicación".

[537] Espinosa de Soto, 2008, pp. 875-876. Este autor hace notar que en el artículo 148 LDCG sí se especifica que se entiende por prestación alimenticia del contrato de vitalicio, que "deberá comprender el sustento, la habitación, el vestido y la asistencia médica, así como las ayudas y cuidados, incluso los afectivos, adecuados a las circunstancias de las partes"; sin embargo, en su opinión, no cree que la obligación de cuidar a alguien tenga que coincidir con la de alimentos del contrato de vitalicio.

[538] McNamee & Miller, 2009, p. 57.

en sus hijos como forma de asegurar también su propio futuro, ante la posibilidad de que se vuelvan incapaces de cuidar de sí mismos. Esta idea de la inversión descendiente también es expuesta por Roca Trías[539], pero en otro sentido: la autora afirma que hay que tomar en consideración tres elementos de cara a una futura reforma: la doble inversión en los hijos, la esperanza de vida de los futuros causante, y la necesidad de proveer medios privados para personas dependientes; doble inversión "sin retorno" que incluye la obligación de atribuirles una parte del patrimonio adquirido o ahorrado a la muerte del padre o madre inversor/ahorrador, incentivado además fiscalmente porque si la herencia se deja a los hijos, el tipo impositivo es más bajo. Y nosotros nos preguntamos, ¿es acaso esta idea de "inversión sin retorno" justa?

En nuestra opinión, es natural que la persona de edad avanzada quiera testar *en favor* de quien le asista y le cuide en sus últimos años de vida[540]; de hecho, esta no es una tendencia que sólo ocurra en el continente europeo[541]. La doctrina japonesa ha reflexionado acerca del incremento en el número de personas que recurren al testamento para regular su sucesión, en abandono de la sucesión intestada, que era la tradicional; la causa de ello parece encontrarse en que las personas de edad avanzada testan para *compensar* a quien le ha cuidado en el último estadio de vida. La sucesión a través de este tipo de testamento se llama "*succession as reward*" y refleja una actitud "*give and take*" entre el testador y el beneficiario[542].

Tampoco es de extrañar que en la doctrina nacional se haya puesto de manifiesto que si se propone una reducción o supresión de la legítima

---

539 Roca Trías, 2014, pp. 1248 y ss.

540 Para De Barrón Arniches, 2016-A, p. 39, si "se equiparan todos los deberes familiares que recíprocamente se deben padres e hijos, sería más fácil entender que el abandono emocional y la falta de trato familiar imputable al legitimario es una causa lícita para privar de la legítima a los hijos. Además, la desheredación por esta causa permitiría al causante favorecer a aquel de sus descendientes, o al cónyuge o conviviente, que mejor le hubiera atendido. Todo lo cual contribuiría al fortalecimiento de la familia, ya que la legítima no sólo crearía deberes para el causante, sino también para los descendientes".

541 En Estados Unidos, Tate, 2008, p. 134, afirmaba que "*the thesis of the Article is that, although the U.S. rule may have emerged for historical reasons that no longer have much force, recent demographic changes have strengthened the case for the rule and have widened its field of application. Once a punishment inflicted primarily on wayward progeny, disinheritance of adult, non-disabled descendants has become an unfortunate but necessary consequence of the need to reward those who care for their aging parents or grandparents. (...) The phenomenon of eldercare is not a new one. Descendants have long felt compelled to take care of elders who need assistance. What has changed is the number of elders requiring such care*".

542 Minamikata, 2015, p. 227.

es precisamente para hacer más sitio al cónyuge, que normalmente será muy mayor ya cuando se quede viudo y estará, por lo tanto, necesitado de cuidados. Las razones no tienen nada que ver con la transmisión de la riqueza a las generaciones futuras, sino con la atención a la calidad de vida de las personas mayores; la finalidad es asistencial, al menos predominantemente[543]. En efecto, una buena forma de *mejorar* la situación del cónyuge supérstite en edad avanzada es a través de una mayor libertad de testar, así como de su fortalecimiento a través de instituciones familiares; por ello, en el capítulo precedente hemos propuesto la reducción de la legítima de los descendientes a un tercio, así como la implantación de un usufructo de viudedad universal. Pero cualquiera de estas medidas no basta para hacer frente a las repercusiones que la vejez y la necesidad de cuidados plantea en sede sucesoria. Por ello, creemos necesario que el legislador estatal emprenda una reforma de cara a implantar las siguientes medidas:

En primer lugar, y para el caso de que el causante no haya testado o, habiendo testado, no hubiera *premiado* al descendiente que lo cuidó en su vejez, convendría que el legislador establezca una norma similar a la alemana, en el sentido de convertir a ese descendiente-cuidador en acreedor de la herencia por el total de los gastos en que haya incurrido con ocasión de dichos cuidados, así como por los perjuicios ocasionados, y que puedan ser probados conforme a los usos del Derecho.

En segundo lugar, se debe *habilitar* de forma expresa el recurso a disposiciones testamentarias en favor de quien cuide al testador pues, como se ha dicho, lo lógico es permitir que el dueño, muy probablemente ya anciano, emplee todos sus recursos en asegurarse una vejez digna en las postrimerías de la vida[544]. Dicha *habilitación* se debe hacer desde la confianza[545], estableciendo los requisitos formales para que el testamento en edad avanzada resulte seguro (por ejemplo, con la exigencia de un informe médico que valore favorablemente la capacidad del testador) y determinando de forma precisa cuáles son los presupuestos para que este especial tipo de disposición testamentaria resulte eficaz; en concreto, convendría definir si es determinante el conocimiento de la condición o si es necesario un tiempo mínimo de cuidados, sobre todo cuando el cuidador no es un familiar.

---

543 Delgado Echeverría, 2006, p. 120.

544 Barrio Gallardo, 2012, p. 460.

545 García Rubio, 2014, p. 500, descarta de plano una regla que contemple a los cuidadores extraños, profesionales o no, entre los inhabilitados tout court para suceder.

En tercer lugar, cabría incorporar una institución parecida a la croata, por la que se pueda pedir la exclusión de la herencia de aquella parte en la que el descendiente-conviviente hubiese contribuido a aumentar la fortuna familiar.

Por último, creemos que el reconocimiento de derechos sucesorios que hace el legislador catalán en el mencionado "pacto de acogida" es ciertamente útil, pues al incentivar económicamente el recurso a esta institución, cumple una doble función: de una parte, cumple la función social de recuperar la cohesión entre generaciones, tan necesaria en los tiempos de egoísmo e individualismo que estamos viviendo; de otra parte, servirá de acicate para que una persona en edad avanzada pueda ser cuidada incluso cuando las instituciones sociales o sus familiares no puedan hacerse cargo de la misma. Circunstancia esta última que será, tristemente, cada día más habitual debido al progresivo envejecimiento de la población, así como a la incidencia de los cambios sociales ya mencionados anteriormente. Convendría, pues, que el legislador estatal se plantease el recurso a esta institución, ya que es positiva tanto desde una perspectiva pública como privada.

Capítulo Cuarto

EN RELACIÓN CON LOS CAMBIOS SOCIALES (II): EL MALTRATO PSICOLÓGICO, EL ABANDONO Y LA AUSENCIA DE CUIDADOS Y CARIÑO COMO CAUSA DE DESHEREDACIÓN

I. INTRODUCCIÓN

En este capítulo analizaremos la repercusión que el *egoísmo* y la *independencia* de la que hablaban algunos autores al definir la época actual debe tener en el ámbito sucesorio. Y es que, como se pregunta Vaquer Aloy, "¿no es un reflejo del más recalcitrante individualismo que el legitimario pueda esperar tranquilamente al fallecimiento del causante, sin preocuparse para nada de sus necesidades o transmitirle un mínimo de afecto en sus últimos días, para recibir una parte de la herencia? ¿De qué protección de la familia estamos hablando, si se recibe una parte de la herencia incluso si no se contribuye en nada al bienestar de sus miembros?"[546] Además, este egoísmo e independencia de la sociedad española para con los mayores contrasta con la paradójica (y habitual) situación en la que muchos hijos, mientras permanecen solteros, continúen viviendo "viviendo con sus padres o, mejor dicho, utilizando la vivienda y los servicios gratuitos de sus padres, sin contribuir para nada al sostenimiento de los gastos comunes"[547].

Decía Cadafalch Buguñá[548] antes incluso de que se aprobase el Código Civil que "nunca hemos sabido comprender cómo cabe impedir al hombre, que siente próximo el término de sus días, la libre disposición de sus

[546] Vaquer Aloy, 2018, p. 59.

[547] Magariños Blanco, 2010, p. 240.

[548] Cadafalch Buguñá, 1862, pp. 108-109 y 125.

bienes, dejándolos a los que se han hecho acreedores a todo su afecto, antes que a otros, que lejos de prestarle beneficios, le han tratado con ingratitud o maldad. Triste y desconsolador ha de ser para el propietario tener que ceder a la ciega disposición de leyes que adjudican irrevocablemente sus bienes a determinadas personas, cuando le asisten sobrados motivos para imprimir en su frente no el signo del favor y la riqueza, sino el del olvido y el del desprecio". "Si el hijo es protervo y contumaz, y se entrega a la indiferencia, a la ingratitud, a la desidia, ¿es justo que no pueda impedirse que entre en el goce del patrimonio paterno y materno, cuando con su conducta los ha menospreciado?"[549] a lo que contestaba: "¡Podrá ser desheredado! He aquí el único medio que en casos extremos da la ley civil; medio que en la práctica apenas se usa ni puede usarse, porque rarísima vez pueden acreditarse hechos que no salen del misterio recinto de las familias". Con esta afirmación acerca de la desheredación parecía este autor adelantarse a una doctrina que, sin embargo, ha tardado mucho en llegar, como veremos.

En este capítulo examinaremos en primer lugar la regulación del Código Civil español así como la jurisprudencia del Tribunal Supremo sobre la materia, y posteriormente la de los ordenamientos civiles autonómicos, de cara a definir cuál es la regulación que más se adapta a los tiempos actuales y cuáles debieran ser las futuras reformas, en caso de ser necesarias.

II. LA DESAFECCIÓN FAMILIAR EN LA DESHEREDACIÓN DEL CÓDIGO CIVIL ESPAÑOL

II.1. SOBRE LA DESHEREDACIÓN EN GENERAL Y EL MALTRATO DE OBRA EN PARTICULAR

Se ha dicho que el concepto de desheredación está muy unido, desde sus orígenes, a la citada idea de autoridad familiar, como medio para mantener la unidad familiar. Sin embargo, ya desde la época del emperador Justiniano, la desheredación no depende de la exclusiva voluntad del testador, sino que hace falta una causa legal tipificada *ex* artículo 848 CC. Las causas por las que el testador puede desheredar a los legitimarios son las que están previstas de forma taxativa en el artículo 852 CC; es decir, todas las previstas

---

[549] La desheredación adquiere mayor relevancia en relación a los descendientes, pues como dijo Delgado Echeverría, 2006, p. 120, "un cónyuge no pude desheredar al otro –salvo los supuestos tasados y excepcionales– pero puede, con gran facilidad, poner fin al matrimonio y, con ello, a toda expectativa sucesoria".

en los artículos 853 a 855 así como las de incapacidad por indignidad para suceder, señaladas en el artículo 756, números 1º, 2º, 3º, 5º y 6º. No obstante, cabe tener en cuenta que estas últimas causas (las del artículo 756), son causas genéricas que sirven para desheredar en principio a cualquier legitimario, mientras que las de los artículos 853 a 855 son específicas; es decir, sólo servirán para desheredar a un tipo de pariente concreto. En este trabajo únicamente analizaremos la conocida causa para desheredar a descendientes, establecida en el artículo 853.2º CC, a saber: haber maltratado de obra o injuriado gravemente de palabra al testador. Más concretamente, nos centraremos en el *maltrato de obra*, por ser tema de reciente actualidad, como se refleja en la jurisprudencia del TS[550].

Pues bien, en relación con los antecedentes históricos, cabe decir que el maltrato de obra significaba única y exclusivamente violencia física; se puede citar, por expresivo, el texto de Las Partidas (Ley IV, Título VII, Partida VI) en el que se habla de "*quando el fijo, a sabiendas, e sañudamente, mete manos yradas en su padre, para ferirle o prenderle*"[551]. Ese concepto de maltrato de obra parecía excluir, de entrada, "las actitudes omisivas, de no hacer, como, por ejemplo, no ir a visitar al progenitor enfermo, no tratarle con cariño y respeto, no atenderle ni darle los cuidados que necesite, llegado el caso, etc"[552]. Tal vez por ello, hasta hace poco la jurisprudencia y cierta doctrina interpretaban este concepto de forma estricta[553].

Sin embargo, ya a principios de los años 90 comenzó a observarse poca homogeneidad sobre esta cuestión en la jurisprudencia. Así, la STS de 28 de junio de 1993[554] establecía que "la falta de relación afectiva y comunicación entre la hija y el padre, el abandono sentimental sufrido por éste du-

---

[550] Para un mayor análisis sobre la desheredación en general y sobre esta causa en particular (incluyendo la naturaleza de la acción, el plazo para ejercitarla y demás), véase Mariño Pardo, "La desheredación del hijo que abandona al padre. La Sentencia del Tribunal Supremo de 3 de junio de 2014", en el *Blog Iurisprudente*, de 12 de julio de 2014, disponible en: www.iurisprudente.com/2014/07/la-desheredacion-del-hijo-que-abandona.html.

[551] Véase Barceló Domenech, 2004, p. 488.

[552] Romero Coloma, 2007, p. 270, que creía que cabía "realizar un replanteamiento de esta cuestión a la luz de los principios y valores –no solo jurídicos, sino, sobre todo, humanos y afectivos– que deben informar las relaciones paternofiliales".

[553] Aunque dudamos que Vallet de Goytisolo, 1993, p. 2096, lo percibiese así, pues consideraba que la causa de los malos tratos era expresada con criterio flexible y debería apreciarla el arbitrio judicial, que no tendría que asimilar rígidamente las expresiones del CC a las figuras delictuales tipificadas en el CP, sino que debería resolverse teniendo en cuenta el tono de la familia, la conducta filial en general y el signo de cultura social en el momento en que se produce la ofensa.

[554] RJ 1993, 4792.

rante su última enfermedad, la ausencia de interés, demostrado por la hija, en relación con los problemas del padre, etc., son circunstancias y hechos que de ser ciertos, corresponden al campo de la moral, que escapan a la apreciación y a la valoración jurídica, y que en definitiva sólo están sometidos al Tribunal de la conciencia". La STS de 4 de noviembre de 1997[555] tampoco consideraba como causa válida de desheredación el que los hijos "no convivieren con el padre, no mantuvieren relación con él, le priva[sen] al testador de su presencia en vida para confortarle de sus dolencias mortales y ni siquiera acudie[sen] al entierro". Sin embargo, y en sentido opuesto, la STS de 26 de junio de 1995[556] estimó que "no es necesario que la expulsión del domicilio por el hijo o por su esposa pero aceptada por él, sea mediante el empleo de fuerza física para que en la conducta de éste deba reputarse existente el maltrato de obra que la norma del artículo 853.2 del Código recoge como causa de desheredación, máxime cuando el estado de cosas que sigue a la salida de la casa de la madre, continúa durante años en los que ésta, vive precariamente sin ser mínimamente atendida en modo alguno por el descendiente cuya desheredación, por maltrato según el testamento de la víctima ha de reputarse legalmente correcta".

Esta jurisprudencia ambulante no terminaba de hallar aquiescencia en la doctrina, bastante crítica con las sentencias más restrictivas; cabe destacar que ya por aquel entonces eran varios los autores que consideraban que el abandono afectivo y el desinterés del descendiente por su progenitor o ascendiente sí deberían reputarse malos tratos psíquicos, subsumibles en el concepto de maltrato de obra[557]. Uno de ellos fue Barceló Domenech[558], cuya argumentación pasamos a reproducir, por tratarse de una tesis prácticamente idéntica a la que unos años más tarde adoptaría el TS. Para este autor, lo que se afectaba con el artículo 853.2 CC era la dignidad de la persona, y más que velar por la integridad física o psíquica, lo que se protegía era el respeto que los padres o ascendientes merecen como consecuencia de la relación parental que les une con los hijos o descendientes. Por ello, consideraba que debería entenderse incluido en esta causa el "menoscabo psíquico —sufrimiento, humillación, angustia, etc.— que haya podido causarse al padre o ascendiente por el abandono sentimental al que se le ha

---

555 RJ 1997, 7930.

556 RJ 1995, 5117.

557 Barceló Domenech, 2004, pp. 495 y ss.; Romero Coloma, 2005, pp. 61 y ss.; Míquel González de Audicana, 2009, p. 458; Rebolledo Varela, 2010-B, pp. 410 y ss.; De Almansa Moreno-Barreda, 2012, pp. 28 y ss.; Pérez Escolar, 2014, p. 1144.

558 Barceló Domenech, 2004, pp. 495 y ss.

sometido como consecuencia de la falta de relación y comunicación, siempre que la ruptura de relaciones no sea imputable al propio testador". Este autor criticaba la "negativa de los Tribunales, en algunos casos, a entrar a valorar las circunstancias que rodean la relación entre padres e hijos, que constituyen, sin duda, el trasfondo de la desheredación dispuesta por el testador. Con la excusa de que pertenecen al campo de la moral, se evita su valoración jurídica y se obstaculiza el recurso a la causa de desheredación por malos tratos". En su opinión, "en la medida en que el padre o ascendiente haya sufrido, sin culpa suya, por esos actos, existe la posibilidad de que se les considere constitutivos de maltrato psíquico, incardinable en la causa de desheredación establecida en el artículo 853.2.ª del Código Civil, pudiendo el testador, en consecuencia, sancionar esta conducta. Con ello, no estamos diciendo que siempre que exista una falta de comunicación y de relación afectiva, tienen los padres abierto el camino a la desheredación; tan sólo se trata de dejar constancia de lo equivocado de la posición jurisprudencial, que no entra a valorar estos hechos, que sí pueden desembocar, si se constata un maltrato psíquico, en una desheredación justa". En definitiva, "las situaciones de falta de relación afectiva y abandono sentimental pueden representar una infracción por parte del hijo del deber de respeto hacia el padre. De igual modo, existirán casos en que no constituyan esa infracción del deber de respeto, porque el culpable de la situación sea el propio padre —casos de conducta irresponsable, desordenada y desacertada—. Esto exige una valoración de las circunstancias del caso"; por ello, pedía este autor una "relectura, con nuevos resultados, de la desheredación *ex* artículo 853.2.ª del Código Civil, dándole un aspecto moderno que sea susceptible de aplicación práctica. Son también casos muy graves y anómalos, que justifican la privación de la legítima, aquellos en los que se materializa una violencia psíquica hacia el testador, y no puede el Juez o Tribunal observar con distancia la falta de relaciones entre padres e hijos, como si no concerniese a la desheredación, sino que, por el contrario, debe indagar en las causas de la ruptura y verificar si existen malos tratos psíquicos; se trata, en definitiva, de apreciar la prueba debidamente"[559].

---

[559] De forma muy similar, Romero Coloma, 2007, p. 276, afirmaba que, a su juicio, "no es fácil entender el porqué de la reticencia a entrar a valorar las circunstancias que rodean las relaciones paternofiliales, cuando, al fin y al cabo, el trasfondo de esas relaciones claramente nos puede llevar al conocimiento, más profundo e intenso, de la existencia de una causa justa para desheredar". Por ello creía que "lo más adecuado sería valorar las circunstancias de cada supuesto y entrar a considerar si esas actitudes negativas del hijo para con su progenitor son unilaterales, o bien son recíprocas, es decir, si el padre (o la madre), de alguna forma, han evitado la relación con el hijo, no la han fomentado e incluso se han desentendido de la relación".

II.2. La nueva jurisprudencia: el maltrato psicológico sí es causa para desheredar

Pues bien, la interpretación del *maltrato de obra* tomó un nuevo rumbo a partir de la STS de 3 de junio de 2014[560], en la que se declaró justa la desheredación de un señor malagueño a sus dos hijos que no querían saber nada de él, razón por la que había dejado todos sus bienes a su hermana, quien le había cuidado, ya enfermo, al final de su vida. La trascendencia de esta sentencia fue máxima; no en vano, se le considera "histórica"[561], con gran repercusión en los medios de comunicación nacionales[562] y comentada ampliamente junto con las Sentencias que le siguieron (SSTS de 30 de enero de 2015[563] y 13 de mayo de 2019[564]) por la doctrina nacional[565]. En las dos primeras sentencias referidas (2014 y 2015) se determina que "en la actualidad, el maltrato psicológico, como acción que determina un menoscabo o lesión de la salud mental de la víctima, debe considerarse comprendido en la expresión o dinamismo conceptual que encierra el maltrato de obra". Así, "la inclusión del maltrato psicológico sienta su fundamento en nuestro

---

560 RJ 2014, 3900.

561 Peris Rivera, 2016, p. 346. Carrau Carbonell, 2015, p. 250, también afirma que se trata de un cambio jurisprudencial trascendente. Romero Coloma, 2015-A, p. 327, considera que abre una vía "interesantísima" y en su trabajo posterior, 2018, pp. 57 y ss., la califica reiteradamente de sentencia "carismática". Gómez-Cornejo Tejedor, 2017, p. 322 habla de "giro radical", y para Del Campo Álvarez, 2019, p. 367, la de esta sentencia se trata de "una interpretación sin precedentes".

562 Pérez Arroyo, 2018, pp. 103 y ss., recoge una "muestra simbólica" de algunos de los titulares de prensa que se publicaron informando de la resolución.

563 RJ 2015, 639.

564 RJ 2019, 2212.

565 Alguna de estas SSTS fueron comentadas, por al menos, los siguientes autores: Messía de la Cerda Ballesteros, 2014, pp. 1180 y ss.; Ballester Azpitarte, 2015, pp. 1 y ss.; Berrocal Lanzarot, 2015, pp. 928 y ss.; Romero Coloma, 2015, pp. 321 y ss.; Martínez Velencoso, 2015, pp. 1 y ss.; Pérez Conesa, 2015, pp. 117 y ss.; Cabezuelo Arenas, 2015, pp. 401 y ss.; González Carrasco, 2015, pp. 277 y ss.; Arroyo Amayuelas y Farnós Amorós, 2015, pp. 1 y ss.; Cabezuelo Arenas, 2016, pp. 103 y ss.; Atienza López, 2016, pp. 218 y ss.; Gómez-Cornejo Tejedor, 2017, pp. 311 y ss.; Maldonado Rubio, 2017, pp. 611 y ss.; Romero Coloma, 2018, pp. 51 y ss.; Del Campo Álvarez, 2019, pp. 361 y ss.; Martín Fuster, 2019, pp. 663 y ss.; Magro Servet, 2019, pp. 1 y ss. Véase también García Rubio, "Desheredación, maltrato psicológico y debate sobre las legítimas", en el *Blog HayDerecho*, disponible en: https://hayderecho.expansion.com/2014/09/08/desheredacion-maltrato-psicologico-y-debate-sobre-las-legitimas/, y Mariño Pardo, "La desheredación del hijo que abandona al padre. La Sentencia del Tribunal Supremo de 3 de junio de 2014", en el *Blog Iurisprudente*, disponible en: www.iurisprudente.com/2014/07/la-desheredacion-del-hijo-que-abandona.html, cuando afirma además que "es reconfortante encontrarse, aunque sea ya muy de vez en cuando, con una sentencia de nuestro Alto Tribunal con la que uno puede sentirse conforme".

propio sistema de valores referenciado, principalmente, en la dignidad de la persona como germen o núcleo fundamental de los derechos constitucionales (artículo 10 CE) y su proyección en el marco del Derecho de familia como cauce de reconocimiento de los derechos sucesorios, especialmente de los derechos hereditarios de los legitimarios del causante, así como en el propio reconocimiento de la figura en el campo de la legislación especial; caso, entre otros, de la Ley Orgánica de protección integral de la violencia de género, 1/2004".

En la primera de las sentencias referidas se define además la expresión de "abandono emocional" como "expresión de la libre ruptura de un vínculo afectivo o sentimental", pues, en el caso concreto, "los hijos, aquí recurrentes, incurrieron en un maltrato psíquico y reiterado contra su padre del todo incompatible con los deberes elementales de respeto y consideración que se derivan de la relación jurídica de filiación, con una conducta de menosprecio y de abandono familiar que quedó evidenciada en los últimos siete años de vida del causante en donde, ya enfermo, quedó bajo el amparo de su hermana, sin que sus hijos se interesaran por él o tuvieran contacto alguno; situación que cambió, tras su muerte, a los solos efectos de demandar sus derechos hereditarios".

Es patente pues que en ambas Resoluciones de 2014 y 2015 el Tribunal Supremo se decide finalmente a utilizar una de "las armás más poderosas": el artículo 3 CC, que le permite interpretar la norma utilizando un criterio lógico o finalista y más adecuado a la realidad social actual[566]; sus argumentos son la dignidad, tal y como había argüido Barceló Domenech, y el principio de conservación de los negocios jurídicos.

Cabe tener en cuenta, en cualquier caso, que esta nueva jurisprudencia ha sido matizada por la RDGRN de 25 de mayo de 2017[567], que trata sobre la desheredación que hizo el testador de todas las hijas habidas de su anterior matrimonio, a las que identificó con nombre y apellidos, y a "todos los descendientes de éstas", de forma general[568]. Esta Resolución hace un poco más rígida la aplicación de la causa establecida en el artículo 853.2 CC: de una parte, exige que la disposición testamentaria de desheredación sea expresa, en cuanto a la causa, y determinada, en cuanto a la identificación

---

566 González Carrasco, 2015, pp. 282 y ss.; Carrau Carbonell, 2015, p. 251.

567 RJ 2017, 2650.

568 De la Resolución se infiere que la falta de identificación se debía a que no conocía ni su existencia; se cita textualmente: [una de las desheredadas] "tuvo hijos y yo ni me enteré. Hace como dos años, me llamó en un par de ocasiones. Uno de esos días, quedamos y trajo a sus hijos. No les he vuelto a ver más, ni he recibido una llamada de ellos".

de los desheredados[569]; de otra, exige cierta capacidad del desheredado, o lo que es lo mismo: su imputabilidad[570]. Como consecuencia de estos dos requisitos, se consideró correcta la posición del registrador, que no quería inscribir la escritura de aceptación de herencia otorgada únicamente por la viuda del causante toda vez que, aunque se considerase válida la desheredación de las hijas, los hijos o descendientes de estas (desheredados ineficazmente de forma genérica) ocuparían su lugar y conservarían los derechos de herederos forzosos[571].

En relación con el también discutido plazo de ejercicio de la acción, se debe tener en consideración que la STS de 25 de septiembre de 2019[572] ha sentado doctrina jurisprudencial al entender que "la acción para impugnar la desheredación que se considera injusta está sujeta en su ejercicio al plazo de cuatro años desde que se abre la sucesión y puede ser conocido el contenido del testamento".

Por último, interesa resaltar que el maltrato de obra en general, y el psicológico en particular, no han sido sólo objeto de interpretación en materia de desheredación; cabe señalar, también, la importancia de la STS de 20 de julio de 2015[573]. En esta Sentencia se estableció que el maltrato psicológico

---

569 La RDGRN establece expresamente: "la desheredación constituye un acto de voluntad testamentaria de apartar a un legitimario de la sucesión. Pero ha de ser una voluntad no sólo explicitada, sino bien determinada. Esta exigencia de determinación se proyecta en un doble sentido: por una parte impone la expresión de una causa legal, que si no ha de ser probada por el testador, al menos ha de ser alegada como fundamento de la privación sucesoria, ya por referencia a la norma que la tipifica ya mediante la imputación de la conducta tipificada. Y por otra, también requiere la identificación del sujeto, del legitimario, al que se imputa la conducta legalmente relevante para justificar su apartamiento. (...) Por eso se plantea como un requisito de la desheredación la perfecta identificación del sujeto que sufre la privación de su legítima, al menos con el mismo rigor que se exige para la designación de heredero 'por su nombre y apellidos' (cfr. artículo 772 del Código Civil)".

570 La RDGRN señala al efecto: "es preciso que el desheredado sea susceptible de imputación, esto es, que al tiempo del testamento haya nacido y tenga aptitud o idoneidad para que le sea jurídicamente imputable la conducta que constituye la causa legal de desheredación. Y aunque es cierto que el Código Civil –a diferencia de lo que hizo algún texto legal anterior, como Las Partidas– no expresa ni concreta la capacidad para ser desheredado, lo que no cabe duda es que se requiere un mínimo de madurez física y mental para que una persona pueda ser civilmente responsable del acto que se le imputa".

571 En un supuesto parecido, en el que el causante había desheredado a su hija, pero no a sus nietas, el Tribunal Supremo determina en su Sentencia de 2 de julio de 2019 (RJ 2019, 3141) que la nueva doctrina jurisprudencial sobre maltrato psicológico no resulta aplicable al artículo 756.7 CC sobre indignidad; es decir, que el abandono afectivo y personal de las nietas respecto de sus abuelos maternos no les priva de su derecho a legítima.

572 RJ 2019, 3677.

573 RJ 2015, 4460.

es causa de revocación de una donación por ingratitud *ex* artículo 648.1º CC, que no debe interpretarse de forma literal cuando habla de "delito contra la persona, el honor o los bienes del donante"; basta "la existencia de una conducta del donatario socialmente reprobable, que revistiendo caracteres delictivos, aunque no estén formalmente declarados como tales, resulte ofensiva para el donante" (Fundamento 3º). Con anterioridad a esta sentencia, los ascendientes que eran víctimas de un maltrato psicológico no tenían posibilidad alguna de recuperar materialmente los bienes de los que se desprendieron generosamente en favor de sus ofensores, o su valor. Sin embargo, ahora el panorama ha cambiado sustancialmente ante episodios de maltrato psíquico protagonizados por la prole: "se faculta al ofendido para recuperar los bienes donados o su valor y, con fundamento en esos mismos hechos, para excluirle de toda participación en su herencia"[574].

II.3. Valoración doctrinal de la nueva jurisprudencia y, en especial, problemas que plantea

La valoración que la doctrina ha hecho de estas sentencias es esencialmente positiva[575]; parece que la flexibilidad de la desheredación que no sólo se refiere a supuestos de ofensas graves e imperdonables, sino que entra en el terreno de las obligaciones "morales" de trato familiar entre padres e hijos[576], era muy esperada. Sin embargo, también se han puesto de manifiesto las imperfecciones de la solución adoptada. Así, el primer problema tiene que ver con la distinción que se esboza en estas sentencias entre ruptura voluntaria de vínculos o abandono emocional y maltrato psicológico por abandono familiar[577]; de esta guisa, el hecho de que los descendientes no visiten o llamen al testador no sería justa causa para desheredarlos. Únicamente cuando la falta de relación con el legitimario descendiente cause sufrimiento al testador se considerará que ha habido maltrato psicológico y, por tanto, justa causa para desheredar[578]. He aquí el primer problema: el Notario deberá realizar una labor de averiguación partiendo de la defi-

---

574 Cabezuelo Arenas, 2016, pp. 103 y ss.

575 Entre otros, O'Callaghan Muñoz, 2015, pp. 4 y ss.; Berrocal Lanzarot, 2015, p. 942; Pérez Conesa, 2015, pp. 117 y ss.; Carrau Carbonell, 2015, p. 255; Del Campo Álvarez, 2019, pp. 369 y ss.; Martín Fuster, 2019, p. 674.

576 De Barrón Arniches, 2016-B, p. 93.

577 Carrau Carbonell, 2015, pp. 252 y ss.

578 Algaba Ros, 2015, pp. 10 y ss., critica esta solución, pues considera que el término "abandono emocional" no debería entenderse como una mera ruptura de relaciones personales libre y voluntaria; para ello se sirve del significado que la RAE otorga a la palabra "abandonar" como

nición de maltrato psicológico de la propia jurisprudencia de la sentencia como "acción que determina un menoscabo o lesión de la salud mental de la víctima"[579]. Dos criterios posibles para saber si concurre justa causa de desheredación serían, en primer lugar, el tiempo durante el cual la relación familiar ha sido inexistente y, en segundo lugar, el padecimiento que ello ha infringido en el testador[580].

Es precisamente esta distinción la que ha sido más criticada por cierto sector doctrinal. Probablemente fueron Arroyo Amayuela y Farnós Amorós[581] las primeras autoras en tachar a esta sentencia de *forzada*[582]; cuestionan que el maltrato psicológico pueda ser equiparado con el maltrato de obra, pues puede dudarse de que tal "razonamiento sea conforme con la prohibición de interpretación analógica o extensiva de las causas de desheredación, aunque el TS niegue haberla infringido. Lo más sorprendente es, sin embargo, la apelación al principio *favor testamenti*, con el que se adorna la decisión. El TS da a entender que es razonable la desheredación ordenada por el testador sobre la base de la desatención que él mismo dice haber experimentado o, dicho de otro modo, parece que el hecho de que el testador, subjetivamente, se considere maltratado, es suficiente para dar por cierta y válida la cláusula y, en definitiva, para forzar la interpretación". En opinión de las autoras, "la decisión del TS es bienintencionada y se diría que responde exactamente a lo que un sector de la sociedad española reclama. Eso no quita para criticar el razonamiento, que se desenvuelve con argumentos confusos. Por un lado, el TS afirma que es incompatible con el elemental respeto y consideración que se deben entre sí padres e hijos una conducta de menosprecio y abandono familiar, que ahora califica como maltrato psicológico; y, por el otro, admite que el abandono emocional puede ser expresión de la libre ruptura de un vínculo afectivo o sentimental. Si con lo primero se condena una conducta que supone una infracción grave de los deberes familiares que la ley impone al legitimario,

---

"dejar, desamparar a alguien o algo". En su opinión, desamparar a un ascendiente implica desasistirlo y la desasistencia es incompatible con los deberes que derivan de la relación jurídica paternofilial.

579 Carrau Carbonell, 2015, pp. 252 y ss.

580 Carrau Carbonell, 2015, pp. 252 y ss.; Maldonado Rubio, 2017, pp. 658 y ss.

581 Arroyo Amayuela y Farnós Amorós, 2015, pp. 7 y ss.

582 Posteriormente también De Barrón Arniches, 2016-A, pp. 37 y ss., consideró que la resolución del TS no era satisfactoria, por lo forzada que resulta: "se fuerza en primer lugar para encajar dentro del concepto legal 'maltrato de obra' el maltrato que no es de carácter físico. Y se fuerza también para entender como tal maltrato el hecho del abandono y la falta de atención y de relación familiar".

con lo segundo se da a entender que difícilmente un juez podría entrar a valorar ese comportamiento libre y mucho menos sancionarlo".

La exigencia de sufrimiento psicológico es, desde luego, un requisito complicado, pues hay que apreciar la existencia o no del daño causado al desheredante y, en este sentido, cabe tener en cuenta que no todas las personas tienen la piel *igual de fina*; lo que a una le puede causar un daño irremediable, a otra no le afectará lo más mínimo. Cabría preguntarse si los jueces están capacitados para *evaluar* esas distintas sensibilidades o si, en estos casos, habría que solicitar la opinión de peritos y expertos en la materia; creemos que estos últimos sí serán necesarios al menos en los casos que ofrezcan dudas.

Esto nos conduce a la segunda deficiencia, relativa a la carga de la prueba; cierto es que los problemas que puedan hallar causa en ella no derivan únicamente de la nueva jurisprudencia del TS, pero esta no ha hecho sino subrayar su *anormalidad*. Y es que, de acuerdo con el artículo 850 CC, "la prueba de ser cierta la causa de la desheredación corresponderá a los herederos del testador si el desheredado la negare"; sin embargo, que el heredero consiga demostrar el maltrato y el daño psicológico causado por parte del legitimario desheredado al testador, una vez este ya ha fallecido, puede ser cosa harto complicada[583]. Por ello, la doctrina ha sugerido que el Notario no sólo se limite a mencionar la causa de desheredación en testamento, sino que otorgue acta de notoriedad en la que acredite que la relación con el desheredado es inexistente y que este le ha abandonado y maltratado psicológicamente; podrían incorporarse al acta manifestaciones del resto de familiares y cualesquiera otras pruebas que el testador considere que pueden servir en el futuro a sus herederos para defenderse de la impugnación de la desheredación, e incluir un informe psicológico de un perito en

---

583 Cabe señalar que el contador partidor nombrado por el testador no tendrá facultades para cuestionar la certeza de la causa de desheredación o para prescindir de la misma ante la dificultad de su prueba, según se recoge en la RDGRN de 31 de marzo de 2005 (RJ 2005, 3483). Sí se puede, sin embargo, reconocer la inexistencia de la causa de desheredación por parte de los herederos testamentarios de común acuerdo, adjudicando a los desheredados su legítima estricta, sin que sea precisa una resolución judicial que declare la ineficacia de la desheredación (RDGRN de 5 de octubre de 2018, RJ 2018, 4485). Una Resolución posterior de 3 de octubre de 2019 (RJ 2019, 4420) considera que para que pueda existir acuerdo válido sobre la legítima en caso de desheredación, el mismo debería otorgarse por todos los interesados, incluyendo no sólo a la heredera y a las hijas desheredadas, sino a los descendientes de estas. Véase, sobre todas estas cuestiones, Mariño Pardo, "La desheredación del hijo que abandona al padre. La Sentencia del Tribunal Supremo de 3 de junio de 2014", en el *Blog Iurisprudente*, disponible en: www.iurisprudente.com/2014/07/la-desheredacion-del-hijo-que-abandona.html.

la materia que acredite dicho maltrato por ausencia de relación familiar[584]; sin embargo, esta misma doctrina también considera que quedará al juicio del Notario decidir si la notoriedad del maltrato psicológico está suficientemente probada. No estamos de acuerdo con esta última afirmación; como dijimos previamente, los Notarios no son expertos en psicología ni psiquiatría, y no deberían ser ellos quienes *decidan* si el testador fue o se sintió realmente maltratado[585].

También conectado con lo anterior, la tercera deficiencia viene representada por la inseguridad que acarrea la impugnación de la desheredación en la partición, como consecuencia de la naturaleza *pars bonorum* de la legítima y de que sean los herederos quienes tienen que probar la causa, lo que puede resultar muy difícil. La libertad de testar tiene, se ha dicho, un precio, pues la mayoría de contenciosos familiares acaban con una entrega de dinero muy superior a la legítima del desagradecido con el "fin de liberar los bienes de esta sutil extorsión legal y facilitar la partición"[586]. Este problema ha llevado a sugerir a algunos autores que el notario recomiende "al testador que, en tanto no cambie la ley, disponga un legado de legítima estricta al hijo maltratador, instituyendo universales herederos a los demás, porque, aunque no se adecúa totalmente a la voluntad del testador (que desea privar al descendiente maltratador de atribución patrimonial), realmente evita a los demás herederos una reclamación judicial al fallecimiento del testador"[587].

Por último, también se ha criticado la diferencia originada entre las causas por las que los ascendientes pueden desheredar a sus descendientes y las causas por las que los descendientes pueden desheredar a sus ascendientes: el maltrato psicológico como justa causa de desheredación sólo puede ser empleado por los progenitores u otros ascendientes de grado más remoto, como por ejemplo, los abuelos, pero no en un escenario inverso, es decir, no sería posible desheredar a los padres por esa misma causa[588]. "Está claro –se

---

[584] Pérez Ramos, 2014, p. 121; Carrau Carbonell, 2015, pp. 254 y ss.; Barceló Domenech, 2016, p. 298; Martín Fuster, 2019, p. 676.

[585] Torres García y García Rubio, 2014, p. 84, citan a Lacruz Berdejo.

[586] González Carrasco, 2015, p. 287.

[587] Maldonado Rubio, 2017, p. 661. Véase, también, González Carrasco, 2015, p. 287.

[588] Ballester Azpitarte, 2015, p. 2, cree que "llama sin embargo la atención que, pese a reconocer que la solución viene exigida por la realidad social de nuestro tiempo, las injurias graves de palabra o el maltrato de obra (que comprende desde ahora el maltrato psicológico) sean causa legal para desheredar a los hijos y descendientes, pero no puedan sin embargo fundamentar la desheredación de los padres o ascendientes si fueran estos los que hubieran ejercido el maltrato o cometido las injurias". Cabezuelo Arenas, 2016, pp. 103 y ss., al comentar la STS de 20 de julio de 2015 sobre revocación de una donación por maltrato psicológico, afirma que con la nueva jurisprudencia, se pueden revocar las

ha dicho– que injustamente, la norma está configurada cual arma que sólo pueden manejar los ascendientes a su favor, de la cual, también deberían disponer los descendientes, pues, del mismo modo pueden experimentar esa ofensa"[589]. Lo curioso, sin embargo, es que esta falta de reciprocidad había sido denunciada hace algunos años pero en sentido contrario, cuando el abandono emocional todavía no entraba dentro de la interpretación jurisprudencial del artículo 853.2º CC, pero sí se podía desheredar al padre por abandono del hijo durante la infancia (precepto que ya no está en vigor tras la LJV de 2015)[590]: "esta falta de reciprocidad –se decía– no tiene lógica, rompiendo la coherencia del sistema, debido a que para el ordenamiento jurídico español tanto la infancia como la ancianidad son dos etapas en la vida de las personas que precisan de especial protección y de ahí que se regule tanto el acogimiento de menores en situación legal de desamparo, como el acogimiento de las personas mayores, incluso dentro de otra familia que no es la natural, consciente el legislador de la necesidad de la importancia de que las personas mayores vivan en un ambiente de relación familiar"[591].

II.4. Situación actual y necesidad de reforma

Cabe advertir, en cualquier caso, que aunque este cambio de doctrina jurisprudencial haya sido –a pesar de los problemas planteados–, ciertamente

---

donaciones hechas a los progenitores. "Y dada la flexibilización conceptual del maltrato que patrocina la STS de 20 de junio de 2015, ni siquiera debería acreditar que instruyó actuaciones penales contra el ascendiente maltratador, cuanto menos que el proceso culminó con un fallo condenatorio. Sin embargo, de no contar con este último pronunciamiento no podría, a continuación, desheredar a sus ascendientes por esos mismos hechos. Algo que, en cambio, sí puede hacer estos últimos cuando son ofendidos por sus descendientes. Con lo cual tendríamos que lo que adelantan los descendientes por esta nueva interpretación del artículo 648.1 CC, lo atrasan por el juego de los artículos 756.1 y 2 CC y 809 CC". Véase también Maldonado Rubio, 2017, pp. 658 y ss.

[589] Peris Rivera, 2016, p. 347.

[590] Con anterioridad a la Ley 15/2015, de 2 de julio, de Jurisdicción Voluntaria, el artículo 756.1 CC establecía que serían incapaces para suceder (y, por tanto, podrían ser desheredados), "los padres que abandonaren, prostituyeren o corrompieren a sus hijos".

[591] De Almansa Moreno-Barreda, 2012, pp. 32-33. También De Barrón Arniches, 2016-A, pp. 37 y ss., dijo que "la falta constante de relación familiar con los hijos es fácilmente encuadrable dentro de la causa de desheredación por abandono de hijos. Sin embargo, el artículo 854 CCE, al regular la desheredación de descendientes, no contempla el abandono de los padres por los hijos como causa legal (de desheredación). Esta falta de reciprocidad rompe la coherencia del sistema jurídico civil, dado que en el ordenamiento jurídico tanto la infancia como la ancianidad son dos etapas en la vida de las personas que precisan de especial protección. ¿No deben ser los deberes familiares, y por tanto su sanción por incumplimiento, siempre recíprocos?" Sin embargo, y en nuestra opinión, esta crítica está desfasada, pues al momento de publicarse, ya la causa de indignidad por abandono de hijos estaba suprimida.

importante, no puede apreciarse que el mismo haya sido acogido de forma unánime por los Tribunales inferiores[592]. Tal vez por ello, la doctrina reciente que ha estudiado esta materia sigue creyendo necesaria una reforma urgente[593], pues "no puede estarse a lo que decidan, en cada caso concreto, los Jueces y Tribunales"[594].

Puede destacarse, en este sentido, la opinión de Magro Servet[595], quien considera que la importante y trascendental STS de 2014 se llevó a cabo en ejercicio de "*delegación* del legislador, vía artículo 3 CC", y que por mucho que este precepto haga mención a que las normas de nuestros textos deben aplicarse conforme a esta realidad social, "no debe servir como una especie de *paraguas* que permita al legislador tener la cobertura de que los Tribunales deben interpretar las normas bajo este enfoque de *adecuación temporal*". En su opinión, "no solo la interpretación de los tribunales, también la legislación ha de adaptarse a la realidad social, y ha de hacerlo con base en la línea jurisprudencial seguida para dar respuesta a las necesidades sociales". Por ello, cumplidos los 130 años del Código Civil español, "es momento de, una vez más, pedir su adaptación a la realidad del s. XXI".

Además, y como se ha dicho, un buen argumento para que el legislador tome cartas es el propio artículo 50 CE, que dice textualmente: "Los poderes públicos garantizarán, mediante pensiones adecuadas y periódicamente actualizadas, la suficiencia económica a los ciudadanos durante la tercera edad. Asimismo, y con independencia de las obligaciones

---

[592] Barceló Domenech, 2016, pp. 298 y ss.; Echevarría de Rada, 2018, p. 104; De Barrón Arniches, 2018, p. 131, afirma que "ni siquiera después del cambio de tendencia jurisprudencial que protagonizan las sentencias del Tribunal Supremo de 3 de junio de 2014 y de 30 de enero de 2014, puede afirmarse que la solidaridad familiar y los deberes de los hijos para con los padres hayan irrumpido en la tarea hermenéutica de las Audiencias Provinciales, produciendo una flexibilización de la institución de la desheredación". En opinión de esta última autora, "no es fácil para los tribunales realizar una interpretación flexible de unas normas de suyo rígidas".

[593] De forma general, Míquel González de Audicana, 2009, p. 499, propone un aumento y mayor flexibilidad de las causas de desheredación. Pérez Escolar, 2014, pp. 1149-1153, propone simplificar la institución de desheredación e introducir la ausencia continuada de trato familiar como justa causa. Carrau Carbonell, 2015, p. 256, cree que es necesaria una reforma del Derecho de sucesiones, para o bien suprimir o atenuar la sucesión forzosa o reformar la institución de la desheredación; "cuestión diferente es imaginar que en algún momento esta reforma pueda llegar a ser oportuna y prioritaria para el legislador". Véase también Pérez Ramos, 2014, p. 121 y Maldonado rubio, 2017, p. 663.

[594] Barceló Domenech, 2016, pp. 298 y ss.; véase también Gómez-Cornejo Tejedor, 2017, p. 339.

[595] Magro Servet, 2019, pp. 3 y ss.

familiares, promoverán su bienestar mediante un sistema de servicios sociales que atenderán sus problemas específicos de salud, vivienda, cultura y ocio"[596].

La defensa de que es necesaria una reforma es, por lo tanto, "virtualmente unánime" en la doctrina[597]; lo que varía es, sin embargo, la intensidad de las propuestas realizadas. Así, por ejemplo, se ha dicho que es necesaria una reforma, pero no tan profunda como algunas voces reclaman; bastaría con una actualización de las causas de desheredación, acompañada de la doctrina de los medios de prueba hoy prevista en el artículo 217 LEC, así como la transformación de la legítima en un derecho crediticio, para evitar los problemas que la legítima *pars bonorum* plantea en relación con la partición[598]. En nuestra opinión, esta conversión de la legítima en un derecho crediticio sólo sería buena idea en el caso de que se reduzca considerablemente la cuantía y/o se facilite el pago aplazado, como hemos defendido previamente; en otro caso, la liquidez que se les exigiría a los herederos para hacer frente al pago de la legítima y del impuesto de sucesiones podría forzar la enajenación parcial o total de la herencia, lo que no parece deseable.

En términos generales, parece haber bastante consenso también en cuanto a la introducción de la ausencia de relación familiar como causa autónoma de desheredación[599], aunque para alguna doctrina, esto sólo debería ser así cuando constituya maltrato psicológico[600]. Puede destacarse, por ser de las más completas, la propuesta de Algaba Ros[601], que considera que para que pueda operar la causa deberían darse al menos 4 circunstancias: primero, debe tratarse de un mayor de edad; segundo, debe existir una ausencia de relación manifiesta, continuada y constante en el tiempo; tercero, que la causa sea imputable al desheredado sin intervención alguna del desheredante; y, por último, que el abandono sea

---

596 Algaba Ros, 2015, p. 21.

597 Expresión que corresponde a Cámara Lapuente, 2007, p. 34, en relación con el reclamo de una mayor libertad de testar.

598 González Carrasco, 2015, pp. 287-288.

599 Barceló Domenech, 2016, pp. 298 y ss.; Maldonado Rubio, 2017, p. 649; Echevarría de Rada, 2018, pp. 110 y ss.; Martín Fuster, 2019, p. 688

600 Romero Coloma, 2018-A, pp. 64 y ss., aboga por una reforma del Derecho de sucesiones que incluya el abandono emocional que causa daño a otra persona como maltrato psicológico, causa de desheredación; reforma que "pasa por tener que determinar, en una primera aproximación cuales son las conductas o actos –u omisiones– que constituyen maltrato psicológico".

601 Algaba Ros, 2015, p. 19.

relevante. Cabe señalar, por último, que también son varios los autores que proponen *de lege ferenda* que se invierta la carga de la prueba, para que sea el desheredado quien pruebe que efectivamente tuvo relación familiar con el desheredante[602].

Sin embargo, y a pesar de estas voces, en la propuesta de la APDC no se prevé la introducción de la ausencia de relación familiar como posible causa de desheredación, pues se considera que el aumento de la libertad de testar no puede producirse a costa de una mayor inseguridad y una judicialización de las relaciones familiares[603]. Dice Parra Lucán que esta ausencia es "deliberada", pues se considera preferible no introducir una causa que abriría la puerta a una elevada litigiosidad y dejar sentado que en el futuro sería preferible que, si el legislador considera que se trata de una exigencia social, se suprimiera la legítima[604].

Una vez analizada la desafección familiar y sus consecuencias en la institución de la desheredación en el marco del Código Civil, pasamos a examinar la desafección familiar en los ordenamientos autonómicos que hacen referencia directa o indirecta a la misma en sede sucesoria.

III. LA DESAFECCIÓN FAMILIAR EN LOS ORDENAMIENTOS AUTONÓMICOS

III.1. Panorama general en relación con la desheredación y el "maltrato de obra"

La desheredación es una institución que no se ha regulado de forma expresa en todos los ordenamientos autonómicos con competencias en materia civil; así, por ejemplo, no se contemplan ni la desheredación ni la indignidad sucesoria en los territorios del País Vasco[605], Ibiza y Formentera, lugares en los que se aplicará supletoriamente el Código Civil[606].

El resto de ordenamientos autonómicos sí contemplan normas específicas sobre las instituciones de desheredación e indignidad para suceder,

---

[602] Lasarte Álvarez, 2007, p. 382; Algaba Ros, 2015, p. 20; Martín Fuster, 2019, p. 688.

[603] Galicia Aizpurúa, 2017, p. 21.

[604] Parra Lucán, 2019, pp. 209-210.

[605] Véase, a modo de ejemplo, la RDGRN de 5 de julio de 2018 (RJ 2018, 4759), relativa a un testamento otorgado en junio de 2015 por un vecino vasco y en el que se deshereda al hijo con base en el artículo 853.2 CC (en este caso, por haberle injuriado gravemente de palabra).

[606] Maldonado Rubio, 2017, pp. 631-632.

salvo en Galicia; en esta Comunidad Autónoma únicamente se regulan de forma expresa las causas de desheredación en el artículo 263 LDCG[607], entre las que incluyen, en su apartado último, "las causas de indignidad expresadas en el artículo 756 del Código civil"[608].

Centrándonos en la causa de desheredación que aquí nos interesa, conviene tener en cuenta que no todos los ordenamientos autonómicos que regulan esta institución contemplan el *maltrato de obra* como justa causa. Así sucede en Navarra tras la reciente reforma de 2019; con anterioridad, el apartado *in fine* de la ley 270 simplemente establecía que serían "justas causas de desheredación las comprendidas en los artículos 852 y 853 del Código Civil". Sin embargo, la nueva ley 270 establece que serán justas causas para suceder las comprendidas en los números 1, 2, 3, 5 y 8 de la ley 154 (relativos a indignidad para adquirir), así como las siguientes: "1. La comisión de cualquier delito, la causación de un daño o la realización voluntaria de una conducta socialmente reprobable contra la persona o bienes del causante o contra personas integrantes de su grupo o comunidad familiar o de sus bienes. 2. La denegación indebida de alimentos al causante o a su cónyuge o pareja estable o a alguno de sus descendientes en los casos en que exista obligación legal de prestárselos". En nuestra opinión, es interesante la causa establecida en el apartado primero, que habla de "causación de un daño" o "realización voluntaria de una conducta socialmente reprobable"; son términos genéricos en los que desde luego cabría subsumir el *maltrato psicológico* o el *abandono familiar.* No obstante, no se debe obviar que, como se ha dicho, hablar de desheredación justa o injusta en Navarra

---

[607] En primer lugar, cabe destacar la brevedad y concisión del legislador gallego al agrupar todas las causas de desheredación, a diferencia del CC, que las enumera separadamente en atención a la persona legitimaria. Espinosa de Soto, 2007-A, p. 822, cree que el legislador gallego ha simplificado las causas de desheredación: primero, porque enumera una única lista para todos los legitimarios, lo que es más fácil ya que los ascendientes han dejado de ser legitimarios [lo que no quiere decir que todas las causas sean aplicables a todos los legitimarios, pues parece evidente que la causa 3ª sólo sirve para desheredar al cónyuge]; segundo, porque ha reducido las causas; y, tercero, porque ha hecho coincidir las de indignidad con las de desheredación. Aunque también es cierto que, como pone de manifiesto Rovira Sueiro, 2008, pp. 1146-1148, en ese trance de ahorrar artículos ha omitido algunas de las causas, como la del 855.4º CC (haber atentado contra su vida, sin reconciliación); o la negativa de alimentos a los hijos del desheredado (artículo 855.3º primer inciso CC); o la privación de la patria potestad.

[608] Esta remisión podría ser estática o dinámica; para Espinosa de Soto, 2007-A, p. 823, a favor de la remisión dinámica "puede aducirse el argumento de que la indignidad sucesoria no es una institución que regula la ley autonómica y que por ello se remite a las causas del Código Civil". En relación con que la remisión sea a todas las causas, a pesar de que no todas permiten desheredación en el CC, Rovira Sueiro, 2008, pp. 1150, considera que incluir la reciente séptima causa podría admitirse, pero no así la cuarta, que plantea problemas.

puede resultar del todo intrascendente, dada la "libérrima disponibilidad de la herencia"[609].

En Mallorca y Menorca, el artículo 7 bis CDCIB tampoco hace mención al *maltrato de obra* como causa de indignidad para suceder ni como justa causa para desheredar (*ex* apartado 3º)[610]. Sin embargo, el cuarto apartado del referido artículo establece que "en los demás casos se aplica, supletoriamente, el Código Civil"; por lo tanto, creemos que la nueva jurisprudencia del TS sobre qué ha de entenderse por maltrato de obra a efectos de desheredar a un legitimario descendiente también resultará aplicable en estos territorios.

En Cataluña sí se alude al *maltrato* como causa de desheredación. Más concretamente, el artículo 451-17.2º CCCat establece como causa de desheredación el "*maltrato grave* al testador, a su cónyuge o conviviente en pareja estable, o a los ascendientes o descendientes del testador". Por "maltrato grave" debe entenderse tanto el maltrato de obra ejercido contra los sujetos protegidos por la norma, como la injuria o el maltrato de palabra[611]; sin embargo, se exige que el maltrato sea *grave* aunque no es necesario que exista condena penal; la gravedad del maltrato dependerá de la naturaleza de la acción, de los efectos sobre las personas y el entorno, así como de las circunstancias en que tenga lugar[612].

Por último, tanto el legislador gallego (artículo 263.2º LDCG[613]) como el aragonés (artículo 510.c) CDFA) han incluido el concepto de "maltrato de obra" entre las justas causas para desheredar. Cabría preguntarse, entonces, si la nueva jurisprudencia del TS sería aplicable también en estos territorios autonómicos; solución esta deseable en nuestra opinión. Sin embargo, y teniendo en cuenta que son los Tribunales Superiores de Jus-

---

609 Maldonado Rubio, 2017, p. 634.

610 Artículo reformado por la Ley 7/2017, de 3 de agosto, por la que se modifica la Compilación de Derecho Civil de las Illes Balears.

611 Ribot Igualada, 2009, p. 1398; De Paula Puig Blanes, 2011, p. 424.

612 Ribot Igualada, 2009, p. 1398.

613 El precepto en cuestión establece como justa causa para desheredar "haberla maltratado [a la persona testadora] de obra o injuriado gravemente"; por ello, Espinosa de Soto, 2007-A, p. 822, hace notar que el legislador gallego ha suprimido la referencia a injuria de palabra, "dando a entender que esta puede tener lugar de muchas otras formas que mediante el uso de la palabra, en especial con los hechos". Para Rovira Sueiro, 2008, p. 1147, la referencia al maltrato de obra es una causa flexible cuya apreciación será determinada por el arbitrio judicial. Este concepto se puede encontrar también en la jurisprudencia; véase así la SAP de Coruña de 4 de diciembre de 2014 (JUR 2015, 7269) en la que se afirma: "en el presente caso, ha quedado suficientemente acreditado que concurre el maltrato de obra, precisamente, porque los actos de la actora en vida de su padre son claros: no atendió, cuidó ni se ocupó del mismo".

ticia de cada Comunidad Autónoma los máximos intérpretes de su Derecho autonómico especial, parece que la respuesta ha de ser necesariamente negativa[614], aunque cabe esperar que dicha doctrina sí ejerza cierta influencia[615]. Se ha dicho, para el caso de Aragón, que la existencia de una legítima colectiva resta interés a la figura de la desheredación, pues el causante puede dejar los bienes a un solo descendiente, incluso nieto[616], pero en nuestra opinión, esto es una verdad relativa, pues la desheredación sí tendrá relevancia cuando el testador sólo tenga un único descendiente[617].

III.2. La ausencia de relación familiar como causa de desheredación en Cataluña

El artículo 451-17.2 apartado e) del CCCat establece como causa de desheredación, "la ausencia manifiesta y continuada de relación familiar entre el causante y el legitimario, si es por una causa exclusivamente imputable

---

614 Resulta muy ilustradora la STSJ de Navarra de 2003 (RJ 2003, 4448), cuando afirma, en relación con el "interés casacional foral" que "no cabe apoyar aquí el interés casacional en la doctrina establecida por el Tribunal Supremo, y por otros Tribunales Provinciales, en relación a normas comunes (principalmente, del Código Civil, por muy parecidas, análogas o similares que sean a las forales".

615 En Galicia, la SAP de 7 de febrero de 2014 (AC 2014, 322), anterior a la STS de 3 de junio de 2014, consideraba válida la cláusula de desheredación del hijo por "haberle negado asistencia y atención [a su madre, aquí testadora] y desentenderse de sus cuidados y necesidades", aunque justo es reconocer que tal y como afirma la propia sentencia, no se discutieron en el caso las causas de desheredación, sino la capacidad de la testadora. Sin embargo, la reciente SAP de 27 de marzo de 2019 (JUR 2019, 138187) se desentiende por completo de la nueva doctrina del TS. En esta sentencia se admite, de una parte, que las causas de desheredación de los artículos 262 y 263.2º LDCG se corresponden con los artículos 849 y 853.2º CC; sin embargo, considera que, como recuerdan sentencias de otras Audiencias Provinciales ajenas a la Comunidad gallega, "lo determinante será por tanto demostrar que en efecto existió un maltrato real y objetivo , no que el testador subjetivamente se considere maltratado y dé por cierta la causa de desheredación, o considerar como maltrato hechos o circunstancias que objetivamente no tengan tal consideración. En particular, se excluyen situaciones como falta de relación afectiva y de comunicación, abandono sentimental durante última enfermedad, o ausencia de interés sobre problemas del padre, que, de ser ciertas, corresponden al campo de la moral, escapando de la valoración jurídica, sólo sometidas al tribunal de la conciencia (STS 28-5-1993)". En este caso sí se termina apreciando la existencia de maltrato de obra, pero no por abandono emocional, sino porque se acreditó la ejecución por el hijo de "insultos, amenazas, gritos y gestos intimidantes, dirigidos a su madre con reiteración, incluso empujones o zarandeos, siempre exigiendo dinero a la misma, que comportan graves falta de respeto y evidente maltrato de obra". Sorprende, por lo tanto, que si se recurre a sentencias del TS –a pesar de no ser necesario por cuanto no vinculan al Derecho civil gallego– no sea para citar la doctrina jurispudencial más actual.

616 Maldonado Rubio, 2017, p. 630.

617 Como afirma Gómez-Cornejo Tejedor, 2017, p. 332, "la figura de la desheredación en Aragón solo tiene sentido cuando el causante quiere desheredar a todos sus descendientes, o al descendiente único".

al legitimario". Se trata de una causa totalmente reciente, introducida *ex novo* por el legislador catalán en el año 2010[618]. Precisamente debido a su *originalidad*[619] creemos que merece un especial estudio, pues es desconocida en el Código Civil y otras legislaciones autonómicas.

Los requisitos para que esta causa resulte aplicable son fundamentalmente tres, siendo el primero, que exista ausencia de relación familiar entre el causante y el legitimario[620]. Cabe tener en cuenta que el precepto actual

---

618 Ribot Igualada, 2009, p. 1399, lo define como una de las principales novedades de la regulación de desheredación en el Código Civil Catalán.

619 Para Farnós Amorós, 2014, pp. 454 y 463, se trata de una excepción en Derecho comparado. En nuestra opinión, cierto es que la causa es desconocida en los ordenamiento civiles más próximos al nuestro, pero ello no quiere decir que sean pocas las normativas que sí la contemplan. Según Vaquer Aloy, 2013, p. 1160 y De Barrón Arniches, 2016-A, p. 43, esta causa se contempla en las normativas de Austria, República Checa, Croacia, Brasil, Perú, Colombia, Chile y Ecuador. En cuanto a Austria, en 1989 se introdujo en el ABGB la posibilidad de que el causante redujera la legítima a la mitad si nunca había existido con los legitimarios el trato familiar que normalmente se dispensan los padres y los hijos. Después hubo varias moficaciones dirigidas a eximir al legitimario cuando la falta de trato familiar fuera imputable al progenitor. En la República Checa, son causas de desheredación el comportamiento del descendiente que no presta la atención necesaria al causante que lo requiera por causa de enfermedad, edad u otras circunstancias serias, y cuando de manera duradera no le ha mostrado el interés que correspondería en su condición de descendiente. En Croacia, se permite la desheredación por lesión grave de una obligación familiar legal o moral hacia el causante, como no atenderle o cuidarle cuando lo necesita. El artículo 1962 del Código civil de Brasil de 2002 establece como causa de desheredación el desamparo del causante en estado de enajenación mental o enfermedad grave. El artículo 744.2º del Código civil de Perú establece como causa de desheredación el haber negado sin motivo alimentos al causante o haber abandonado al ascendiente encontrándose éste gravemente enfermo o sin poder valerse por sí mismo. El artículo 1173 del Código civil de Bolivia considera justo motivo para desheredar el negar sin motivo la asistencia familiar. Existen también disposiciones normativas en los Códigos civiles de Colombia (artículo 1266.2º), Chile (artículo 1208.2º) y Ecuador (artículo 1231.2º) que permiten desheredar por no haber socorrido en estado de demencia o desvalimiento, pudiendo hacerlo, al causante. En otro trabajo, de Barrón Arniches, 2016-B, pp. 98 y 99, afirma que el ordenamiento de Liechtenstein y de Bolivian también contemplan unas causas similares. Según y Arroyo Amayuelas y Farnós Amorós, 2015, p. 9, esta causa también es seguida, aunque con distintas fórmulas legales, en Eslovenia, Malta, Japón y Louisiana, en Estados Unidos. Sobre Japón, afirman que se admite la posibilidad de desheredar al legitimario que hubiese cometido una falta grave contra el testador, que es algo que los tribunales deben juzgar de acuerdo con la moral social. Por último, en Louisiana, el progenitor puede desheredar a un hijo legitimario mayor de edad si este no ha contactado con él durante un plazo de dos años, siempre que supiera cómo hacerlo y no hubiera justa causa que lo impidiera, salvo que el hijo se encontrara en servicio activo en las fuerzas armadas de los EE.UU, pues se considera que se trata de una imposibilidad material o por razones de seguridad.

620 Para De Almansa Moreno-Barreda, 2012, p. 35, esto significa que es necesario que no haya contacto entre el testador y el desheredado, que se hayan dejado de ver, discurriendo sus vidas por caminos diferentes; además, debe tratarse de una ausencia de relación familiar; "puede haber habido una relación no familiar, mercantil o profesional, la cual no obsta para que exista esta causa de desheredación". Véase también Messía de la Cerda Ballesteros, 2014, p. 1185.

no exige, tal y como sí exigía el proyecto de ley, que exista o hubiese existido convivencia entre las partes afectadas[621]. Uno de los precedentes que existen en derecho comparado, el § 776 ABGB, refiere como parámetro la relación cercana, sin que ello tampoco requiera convivencia actual ni pasada[622]. Además, el mero hecho de que la comunicación entre el causante y el legitimario sea menos frecuente que de costumbre o incluso no existente tampoco sería razón suficiente para apreciar causa de desheredación[623]; la idea sería así proteger a los hijos de previos matrimonios o relaciones[624].

El segundo requisito de esta ausencia de relación familiar es que sea "manifiesta y continuada". No podrá invocarse, por lo tanto, cuando exista todavía cierto contacto entre las partes o cuando solo haya existido un incidente o un episodio de distanciamiento entre ellas; tampoco cuando haya convivencia, aunque existan desavenencias[625]; este requisito tiende así a facilitar la prueba[626]. La ley no exige un tiempo mínimo de ausencia de contacto, a diferencia de lo establecido en Luisiana (dos años)[627] y en Austria (diez años)[628]; tal vez por ello, cierta doctrina considera que el legislador catalán también debería haber establecido también un número de años determinado (concretamente diez[629]). Sin embargo, en nuestra opinión,

---

621 El artículo 451-21.e) se refería a la "ruptura manifiesta y continuada en el tiempo de la relación familiar", lo que presuponía una convivencia previa; véase BOPC n.º 33, 19.2.2007.

622 Farnós Amorós, 2014, p. 463.

623 De acuerdo con la SAP de Barcelona de 30 de abril de 2014 (JUR 2014, 135504), en la que se establece que la ausencia de relación debe ser "sucesiva en el tiempo, no bastando una mera interrupción temporal por razones profesionales, educativas o de índole análoga". Para Pérez Arroyo, 2018, pp. 109 y ss., uno de los cambios que afecta a nuestra sociedad actual es que se producen muchos más movimientos migratorios, razón por la que los hijos pueden no ver a sus padres durante mucho tiempo, sobre todo por motivos de trabajo, educación o distancia, y no por ello podrían ser desheredados.

624 Arroyo Amayuelas y Anderson, 2011, pp. 56-57.

625 Arroyo Amayuelas y Farnós Amorós, 2015, p. 16.

626 Farnós Amorós, 2014, p. 464.

627 El artículo 1621 CC Luisiana de 1870 que sí requiere que la falta de contacto haya durado al menos dos años, pero deberá ser significativo en atención a las circunstancias. Véase De Almansa Moreno-Barreda, 2012, p. 35; Farnós Amorós, 2014, p. 464.

628 Tras la última reforma, que entró en vigor en 2017, el precepto § 776 sólo será aplicable si el legitimario no tuvo relación con el testador por un período largo de tiempo, según la doctrina, de al menos diez años; véase Miler, 2018, p. 99, y Steiner, 2016, p. 131.

629 Arroyo Amayuelas y Farnós Amorós, 2015, p. 17, dicen que: "el legislador habría hecho bien en precisar un número de años a partir de los cuales se entiende que existe falta de trato manifiesta y continuada. No es lo mismo que pasen cinco años que diez o treinta, y la imprecisión facilita la arbitrariedad". En su opinión, un período muy largo, como de treinta años, sería contraproducente; y también uno muy breve, como de dos años, pues no es indicativo de que ya no puedan

establecer plazos en cuestiones tan delicadas como esta no sería apropiado; daría lugar a cuestionar por qué una ausencia de relación de doce años puede ser causa para desheredar y no la de nueve años y medio. Además, ¿cuándo tendría que cumplirse el término; al momento de desheredar en testamento o al momento de abrirse la sucesión? Tanto una como otra solución serían poco adecuadas; la primera, porque convertiría la desheredación por ausencia de relación familiar en ineficaz (recuérdese que ya estamos hablando de personas de edad avanzada; podría ocurrir que la persona desatendida no sobreviva a ese plazo); la segunda, porque convertiría el recurso en aleatorio, toda vez que dependería de la cantidad de años que el testador viva tras la desheredación.

Por último, el tercer requisito es que la ausencia de relación sea exclusivamente imputable al legitimario; para Arroyo Amayuelas y Farnós Amorós, esto "constituye una cautela o salvaguarda legal a su favor y reduce considerablemente el alcance de la norma"[630]. Sin embargo, este último elemento es el que ha sido más ampliamente criticado por la doctrina[631] por varios motivos: en primer lugar, porque el texto del proyecto se encontraba en un punto intermedio, al exigir que no fuese "por causa exclusivamente imputable al causante"[632]. Esta es la solución que adoptó también el legislador austríaco en 2001 y que es más coherente, en opinión de ciertos autores, con la complejidad de las relaciones familiares, en las que a menudo es difícil o casi imposible imputar su ruptura únicamente a una de las partes[633]. Además, cabe tener en cuenta que es al heredero a quien corresponde esta prueba negativa, razón por la que la doctrina insiste en la importancia de preconstituir prueba[634]; sin embargo, esto no siempre será posible: "la práctica nos muestra que en ocasiones el causante no podrá preconstituir prueba de los hechos que justifican la desheredación de un

---

restablecerse los lazos familiares. Por ello, consideran que un periodo de diez años sería más que razonable".

630 Arroyo Amayuelas y Farnós Amorós, 2015, p. 18.

631 Arroyo Amayuelas y Anderson, 2011, pp. 56-57; De Paula Puig Blanes, 2011, pp. 424-425; Gómez-Cornejo Tejedor, 2017, p. 330.

632 Ollé Favaró, 2009, p. 453, afirma que muy pocas veces se dará la exclusiva responsabilidad del legitimario y aun cuando así fuese, será difícil acreditarlo.

633 Arroyo Amayuelas y Anderson, 2011, p. 57; Farnós Amorós, 2014, p. 470.

634 Farnós Amorós, 2014, p. 466. Pérez Escolar, 2014, pp. 1152-1153, pone de relieve "la importancia de aconsejar al testador la preconstitución de una prueba que, en la medida de lo posible, supere los inconvenientes de la testifical, o de plantearse la atribución de la carga de la prueba a ambas partes implicadas, herederos y desheredado, o bien directamente al desheredado". Véase también De Barrón Arniches, 2016-A, p. 44.

legitimario, porque ni siquiera estará en condiciones de hacerlo. De modo que, ante las situaciones de abusos fundadas en la vulnerabilidad de las personas mayores, el mecanismo de la indignidad resulta mucho más eficiente que el de la desheredación"[635]. No sorprende, por ello, que algunos autores consideren que no ha sido "una buena decisión legislativa introducir la causa y la culpabilidad en esta materia, y que hubiese sido más acertado ir hacia un concepto exclusivamente fáctico de ruptura de la relación familiar, como acontece, por ejemplo, en materia de los derechos sucesorios de los cónyuges o miembros de unión estable de pareja"[636]. Se cree, además, que el hecho de que la carga de la prueba corresponda al heredero es la principal razón de que proliferen tantas reclamaciones de legítima por los desheredados y a su vez una de las causas que desincentivan su uso por los testadores[637].

Para Vaquer Aloy[638], si este último requisito se interpreta estrictamente, entonces el artículo resultará inaplicable en muchos casos, pues a menudo resultará imposible probar que los desacuerdos se deben únicamente a una persona, el legitimario, en lugar de a los dos, legitimario y testador. En su opinión, lo razonable será permitir la desheredación cuando el comportamiento del legitimario resulte ser causa suficiente en atención de las circunstancias del caso en cuestión; en caso contrario, la regla del CCCat sería excesiva. Trae a colación el caso en que el hijo contacta intermitentemente con el causante pero no le permite visitar a su nieto; dice que se podrían imaginar las razones que podrían llevarle a eso, pero en cualquier caso, no resultaría admisible construir el término "relación familiar" como exclusivamente entre padre e hijo sin contemplar al resto de la familia.

La doctrina nacional, al analizar estos presupuestos, ha salientado los puntos flacos de esta nueva causa de desheredación. Para Arroyo Amayuelas y Farnós Amorós[639], es útil dar a conocer esta causa si, como parece, la frecuencia con la que los testadores recurren a esta cláusula de privación va *in crescendo*; sin embargo, creen que "hay más defectos que virtudes en la regla propuesta en el art. 451-17.2, letra e) CCCat"[640]. Consideran probable

---

635 De Barrón Arniches, 2018, p. 136.

636 Ollé Favaró, 2009, p. 453.

637 De Barrón Arniches, 2018, p. 134.

638 Vaquer Aloy, 2011, p. 100.

639 Arroyo Amayuelas y Farnós Amorós, 2015, pp. 16 y ss.

640 Arroyo Amayuelas y Farnós Amorós, 2015, pp. 11 y ss., ya hacen notar lo prolijo de esta causa en derecho comparado: "su admisión tampoco es pacífica en otros lugares: el legislador alemán la ha rechazado expresamente, en Austria ha sido polémico definir el supuesto de hecho

que "cuando no sea fácil advertir la imputabilidad del legitimario en la ausencia de relación familiar, la tendencia acabe siendo la de considerar que solo se tendrán en cuenta conductas similares a las tipificadas expresamente como causas de desheredación. Así, al causante puede resultarle ofensivo que el legitimario prostituya a sus nietos, aunque no haya sido condenado ni privado de la potestad (esto último sería causa autónoma de desheredación, *ex* art. 451-17, letra d, CCCat); pero probablemente no será suficiente que para él sea inaceptable el ingreso del legitimario en una secta, o que abuse del juego o del alcohol, máxime teniendo en cuenta que entre las causas de desheredación no se cuenta la vida disoluta, inmoral o deshonesta del legitimario".

González Carrasco[641] duda de la utilidad de la norma catalana[642], pues cree que cuando el desafecto familiar se manifiesta en toda su virulencia, el testador ya no suele tener capacidad natural para desheredar; si la desafección familiar no se configura como causa de indignidad sino como causa de desheredación, la ley deja únicamente en manos del causante ofendido la posibilidad de excluir al descendiente desagradecido, sin posibilidad de que el resto de llamados puedan hacer justicia a la situación de abandono. Sin embargo, en nuestra opinión, sería ciertamente cuestionable que la ausencia de relación familiar constituyese causa de indignidad[643]; al fin y al cabo, podría ocurrir que la privación de un legitimario de su derecho a herencia no se correspondiese con la voluntad real del causante abandonado[644], y desde luego, sólo parece dar lugar a un incremento de rupturas

---

y todavía hoy se discute si debe mantenerse y, en Luisiana, único Estado Anglo-Americano que regula la legítima, la interpretación de esta causa de desheredación ha generado no pocos litigios". Véase también Ferrer Riba, 2011, p. 356.

641 González Carrasco, 2015, p. 286.

642 Como también lo hace De Barrón Arniches, 2018, p. 144, que pone en duda que esta nueva causa esté resultando eficiente para la obtención de los objetivos que se proponía el legislador.

643 García Rubio y Otero Crespo, 2016, p. 263, hacen notar que en el sistema francés e italiano se ha fusionado la indignidad y la desheredación; situación deseada por parte de nuestra doctrina nacional.

644 Téngase en cuenta, sobre la voluntad del testador, que como afirman García Rubio *et al*, 2017, p. 798, existen diferencias de género; así, se dice que "la mujer tiende a desigualar menos a los hijos, según algunos notarios, porque tiene un sentido familiar más acusado. La mujer prefiere muchas veces ocultar la existencia de conflictos familiares para mantener la unidad familiar que trata de salvaguardar a toda costa, durante y después de su vida (...) Ejemplo de esta actitud es el caso comentado por un notario de Ourense, si bien ocurrido en Almería, en que unos padres, él moribundo, desheredaron entre sollozos a un hijo por causa verdaderamente grave (amenaza con pistola). Muerto el padre, al poco tiempo fue la madre a decirle que se había conseguido cierta reconciliación familiar, que no quería que fallecida ella hubiese más lío, y modificó su testamento

familiares, tras los muchos reproches que cabría esperar entre todos los miembros.

También se ha dicho que es difícil la aplicación de esta causa en caso de separación o divorcio de los progenitores, sobre todo cuando se ha acordado una guarda y custodia exclusiva, pues la ruptura conllevará un distanciamiento entre el menor y el progenitor no custodio, tendencia que se mantendrá –e incluso se intensificará– una vez alcanzada la mayoría de edad. Circunstancias como esta son las que, entre otras, motivaron que el legislador alemán, a partir de la Sentencia del TC federal (*BVerG*) de 19 de abril de 2005, rechazara expresamente la introducción de una causa de desheredación basada en la ausencia de relación familiar[645].

En definitiva, la principal objeción que se hace a esta nueva causa reside en la dificultad de su aplicación, pues todos sus elementos son ambiguos: la ausencia de relación, el carácter manifiesto de la falta de relación, la continuidad y, sobre todo, la imputabilidad exclusiva al legitimario. La apreciación de estos elementos, que implican un juicio de valor, corresponderá en último caso a un juez o tribunal muy pobremente informado sobre las "vicisitudes poliédricas de la vida familiar"; es decir, en la práctica operará la discrecionalidad judicial[646]. Además, conllevará una mayor litigiosidad[647]; circunstancia esta de la que ya era consciente el legislador catalán, tal y como se observa en el Preámbulo de la Ley: "Con relación al desheredamiento, es destacable la adición de una nueva causa, que es la ausencia manifiesta y continuada de relación familiar entre el causante y el legitimario por causa exclusivamente imputable a este último. A pesar de que, ciertamente, el precepto puede ser fuente de litigios por la dificultad probatoria de su supuesto de hecho, que puede conducir al juzgador a tener que hacer suposiciones sobre el origen de desavenencias familiares, se ha contrapesado este coste elevado de aplicación de la norma con el valor que tiene como reflejo del fundamento familiar de la institución y el sentido elemental de justicia que es subyacente".

---

instituyendo herederos a todos sus hijos. La mujer tiende a perdonar más que el hombre cualquier ofensa de un hijo. Dicen los notarios que es un testamento propio de mujer aquel en que se favorece a un hijo que no lo merece para evitar una fuente de conflictos".

[645] Farnós Amorós, 2014, p. 471.

[646] Ferrer Riba, 2011, p. 356. Véase también Pérez Arroyo, 2018, p. 119, que cree que hay que cambiar la ley en materia de desheredación, pues sino, "el ciudadano seguirá estando a merced de los jueces y tribunales que, en cada caso concreto, decidirán, casi aleatoriamente".

[647] Por todos, Torres García y García Rubio, 2014, p. 177.

Dejando de lado estos matices, se puede afirmar que la valoración de esta nueva causa ha sido, en general, positiva[648]; se cree que es más coherente con la realidad social actual[649] y que supone un paso más en la tendencia surgida en los años 90 de debilitar la legítima[650]. También se ha afirmado que con esta norma, el legislador catalán ha optado "por buscar un punto de equilibrio entre los conceptos de libertad de testar, sucesión y protección de la familia"[651]; y que podría abarcar muchas situaciones, como el nulo contacto o la falta de interés hacia el causante, en particular cuando se encuentra enfermo u hospitalizado[652].

Una vez analizada la reacción de la doctrina a esta novedosa causa, pasamos a ofrecer nuestra propia valoración acerca de esta cuestión.

IV. VALORACIÓN PERSONAL Y PROPUESTAS DE LEGE FERENDA

IV.1. En primer lugar, sobre la nueva jurisprudencia del TS y la causa de desheredación catalana

En relación con las conocidas Sentencias del TS de 2014, 2015 y 2019, creemos que la nueva senda que se ha tomado es la correcta y que desde luego

---

[648] Destaca la opinión de Sánchez Tapia, en "La ausencia de relación familiar, justa causa de desheredación en el Derecho Catalán" del *Blog No hay Derecho*, de 20 de diciembre de 2010, en el que afirma que la fecundidad legislativa catalana tenía que tener alguna ventaja, cual es la actualización o puesta al día en esta materia. Disponible en: https://hayderecho.expansion.com/2010/12/20/la-ausencia-de-relacion-familiar-justa-causa-de-desheredacion-en-el-derecho-catalan/

[649] Ferrer Riba, 2011, p. 355, cree que la nueva causa catalana es coherente con el hecho de que la legítima se basa en la solidaridad familiar. Farnós Amorós, 2014, pp. 462 y ss., considera que si uno de los fundamentos de la legítima es la relación de parentesco entre padres e hijos, base de la solidaridad familiar, la ausencia de relación personal, más allá de la existencia basada en la biología, debería ser razón de peso para hacer decaer tal derecho. De Barrón Arniches, 2018, p. 144, entiende que la nueva causa catalana es coherente con el modelo familiar actual. Véase también Pérez Arroyo, 2018, p. 110. Para Vaquer Aloy, 2018, pp. 64-65, la introducción en derecho catalán de la nueva causa de desheredación puede hacer pensar "que la legítima sí responde, o cuando menos, sí empieza a responder, a la noción de solidaridad intergeneracional. Sin embargo, ello resulta, cuando menos, discutible".

[650] Arroyo Amayuelas y Anderson, 2011, p. 69; Ferrer Riba, 2011, p. 350, afirma que el libro cuarto del CCCat continúa el proceso de erosión de la legítima; Farnós Amorós, 2014, p. 454. Incluso se ha dicho que esta nueva causa es el último intento por salvar la legítima; véase Ribot Igualada, 2009, p. 1402.

[651] De Barrón Arniches, 2016-A, p. 42.

[652] Ribot Igualada, 2009, p. 1400.

era muy necesaria. Además, entendemos que la distinción que hace el Alto Tribunal entre ruptura voluntaria de vínculos o abandono emocional y maltrato psicológico por abandono familiar es apropiada; la existencia de cierto daño psicológico es, en nuestra opinión, un requisito *sine qua non* para la aplicación del actual 853.2º CC, pues difícil sería en caso contrario subsumir la mera ausencia de relación familiar en el concepto de *maltrato de obra*[653].

Pero estamos de acuerdo con las críticas vertidas por Arroyo Amayuelas y Farnós Amorós cuando hacen notar la ausencia de averiguación de a quién era imputable la ruptura familiar[654]; según ellas, "lo espectacular de la decisión [de 2014] radicaría entonces en que el TS, aunque no lo exprese con estas mismas palabras, habría dicho que la ausencia de trato familiar es causa de desheredación y, esto es lo trascendente, sin necesidad de averiguar a quién es imputable la ruptura. Más bien el TS parece dar por supuesto que siempre es grave y culposa la conducta de quien abandona en manos de terceros o en soledad a sus padres, máxime si estos enferman antes de morir y aunque ello no les coloque en una situación de necesidad material"[655].

Este apropiado juicio por parte de las autoras referidas debe ser matizado por la STS posterior de 27 de junio de 2018[656] que utiliza precisamente el criterio de la ausencia de imputabilidad para no aplicar la nueva doctrina jurisprudencial[657]: "lo cierto es que solo una falta de relación continuada e imputable al desheredado podría ser valorada como causante de unos daños psicológicos". (...) Evidentemente, el origen de esa falta de relación familiar no puede imputarse a la hija, dado que se trataba de una niña".

---

653 Relacionado con este concepto de maltrato de obra cabría traer a colación la definición que ofrece Gómez-Cornejo Tejedor, 2017, pp. 321-322, de maltrato psicológico: "cualquier tipo de comportamiento repetido de carácter físico, verbal, activo o pasivo, que agrede a la estabilidad emocional de la persona, de forma continua y sistemática. El objetivo de dicho comportamiento es hacer sufrir a la víctima mediante la intimidación, culpabilización o desvalorización, aprovechando el amor o cariño que esta siente hacia su agresor".

654 Arroyo Amayuelas y Farnós Amorós, 2015, p. 10.

655 Messía de la Cerda Ballesteros, 2014, p. 1183, no parece interpretar lo mismo, pues afirma que: "el juego del maltrato psicológico como causa de desheredación está condicionado a que solamente concurra en la conducta de los hijos o descendientes respecto de sus padres o ascendientes. Un comportamiento mutuo en tal sentido impide su alegación, por cuanto el distanciamiento o desapego que actúa como factor decisivo es aceptado y promocionado por los segundos, de tal forma que no se pueden sentir afectados".

656 RJ 2018, 3100.

657 También en la RDGRN de 25 de mayo de 2017 (RJ 2017, 2650), como hemos referido con anterioridad.

En nuestra opinión, es correcta esta sentencia al exigir la imputabilidad del desheredado en términos generales[658]; sin embargo, y para este caso concreto sobre el que volveremos, no entendemos por qué el TS no se plantea qué sucede cuando la ausencia se inicia en la infancia (momento en el que no puede existir imputabilidad) pero continúa cuando el descendiente llega a una edad en la que ya puede decidir[659].

De otra parte, la nueva causa de desheredación catalana por abandono familiar nos parece también muy adecuada al actual contexto social; sin embargo, las deficiencias que la doctrina ha resaltado sobre la misma son palpables, sobre todo en relación con la imputabilidad. En nuestra opinión, ni son correctas las SSTS al no indagar acerca de a quién se debía la ausencia de relación; ni es adecuada la nueva causa catalana al exigir que única y exclusivamente la ausencia sea imputable al legitimario. Recuérdese que, tal y como vaticinaba Barceló Domenech, la causa debería aplicarse "siempre que la ruptura de relaciones no sea imputable al propio testador", que no es lo mismo que exigir que sea imputable única y exclusivamente al legitimario. Por ello, creemos que convendría una revisión de esta norma de cara a flexibilizar su aplicación, tal y como pide también cierta doctrina, en especial, Vaquer Aloy.

IV.2. En segundo lugar, sobre la necesidad de reforma y que no se debe desconfiar por sistema del testador

Creemos, al igual que la mayoría de la doctrina anteriormente reseñada, así como otras instituciones jurídicas, como el notariado[660], o civiles, como la Asociación Pro Derechos Civiles Económicos y Sociales[661], que es necesaria

---

[658] Para un mayor análisis sobre la exigencia de imputabilidad en la jurisprudencia menor, véase Mariño Pardo, "La desheredación del hijo que abandona al padre. La Sentencia del Tribunal Supremo de 3 de junio de 2014", en el *Blog Iurisprudente*, disponible en: www.iurisprudente.com/2014/07/la-desheredacion-del-hijo-que-abandona.html.

[659] Véase Fernández Maldonado, "De nuevo sobre el maltrato psicológico como causa de desheredación: STS 2492/2018 de 27 de junio de 2018", de NotaríaAbierta, disponible en: https://notariabierta.es/sts-27-junio-2018-abandono-maltrato-psicologico-desheredacion/.

[660] Según los datos ofrecidos por Rebolledo Varela, 2010-A, pp. 37-38, el 72% de los 362 notarios encuestados entre 2008 y 2009 considera que se aprecia un incremento de los casos de abandono afectivo por parte de los hijos del testador con dificultad para desheredarlos eficazmente.

[661] Esta Asociación instó formalmente al Ministerio de Justicia y a la Comisión de Justicia del Congreso de los Diputados a una reforma de la ley que previera una nueva causa de desheredación por ausencia de relación familiar; véase, entre otros: https://www.infolibre.es/noticias/politica/2014/03/26/exigen_gallardon_libertad_para_testar_ampliar_las_causas_para_desheredar_14987_1012.html.

una reforma en materia de desheredación, y más concretamente, la introducción de la ausencia de relación familiar y/o cuidados en la vejez como circunstancias a valorar en la desheredación del legitimario. Cabe tener en cuenta que para cierto sector doctrinal ello no supondría avance ninguno, pues lo que el legislador debe hacer, sin más, es reformar la institución de la legítima[662]; sin embargo, no estamos de acuerdo con esta aseveración: primero, porque una supresión total de la legítima no es la solución idónea para el momento actual, como ya tuvimos ocasión de expresar, y segundo, porque una mera reducción no evita el problema; el sistema legislativo no debe premiar al legitimario *ingrato* con un porcentaje sobre el patrimonio del ascendiente *olvidado*.

Concordamos con quienes entienden que la familia nuclear se asienta hoy en día sobre la existencia de vínculos afectivos entre sus miembros frente a los vínculos de consanguinidad y el vínculo conyugal, que quedan subordinados a la pervivencia de relaciones de convivencia y/o afectividad[663]; y eso es lo que hay que valorar: el mantenimiento o la conservación de relaciones familiares recíprocas. No debe resultar extraña, pues, la existencia de una corriente de pensamiento jurídico en el ámbito comparado que propugna por vincular los derechos sucesorios legales con la conducta con respecto del causante; sobre esto, Vaquer Aloy considera que los *behavior-based* sistemas de derechos sucesorios contribuyen a reforzar los lazos familiares y a evitar los abusos a los mayores[664]. Este autor también cita el caso de China, que ha llevado al extremo el sistema de derecho sucesorio basado en el comportamiento[665]; según el autor, y

---

662 De la Esperanza Rodríguez, 2002, p. 1116, rebate que se proponga ampliar las causas de desheredación para evitar abusos: "¿para qué obligar –se pregunta– y luego señalar grandes excepciones a la obligación?". O'Callaghan Muñoz, 2015, pp. 4 y ss., cree que "no tiene sentido modificar o ampliar la desheredación, que es una expresión mínima y poco frecuente de la legítima. Lo que el Código civil debe hacer y decir es que la legítima queda eliminada y consagrada la libertad de testar". De Barrón Arniches, 2018, p. 146, cree que "la jurisprudencia nos muestra que la desheredación no es un elemento de flexibilización de la legítima"; por ello, "más que modificar o incrementar las causas de privación de la legítima parece necesario modificar la propia legítima, si lo que se busca es proporcionar realmente libertad de testar al causante".

663 Pérez Escolar, 2014, pp. 1137-1138.

664 Vaquer Aloy, 2013, pp. 1160 y ss.

665 Ejemplos de sistemas basados en el comportamiento los encontramos en Oregón y California donde, según De Barrón Arniches, 2016-B, p. 98, llevan este planteamiento hasta el extremo, pues se considera premuerto y pierde, por tanto, todo derecho hereditario al descendiente que actuase maliciosamente contra su causante, ejerciese sobre él una influencia indebida o abusase de su situación de ancianidad o dependencia [sección 112.465 de las leyes del Estado de Oregón (*Oregon Statutes*)].

de acuerdo con el artículo 13.3 de la Ley de Sucesiones de la República Popular de China, cuando se trata de la sucesión intestada, el tribunal puede conceder una cuota más elevada de la herencia a los sucesores que más hayan cuidado al difunto. Además, el tribunal puede conceder una porción de la herencia al que asistió al causante y existe una causa específica de exclusión de la sucesión que consiste en actos graves de abandono o maltrato del causante (artículo 7.3). Esta regulación concede una gran discrecionalidad a los tribunales chinos para distribuir las cuotas de la herencia en función del comportamiento de los sucesores; hecho que es criticado por el autor toda vez que es inaceptable que los jueces testen por los causantes.

Estamos de acuerdo con este planteamiento, pues ni se debe desconfiar del testador por sistema estableciendo cuotas elevadas ni testando por ellos; al fin y al cabo, la mayoría de testadores no desheredan a sus descendientes[666]. En un sistema como el americano, en el que existe una amplia libertad de testar, el psicólogo Britt pudo demostrar que la tendencia mayoritaria de los testadores es dejar la mayor parte de su herencia a los miembros de la familia más inmediata, sin que existiesen, tal y como cabría suponer, ningún tipo de diferencia ni patrones de conducta distintos en atención a la edad, situación económica, nivel educativo ni profesión[667].

Y es que, ¿por qué deberíamos pensar que los progenitores están anhelando desheredar a sus descendientes, si son ellos mismos los que sirven al individuo de "máximo acicate para desplegar trabajo y crear riqueza"?[668] Marshall afirmaba en sus *Principles of Economics* que el principal motivo para el ahorro es el afecto familiar, y que si no fuera por ello, muchos de los que ahora trabajan duro y ahorran cuidadosamente no se esforzarían por hacer algo más que asegurar una anualidad cómoda para sus propias vidas; ya sea mediante el concierto de un seguro, o haciendo gestiones para gastar todos los años, después de la jubilación, parte de su capital y sus ingresos. (...) Un hombre no puede tener un estímulo más fuerte para la energía y la empresa que la esperanza de crecer en la vida y dejar que su

---

666 Sáenz de Santa María Vierna, 2013, p. 422, ponía de manifiesto las pocas sentencias que había hasta ese momento sobre desheredación.

667 Britt, 1937, pp. 350 y ss., que demostró que tampoco fue posible en aquella época observar distinciones entre las disposiciones testamentarias en favor de hijas e hijos.

668 Royo Martínez, 1951, p. 4, llega a preguntarse que si trabajaríamos como lo hacemos y con igual desvelo si la ley no dijera y la experiencia no demostrara que los frutos han de ser para nosotros y luego para nuestros hijos.

familia comience desde un punto más alto en la escala social que aquella en la que comenzó[669].

En nuestra doctrina nacional también se considera que con la libertad de testar se satisfacen "espontáneamente" intereses de orden familiar, pues la libertad de disponer es, generalmente, una libertad para priorizar intereses familiares y sólo excepcionalmente para postergarlos[670]. García Goyena lo explicaba así: el número de hijos ingratos es mucho mayor que el de los padres injustos, cuyo corazón está siempre abierto al perdón del hijo arrepentido y lleva muchas veces hasta la tumba el silencio sobre el extravío del incorregible[671]. En definitiva, nada hace pensar que hay miles de testadores deseosos de desheredar a sus descendientes en base a esta nueva causa; más bien al contrario, probablemente será útil para solucionar algunos desequilibrios existentes en la antigua regulación[672].

IV.3. Nuestra propuesta de lege ferenda (I): elementos esenciales

Existen al menos dos formas diferentes por las que el legislador estatal podría reformar esta materia, además de unificar los criterios de desheredación, cuestión necesaria, tal y como han hecho ya los legisladores autonómicos[673]: la primera sería aclarar de forma más precisa el concepto de maltrato de obra presente en el artículo 853.2° CC, siguiendo la nueva jurisprudencia; la segunda, introducir *ad hoc* un tercer apartado que contemple la nueva causa de desheredación por abandono familiar, como ha hecho el legislador catalán.

Creemos que la mejor opción sería la primera; es decir, reforzar la nueva interpretación del TS a través de una referencia expresa en el articulado. En nuestra opinión, no es desaconsejable que se siga requiriendo

---

669 Marshall, reedición de 1997, p. 228. El texto original es el siguiente: "*Were it not for the family affections, many who now work hard and save carefully would not exert themselves to do more than secure a comfortable annuity for their own lives; either by purchase from an insurance company, or by arranging to spend every year, after they had retired from work, part of their capital as well as all their income. (...) A man can have no stronger stimulus to energy and enterprise than the hope of rising in life and leaving his family to start from a higher round of the social ladder than that on which he began*".

670 Ferrer Riba, 2011, pp. 343-345.

671 Según Santa María Vierna, 2013, p. 435.

672 Vaquer Aloy, 2011, p. 101.

673 Al unificar los criterios de desheredación, esta causa no sólo serviría para desheredar a los descendientes, sino también a los descendientes, y por qué no, al propio cónyuge.

la existencia de maltrato psicológico; al fin y al cabo, la mera ausencia de relación familiar no debería *castigarse* si no produce daño alguno en el testador. Pero este daño habría que probarlo, o cuando menos, justificarlo; por ello, además de invertir la carga de la prueba –cabe tener en cuenta que es más fácil probar la existencia de una relación (registro de llamadas, mensajes, fotos, etc.) que probar su ausencia–, sería conveniente que la ley exigiese una descripción detallada de los hechos que han causado ese daño, y no meramente la indicación de la causa, en términos generales. Así se desprende del artículo 849 CC, cuando establece que "la desheredación sólo podrá hacerse en testamento, expresando en él la causa legal en que se funde"; como decimos, la ley debería requerir una exposición motivada de las circunstancias que han ocasionado el daño psicológico, tal y como se exige en Derecho laboral que el empresario detalle justificadamente los hechos que pueden subsumirse en alguna de las causas de despido.

Pero esta no es la única reforma que cabría hacer en ese artículo 849 CC, pues convendría facultar que la desheredación también se pudiese hacer en vida del testador. Un modelo a seguir podría ser el japonés, según el cual una persona puede solicitar al juzgado de familia que estime la desheredación de su legitimario con base en alguna de las causas de desheredación; en general, el tribunal podrá ordenar la desheredación si entiende que el legitimario ha causado la ruptura de las relaciones familiares[674]. Este tipo de desheredación en vida podría facilitar enormemente la cuestión relativa a la prueba; al fin y al cabo, será una disputa entre testador y legitimario, quienes podrán aducir los argumentos que crean convenientes en favor de sus posiciones. Sin embargo, no podemos obviar que un proceso de desheredación en vida podría resultar excesivamente lastimoso para ambas partes, pues parece que en lugar de facilitar una reconciliación lo único que haría sería trasladar la ausencia de relación (o la mala relación[675]) a un punto sin retorno. Por ello, creemos que la futura legislación sucesoria debería contemplar ambas formas de desheredación: una notarial, a través de la desheredación en cláusula testamentaria; y otra judicial, en vida del testador y legitimario, con posibilidad de reconciliación o perdón también mediante disposición testamentaria.

---

674 Minamikata, 2015, p. 209.

675 El término de malas relaciones no es frecuentemente usado por la doctrina, pero no creemos que deba obviarse; como señala Torres García, 2015, p. 879, "la complejidad de las actuales estructuras familiares no hace extrañar la situación en la que los progenitores han perdido el contacto con alguno de sus hijos o incluso mantienen malas relaciones".

Volviendo a la reforma propuesta, el legislador estatal debe, en nuestra opinión, *integrar* en el artículo 853 CC la nueva doctrina jurisprudencial por dos razones: la primera, porque así se pone fin al caos que se produce en los Tribunales inferiores; la segunda, porque ello permitirá aclarar y precisar la cuestión relativa a la imputabilidad.

En relación con la imputabilidad, creemos que sólo será justa causa de desheredación la ausencia de relación familiar cuando esta no sea exclusivamente imputable al testador. No nos parece adecuada la opinión de Gómez-Cornejo Tejedor[676] cuando afirma que es criticable "entrar a analizar la idea de la imputabilidad o culpabilidad que tantos problemas trajo en otros sectores del ordenamiento jurídico, como por ejemplo en materia de separación o divorcio y que, al final, el legislador optó por abandonar. Por tanto, no nos parece un ejemplo a seguir en el derecho común". En nuestra opinión, la imputabilidad es necesaria por cuanto sirve de freno al fraude, o lo que es lo mismo, a que se burle la legítima de una forma tan vil como la de simplemente desentenderse del descendiente. No sería lógico que el Derecho conservarse la legítima y, al mismo tiempo, la convirtiese en figura inútil al permitirse la libre desheredación. Libre desheredación que, además, generaría dos daños: primero, el personal que deriva del abandono del descendiente para legitimar la desheredación; y, segundo, el económico que proviene de privar a ese descendiente de una expectativa sucesoria. Por todo ello creemos que es necesaria la existencia de un criterio de imputabilidad, pero que ha de ser flexible, permitiendo el recurso a la desheredación cuando la ausencia de relación familiar no se deba exclusivamente al testador[677].

No debería considerarse justa causa la ausencia de relación que sea *razonable* cuando, por ejemplo, el descendiente desheredado homosexual no quisiese tratar con su progenitor homofóbico[678]. Además de *razonable,* tendría que ser de *entidad suficiente*; es decir, no bastaría para dejar sin

---

676 Gómez-Cornejo Tejedor, 2017, p. 330.

677 Tal y como ya afirmaba Barceló Domenech, 2004, pp. 495 y ss.

678 Arroyo Amayuelas y Anderson, 2011, pp. 56-57, se plantean precisamente este supuesto, si el hecho de que el legitimario fuese homosexual y eso causara una ruptura de las relaciones con su padre o madre, sería una razón válida para desheredar. Vaquer Aloy, 2013, p. 1166, ofrece otro ejemplo: el del hijo que mantiene "contacto esporádico con su padre causante pero que le impide relacionarse con su nieto; no debe ser ajena la conducta previa del causante imaginemos que hubiera sido condenado por abusos sexuales a menores pero tampoco cabría una interpretación literal de la causa de desheredación que la confinara a la estricta relación entre causante y legitimario obviando la relación familiar en sentido extenso entre ambos".

efecto la desheredación el que la ausencia familiar derivase de una mera discrepancia sin importancia con el ascendiente.

Cabe plantearse qué ocurriría en los casos frecuentes en que el descendiente no tenga relación con su progenitor debido a la ruptura del vínculo matrimonial con el otro progenitor[679]; ¿se consideraría *razonable* que el descendiente se distanciase del progenitor por haber tomado la decisión de romper el vínculo matrimonial y *causar un daño irreparable* al otro progenitor?

En relación con esto creemos que se puede traer a colación el conocido testamento de Camilo José Cela Trulock. En 1989, el Premio Nobel de Literatura designó como heredera universal en todos sus bienes y derechos a su segunda esposa, Marina Castaño, en claro perjuicio del hijo habido con la primera esposa, y a quien aquel consideraba suficientemente "pagado" con la donación del cuadro al óleo sin título pero conocido como "El cuadro rasgado" de Joan Miró, efectuada el 23 de octubre de 1990. El testamento fue impugnado por su hijo, Camilo José Cela Conde, por no respetar su legítima, consistente en las dos terceras partes del haber hereditario (artículo 808 CC); además, también se solicitaban otras cuestiones en las que no nos detendremos, como la anulación de las transmisiones, simuladamente onerosas, de sus derechos de autor e imagen a dos sociedades mercantiles, cuyos únicos socios eran el propio Cela y su segunda esposa. Después de varios años de batallas judiciales, el caso llegó al Tribunal Supremo, que sentenció en 2014 en favor del hijo de Camilo José Cela.

Puede resultar difícil analizar objetivamente este supuesto; al fin y al cabo, los personajes son públicos y al caso se le dio mucha cobertura mediática. El retrato que la prensa hizo de ellos es claro: Marina Castaño, como una mujer aprovechada e interesada que sedujo al Premio Nobel con viles artimañas para quedarse con su dinero[680]; el hijo, y también la primera mujer, como las víctimas del ardid de aquella[681]. Dejando de lado

[679] García Rubio *et al*, 2017, pp. 795-796, afirman que existen grandes diferencias a la hora de testar según el género del testador; así, los hombres que contraen segundas nupcias tienden a favorecer a los hijos habidos con la segunda mujer y a dejar menos a los de la primera. Las razones a las que puede deberse esto son varias, siendo una de ellas, que el hombre no tuviese la custodia de los hijos, perdiendo así los lazos de convivencia y cariño con ellos.

[680] Parece que Alonso Martínez, reedición 1949-1949, p. 48, pensaba en un caso de este tipo cuando afirmaba que "es evidente que el hombre, debilitado por los años y la enfermedad, puede ser víctima de sugestiones de todo género. Las seducciones de una mujer artera, las intrigas y maniobras de parientes codiciosos o de falsos amigos que rodean el lecho del moribundo para captarse su herencia, son otros tantos peligros de que la ley debe defender a la familia legítima".

[681] Véase, a modo de ejemplo: https://www.diariocritico.com/noticia/247109/noticias/marina-castano-la-insoportable-levedad-del-ser.html y http://www.circulodeopinion.com/

el malestar que nos produce que no se *cuestione* también al hombre que accede a estar con una mujer de esa supuesta baja catadura moral –en este caso el novelista, que no era paradigma según dicen del ideal de marido fiel–, lo cierto es que la prensa no ha retratado con ápice alguno de criticismo la nula relación entre el novelista y su hijo. Hecho este reconocido por los propios sujetos; baste señalar, en este sentido, que Camilo José Cela Trulock no llegó a conocer en vida a su nieta, la hija de Camilo José Cela Conde, a pesar de que ella ya tenía catorce años cuando el novelista falleció. También es un hecho contrastado que ni su hijo ni su nieta asistieron al funeral del aquí testador.

Todo ello nos invita a reflexionar acerca de qué hubiese ocurrido en este caso si Camilo José Cela Trulock hubiese desheredado a su hijo, Camilo José Cela Conde, por ausencia de relación familiar; no queda duda de que eso es lo que pretendía: privarle de derechos en su herencia. Y la respuesta no puede sino ser *gallega*: depende. Dependería de a quién se debe la ausencia de relación familiar y si ello es razonable o no. Desde luego, lo que en nuestra opinión no resulta, *a priori,* razonable, es que las segundas nupcias del progenitor justifiquen que este no llegue a conocer a su nieta, ni que hijo y nieta no presencien el entierro de aquel[682]. Pero, por supuesto, no conocemos todas las circunstancias que rodean este caso.

También relacionado con la ruptura matrimonial entre los ascendientes, pero en sentido inverso, se encuentra el llamado por algunos "síndrome de alienación parental" (SAP o PAS en América), que viene a ser, según Sáenz de Santa María Vierna[683], una "combinación del lavado de cerebro y sistemático adoctrinamiento de uno de los progenitores sobre el menor, retroalimentado por las propias contribuciones del niño dirigidas a la denigración del otro progenitor, objetivo de la campaña de insultos y difamación". Para el autor, la ausencia de relación entre progenitor e hijo que derive de este síndrome debería ser causa válida para desheredar, pero en el sentido de que solo el progenitor víctima del SAP puede desheredar; el otro progenitor –el llamado *alienador*– no.

El Tribunal Supremo ha tenido ocasión de pronunciarse sobre un caso en el que resultan patentes las consecuencias perjudiciales que, de cara a un hijo, pueden derivarse de la ruptura afectiva de los ascendientes. La

---

camilo-jose-cela-conde-un-hijo-modelo/

682 Ribot Igualada, 2009, p. 1400, al estudiar la causa catalana, dice que lo positivo de la misma es que podrá abarcar muchas situaciones, incluida la no infrecuente ausencia de asistencia al entierro del causante.

683 Sáenz de Santa María Vierna, 2013, pp. 438 y ss.

Sentencia que trata esta cuestión es la de 27 de junio de 2018[684] y en ella se analiza el carácter (o no) de reconciliación que tenía el envío de un burofax por parte del padre a su hija tras muchos años distanciados. Del relato fáctico se extrae que "tras el divorcio de sus padres [los padres de la desheredada], la relación y los contactos con su padre se fueron distanciando, hasta el punto de que se acordó la suspensión de las visitas de su padre por considerar que no eran beneficiosas para la demandante cuando era menor"; sin embargo, y como en los últimos años sí habían mantenido contacto personal y telefónico (también mediante el intercambio de mensajes de whatsapp), sí se apreció la nulidad de la cláusula de desheredación. El motivo que aduce el Tribunal Supremo para fallar en ese sentido parece ser la ausencia de imputabilidad a la desheredada de la ausencia de relación familiar, cuando afirma que "lo cierto es que solo una falta de relación continuada e imputable al desheredado podría ser valorada como causante de unos daños psicológicos. Tal circunstancia no puede apreciarse en el caso si se tiene en cuenta que esa falta de relación se inició cuando la demandante tenía nueve años, y que incluso se acordó judicialmente la suspensión de visitas entre el padre y la hija por ser contrarias a su interés, dada la relación conflictiva ente la menor y el padre y, sobre todo, entre la menor y la pareja del padre. Evidentemente, el origen de esa falta de relación familiar no puede imputarse a la hija, dado que se trataba de una niña"[685].

En definitiva, y como se ha dicho, "en los litigios sucesorios que traen causa en su origen de la familia desestructurada que provoca el divorcio de los progenitores, es necesario extremar la prudencia en la interpretación y el análisis de la desheredación que después el causante ordena en el testamento. La pregunta que cabe formularse es la de la imputación de la responsabilidad al legitimario por el abandono emocional causado a un progenitor por el que previamente el descendiente se había sentido abandonado. La situación previa que sufren muchos hijos ante la ruptura sentimental de sus padres es el germen de una falta de relación familiar,

---

684 RJ 2018, 3100.

685 Mariño Pardo, al comentar esta sentencia en "La desheredación del hijo que abandona al padre. La Sentencia del Tribunal Supremo de 3 de junio de 2014", en el *Blog Iurisprudente*, disponible en: www.iurisprudente.com/2014/07/la-desheredacion-del-hijo-que-abandona.html, afirma que "parece que, en todo caso, si la situación de conflicto se ha iniciado durante la minoría de edad de la desheredada, aunque se hubiera prolongado tras su mayoría de edad, no puede ser considerada imputable a la misma y no debería ser considerada causa de desheredación". Cree también este autor que en este caso "se están mezclando dos supuestos distintos, que pueden merecer un tratamiento distinto: el perdón por el testador y la reconciliación entre ofensor y ofendido".

de difícil solución, en la edad adulta"[686]. En nuestra opinión, en estos casos no se deben aplicar soluciones estándar; convendría más bien dejar a criterio de jueces y magistrados la valoración del daño ocasionado, de si está justificada o no la ausencia de relación y de a quién esta se imputa principalmente.

Por último, nos gustaría llamar la atención sobre el hecho de que en ciertas normativas autonómicas, como Cataluña, Aragón y Navarra, no se exige que el maltrato se produzca únicamente sobre la persona del testador. Así, en Cataluña, el artículo 451-17.c) CCCat establece, como causa de desheredación, el maltrato grave al testador, o a su cónyuge o conviviente en pareja estable, o a los ascendientes o descendientes del testador. En Aragón, el artículo 510.c) CDFA determina como causa de desheredación haber maltratado de obra o injuriado gravemente al testador, así como a su cónyuge, si éste es ascendiente del desheredado. Este precepto aragonés es mucho más restrictivo que el catalán, pues sólo contempla como causa de desheredación el maltrato del legitimario al otro progenitor, si es que este y el testador estuviesen o siguiesen casados. Por último, la ley 270 CDCFN señala que será causa de desheredación la causación de un daño contra la persona o bienes del causante o contra personas integrantes de su grupo o comunidad familiar o de sus bienes. Esta regulación extensiva del maltrato de obra a otros miembros de la comunidad familiar que hacen ciertas Comunidades Autónomas es más acorde, en nuestra opinión, con la idea de que la solidaridad intergeneracional o familiar es fundamento de la legítima.

IV.4. Nuestra propuesta de lege ferenda (II): más allá del abandono familiar

El Código Civil español sólo permite desheredar a legitimarios bajo causas que son de extrema gravedad; sin embargo, existen "comportamientos que no dejan de repugnar a la conciencia social y que hacen de su autor un evidente desmerecedor de participar en la herencia, a pesar de que ello en nuestro Derecho no justifica y por consiguiente no permite su exclusión en la misma"[687]. Sirva de ejemplo para nuestra reflexión la primera causa de las previstas como indignidad sucesoria (artículo 756 CC[688]), por la que se

---

[686] De Barrón Arniches, 2016-A, p. 36.

[687] Peris Rivera, 2016, p. 331.

[688] Sobre este precepto, téngase en cuenta que Martínez Velencoso, 2015, pp. 4-5, relaciona la ingratitud, la indignidad y la desheredación, y considera que "el fundamento de la desheredación

puede desheredar al legitimario que ha atacado personalmente al causante, su cónyuge o pareja de hecho o alguno de sus descendientes o ascendientes[689], pero, ¿es que acaso no sería comprensible que un padre quisiera desheredar al hijo que es condenado por atentar contra la vida de otra persona inocente? Pensemos en alguno de esos casos que tanto rechazo generan en la sociedad, como el del *Chicle,* condenado a prisión permanente por el asesinato y agresión sexual de Diana Quer. O sin llegar a extremos tan mediáticos, donde el daño provocado puede ser más evidente; pensemos en ese hijo que, a pesar de la buena educación recibida, tiene comportamientos erráticos para con la sociedad, como el del drogadicto que roba a terceros para poder abastecerse. ¿Es que sus padres no podrían desheredarlo por el grave sufrimiento que les haya causado su comportamiento social?

Cierto es que nuestro sistema tiende a querer hacer normas cerradas, pues se considera que ello ofrece seguridad jurídica; sin embargo, cabe tener en cuenta dos cosas: en primer lugar, esa idea es una quimera, por cuanto es *prácticamente imposible* redactar normas que no sugieran la posibilidad de diversas interpretaciones; en segundo lugar, debemos perder el miedo a la filosofía del *caso a caso.* Porque efectivamente, no todo "comportamiento reprobable" debería ser justa causa de desheredación, pero en otros casos creemos que así podría o debería ser.

Sobre la idea de "comportamiento reprobable", cabe tener en cuenta que en Alemania se preveía como causa de desheredación el que los descendientes llevasen una vida deshonrada o inmoral en contra de la voluntad del causante; causa que está actualmente derogada[690]. Sin embargo, en

---

es, pues, similar al de la revocación de donaciones por ingratitud". Por ello, recuerda que, en relación con las causas de indignidad, apartado primero: "El número 1° del art. 756 CC considera indigno para suceder al que hubiera ejercido violencia física o psíquica en el ámbito familiar al causante, pero no hay que perder de vista que para ello exige que hubiera sido condenado penalmente. ¿Qué sucedería entonces cuando no hubiese habido condena penal? Aplicando la doctrina jurisprudencial antes analizada a este supuesto, podríamos entender que los supuestos de indignidad para suceder no necesariamente deberían considerarse numerus clausus, pudiendo quedar comprendido en ellos también el maltrato psicológico de los hijos hacia los progenitores. En consecuencia, podría considerarse que serían indignos para suceder los herederos que hubiesen cometido contra el causante actos calificados como reprochables"; sin embargo, Cabezuelo Arenas, 2016, p. 8, no comparte esta tesis por tentadora que pueda parecer.

689 Téngase en cuenta que esta primera causa de indignidad era la segunda hasta la reforma operada por la Ley de Jurisdicción Voluntaria de 2015; véase, en este sentido, García Rubio y Otero Crespo, 2016, p. 265. Sin embargo, y a pesar de que exista un distinto orden en la enumeración de las causas de indignidad, dicho primer apartado sigue siendo causa válida para desheredar también *ex* artículo 852 CC.

690 Peris Rivera, 2016, p. 336; Christandl, 2019, p. 218.

Austria, tras la reforma de 2017, se puede desheredar a los legitimarios si estos violan o han intentado contravenir la voluntad del causante o si en manera reprensible le han causado graves sufrimientos mentales (números 3 y 4, sección 770 AGBG)[691]. En Japón son justas causas para desheredar: (a) que el testador haya sido tratado cruelmente o insultado gravemente por el legitimario; y (b) que el testador haya descubierto otras conductas serias e inapropiadas (*serious misconduct*) por el legitimario. Los actos de crueldad e insulto grave deben ser dirigidos directamente contra el testador; sin embargo, el comportamiento reprobable no tiene que estar dirigido directamente contra el testador siempre y cuando le cause un daño[692]. Además, esta causa del comportamiento reprobable tampoco es desconocida en nuestro ordenamiento jurídico; así, tal y como ya hemos referido, la nueva ley 270 CDCFN establece que será justa causa para desheredar "la realización voluntaria de una conducta socialmente reprobable contra la persona o bienes del causante o contra personas integrantes de su grupo o comunidad familiar o de sus bienes".

En nuestra opinión, también debería ser posible desheredar al legitimario que ha tenido, a juicio del testador, una conducta socialmente reprobable. Estamos pensando, por ejemplo, en esos casos en que el padre, alcohólico, ponía en riesgo la vida de sus hijos, llevándolos en coche en estado de embriaguez, aunque no los agrediese directamente. Algo similar reclama González Carrasco[693], cuando cree que las causas merecen una actualización normativa, pues "por poner un ejemplo, el adulterio de un hijo con el cónyuge del testador no tendría cabida en el elenco de causas que permiten privar de la legitima a un descendiente si por injuria de palabra solo se entiende el insulto y aun cuando en el concepto de maltrato de obra se incluya el psicológico. Y como la realidad supera a la ficción jurídica en cualquier momento, la realidad más reciente nos tiene informados por boca de sus aristocráticos protagonistas de conocidos ejemplos como el que se acaba de ofrecer".

De nuevo, no bastaría cualquier tipo de conducta socialmente reprobable, sino que la misma tendría que tener *entidad suficiente*, y, por supuesto, haber causado algún tipo de daño psicológico al testador. En nuestra

---

[691] Christandl, 2019, p. 218, afirma que, por ejemplo, si el testador ha sido abandonado en situaciones de emergencia puede privar al legitimario de su legítima, y también les puede privar de cuota forzosa si incumplen gravemente los deberes familiares frente al causante cuando, por ejemplo, abandonan al causante que está muriéndose en el hospital.

[692] Minamikata, 2015, p. 209.

[693] González Carrasco, 2015, p. 283.

opinión, esto ya se podría alegar *de lege lata,* a la luz de la nueva interpretación por el TS del concepto "maltrato de obra" pero, una vez más, creemos que el legislador debería acometer una reforma de cara a introducirlo de forma expresa en el Código Civil español y estableciendo ciertos presupuestos, como el relativo a la imputabilidad.

Además, *de lege ferenda,* creemos que también debería ser posible la desheredación parcial en el Código Civil español, expresamente prohibida en el artículo 451-18 CCCat, tal y como defendía Vallet de Goytisolo[694]: "si las autoridades judiciales pueden tener en cuenta circunstancias atenuantes para reducir la pena, ¿por qué el padre ha de ser de peor condición?". Claro está que no sólo debe admitirse la institución, sino también regular sus presupuestos; en nuestra opinión, esta institución debería judicializarse también, en el sentido de que sea posible que un juez o magistrado determinen si resulta apropiada la *atenuación* de la desheredación. Cabe, también, preguntarse si el causante podría desheredar al legitimario y al mismo tiempo atribuirle un legado o una donación de cuantía inferior a lo que le hubiese correspondido por legítima; todavía no hay regulación ni jurisprudencia al respecto[695].

Por último, cabría plantearse la admisibilidad de la desheredación condicionada, sobre todo en los ordenamientos autonómicos en los que se contempla también el maltrato hacia el cónyuge: por ejemplo, desheredo a mi hijo si en algún momento faltase a sus deberes de cuidado y atención para con su madre/padre en su vejez. Sobre esta cuestión, cabe tener en cuenta que cierto sector doctrinal considera que, al menos en derecho común, no es posible recurrir a la desheredación por falta de cuidados del propio testador[696]. Esto, en nuestra opinión, debe matizarse: la ausencia de cuidados no debe ser subsumible dentro del concepto "maltrato de obra" de forma general, pero sí podría darse el caso en que pudiese concebirse como tal; estamos pensando, por ejemplo, en el supuesto en el que el progenitor se encuentre en estado de necesidad y el descendiente-legitimario no tome absolutamente ninguna medida para su cuidado. Dicho esto, y

---

694 Vallet de Goytisolo, 1967, p. 187; en contra, véase Batlle Vázquez, 1951, pp. 63 y ss.

695 Álvarez Álvarez, 2014, p. 101 y ss.

696 García Rubio, 2014, p. 495, hace notar que cierta doctrina considera que por alimentos han de interpretarse como lo necesario para el sustento económico y emocional, lo que conduciría a considerar justa la desheredación por falta de cuidados y atención; conclusión bienintencionada, dice, que casa mal con el tenor literal de la norma y con la necesaria interpretación restrictica de las causas de desheredación. En sentido parecido, Otero Crespo, 2018, pp. 137-138, entiende que no se puede recurrir a la desheredación por falta de cuidados.

volviendo a la cuestión sobre la admisibilidad de la desheredación condicionada por maltrato hacia otro miembro del núcleo familiar, cabe tener en cuenta que, según Voci[697], "*la exheredatio debe essere incondizionata, a meno che, secondo quanto si è visto, non si accompagni a una institutio condizionata in senso opposto*". Y, según Vallet de Goytisolo[698], la doctrina rechaza la posibilidad de una desheredación condicionada a que en el futuro incida un legitimario en causa de desheredación; "una decisión tan grave requiere un hecho real ya ocurrido y no una previsión imaginada, aunque resulte profética"; criterio compartido por la Dirección General de Seguridad Jurídica y Fe Pública (anteriormente denominada Dirección General de los Registros y del Notariado)[699]. Parece pues que en estos casos la respuesta tendría que ser negativa, aunque siempre quedaría expedita la desheredación en la sucesión del progenitor efectivamente *abandonado.*

---

697 Voci, 1963, p. 638.

698 Vallet de Goytisolo, 1982, p. 509.

699 La RDGRN de 6 de marzo de 2019 (RJ 2019, 1422) establece claramente que la desheredación requiere que se le atribuya al desheredado una acción u omisión que la Ley tipifique como bastante para privarle de la legítima, y, he aquí lo importante, que haya ocurrido antes de que se otorgue el testamento.

REFLEXIONES FINALES

Comenzamos la introducción de esta obra hablando de las fricciones que se producen en este sector jurídico y lo terminaremos de la misma forma, citando otra expresión de Vallet de Goytisolo: "todo el Derecho, arte de lo justo, se mueve entre dos fuerzas fluidas que continuamente se interfieren y entran en conflicto: la libre voluntad del sujeto y lo prohibido normativamente"[700]. No cabe duda de que esta apreciación es perfectamente aplicable en lo que a legítimas se refiere. Pero, como dijimos, el debate sobre la idoneidad de la sucesión forzosa no aparece *ex novo,* sino que probablemente surge al mismo tiempo del nacimiento de esta institución; lo único que ocurre es que en diferentes momentos de la historia vuelve a cobrar importancia[701]. Y definitivamente, el siglo XXI es uno de esos momentos.

Resulta claro, en nuestra opinión y de la doctrina mayoritaria, que es urgente una reforma en el seno del Código Civil español para adaptarse a la nueva realidad social, ya "no sólo para lograr una conveniente armonización entre todas las legislaciones civiles vigentes dentro del Estado español[702], sino también para cumplir lo dispuesto en la Carta de Derechos Fundamentales de la Unión Europea, incluida la Ley Orgánica 1/2008 de Ratificación del Tratado de Lisboa, donde se declara el derecho de la per-

---

700 Vallet de Goytisolo, 1974, p. 3.

701 Cañizares Laso, 2014, p. 247. Pérez Ramos, 2014, p. 109, considera que en los últimos tiempos ha recobrado vigencia el debate de la crisis de las legítimas pero que se desconoce que probablemente el origen del mismo no haya que buscarlo en los nuevos modelos de familia "sino en los albores del movimiento codificador en la pugna entre la instauración de un modelo basado en único cuerpo civil para todo el territorio nacional o en el de la coexistencia del mismo con el respeto a las peculiaridades forales". Bernard Mainar, 2019, p. 376, considera que "uno de los tópicos que siempre ha suscitado interés al mismo tiempo que polémica es el concerniente a la libertad o la limitación para disponer de los bienes *mortis causa*".

702 Pérez Escolar, 2014, p. 113, afirma que "en nuestro país da la impresión de que esta tendencia hacia la flexibilización de la legítima se está produciendo de forma más intensa en el ámbito autonómico que con relación al CC".

sona a disfrutar de sus bienes y también a disponer de ellos para después de su muerte"[703]. Sin embargo, parece que este asunto no se encuentra en la agenda reformista más inmediata de los políticos[704], que los anglosajones llaman la *short list*; probablemente porque, como se ha dicho, no es un tema que les pueda reportar grandes beneficios[705].

Una de las cuestiones que conviene modificar de forma urgente es, en nuestra opinión, la relativa a la naturaleza jurídica de la cuota legitimaria. Conviene tener en cuenta que la Disposición Adicional Primera del Código Civil establece que "el Presidente del Tribunal Supremo y los de las Audiencias Territoriales elevarán al Ministerio de Gracia y Justicia, al fin de cada año, una Memoria, en la que, refiriéndose a los negocios de que hayan conocido durante el mismo las Salas de lo civil, señalen las deficiencias y dudas que hayan encontrado al aplicar este Código. En ella harán constar detalladamente las cuestiones y puntos de derecho controvertidos y los artículos u omisiones del Código que han dado ocasión a las dudas del Tribunal". Parece que estas Memorias se han perdido, pero, ¿acaso no convendría llamar la atención del legislador acerca de la necesidad de reformar y aclarar la naturaleza jurídica de la legítima, como creemos que han hecho gran parte de los legisladores autonómicos?

También conviene reformar la cuantía, de cara a reducirla, como ya lo han hecho los legisladores autonómicos. Cabe preguntarse si estas especialidades autonómicas pueden considerarse incluidas dentro de los "datos" a los que alude la Disposición Adicional Tercera del Código Civil, y en atención a los cuales la Comisión de Codificación debe formular y elevar al Gobierno cada diez años las reformas que convenga introducir. Nos referimos a la locución de la propia DA3ª cuando habla de "los progresos realizados en otros países que sean utilizables en el nuestro". ¿Debe el legislador estatal, entonces, tener en cuenta también los avances de los derechos autonómicos de cara a una futura reforma de la legítima? En nuestra opinión, la respuesta no puede ser más que afirmativa. Si alguna cosa nos ha quedado clara tras la finalización de este trabajo es que el concepto "libertad

[703] Serna Meroño, 2010, p. 259.

[704] Rodríguez Prieto parece quejarse de ello en "El anquilosamiento del derecho sucesorio, y los que de ello se aprovechan", del *Blog HayDerecho*, de 23 de diciembre de 2010, cuando afirma que "mientras tanto, la reforma general del Derecho común en el ámbito sucesorio, como tantas otras, sigue fuera del debate político, durmiendo el sueño de los justos". Disponible en: https://hayderecho.com/2010/12/23/el-anquilosamiento-del-derecho-sucesorio-y-los-que-de-ello-se-aprovechan/

[705] Gomá Lanzón, 2013, p. 556. Galicia Aizpurúa, 2016-B, p. 6, cree que el motivo de que no se haya acometido ya una reforma es porque no se trata de un "tema políticamente acuciante".

de testar" es, dentro de nuestras fronteras, ciertamente "elástico"[706], pues existen territorios en los que se ha reconocido con mayor intensidad que en otros[707]. Y, siguiendo a Moret Prendesgast y Silvela, se podría decir que "es común manía el ir a buscar en el extranjero lo que tenemos en casa. Desde el Fuero general en Navarra, desde Jaime II en Aragón, desde Pedro III en Cataluña y desde tiempo inmemorial en Vizcaya, existe la libertad amplia de testar"[708].

En nuestra opinión, no cabe duda de que es conveniente ampliar la libertad de testar, que está actualmente demasiado limitada en Derecho común[709]. Dicha ampliación se puede hacer de dos formas, a través de la reducción o supresión de la legítima y/o flexibilizando las causas de desheredación. Ninguna de las opciones es insignificante y de hecho creemos que ambas se complementarían a la perfección.

En cuanto a la primera vía, creemos que lo que se debe hacer es buscar un razonable balance entre el cónyuge supérstite, los parientes del difunto y sus preferencias a la hora de distribuir su propiedad[710]. Una reforma adecuada para el momento actual sería la que sigue: la legítima de los descendientes debería tener naturaleza *pars valoris* y ser reducida hasta un tercio, flexibilizando el pago en los casos en los que así resulte conveniente. No debe existir legítima de los ascendientes, pero sí un derecho de alimentos con cargo a la herencia cuando así lo necesiten. Por último, la ley debería conceder el usufructo universal al cónyuge supérstite o pareja de hecho, no como derecho sucesorio, sino familiar.

En relación con la segunda vía relativa a la flexibilización de las causas de desheredación, nos gustaría traer a colación la opinión de uno de sus mayores partidarios, Sáenz de Santa María Vierna[711], quien creía que lo que el legislador debe hacer es *darle aire* al sistema a través de la flexibilización

---

706 Vaquer Aloy, 2018, p. 16, menciona, después de hacer un barrido por los derechos autonómicos, la elasticidad de la libertad de testar en España.

707 Gil Rodríguez, 2015, p. 901, afirma, por ejemplo, que en el País Vasco se conoce la libertad de testar en la mayoría de sus grados y algunos pocos afortunados la practican en el grado máximo de la escala.

708 Moret Prendesgast y Silvela, 1863, p. 179.

709 Nos adherimos al comentario realizado por Pantaleón Prieto, 2003, p. 13, en el sentido de que la libertad de testar está demasiado limitada, sin llegar a defender, tampoco, la "aristocrática libertad de testar" absoluta.

710 Ashland, 2011, p. 230, que afirma que tanto dejar a los los descendientes una porción de la herencia, como abogar por una libertad de testar absoluta implican soluciones desequilibradas ("unbalanced").

711 Sáenz de Santa María Vierna, 2013, pp. 413 y ss.

de la desheredación. Este autor se mostraba crítico con la opinión generalizada de que las causas de desheredación deben interpretarse restrictivamente, y su oposición se basaba en tres razones: en primer lugar, tal criterio no resulta del CC; en segundo lugar, quienes así lo entienden parten de un juicio de valor derivado de un mal entendimiento del adagio "*odiosa sunt restringenda*": lo odioso no es la desheredación, sino la conducta que está en su origen; y, en tercer lugar, porque no es válido el argumento de que si no se interpretan restrictivamente las causas de desheredación, se podría dar al traste con todo el sistema legitimario. Sería inaceptable, en su opinión, entender la legítima como un "derecho absoluto, innegable, derivado de la pura generación biológica y en el que ni cabe la graduación y ponderación ni influyen las circunstancias de las personas y de las conductas de sus protagonistas"; lo que sí constituye un principio general de nuestro Derecho no es la intangibilidad de la legítima, sino el de "la voluntad del testador es ley de la sucesión". En definitiva, la desheredación es el "*oxígeno*" que necesita nuestro sistema. Además, este autor consideraba que si lo que constituye un principio general en nuestro Derecho es la voluntad del testador, y las legítimas son una excepción a esa voluntad del testador, la desheredación constituye una excepción a la excepción. Son, entonces, las legítimas, las que "deben ser objeto de una interpretación restrictiva"[712]. En nuestra opinión, y después de todas las cuestiones que se han analizado en este trabajo, sólo podemos mostrar nuestro acuerdo con la afirmación por él realizada. Hay que dejar de percibir la desheredación como algo *indeseable;* sí lo es, por cuanto supone la constatación de que efectivamente la sociedad se vuelve cada vez más egoísta, pero no debe verse como algo *excepcional,* sino como un recurso del que dispone el testador para privar al legitimario de su cuota forzosa y poder atribuírsela, como *compensación,* a quién sí cuide de él en sus últimos momentos.

Flexibilizar las causas de desheredación contribuiría además a que los testadores insatisfechos con la legislación, que son algunos[713], no ten-

---

[712] Algo muy parecido dice posteriormente Vaquer Aloy, 2018, pp. 80-81: "si la legítima –en ello parece haber unanimidad– constituye una de las restricciones a la libertad de testar más notorias, la interpretación y aplicación de los preceptos que regulan la legítima debe favorecer la libertad de testar –interpretación restrictiva de las restricciones"; por ello, considera el autor que aunque la desheredación se conciba como sanción –a su vez de interpretación restrictiva– ello no signifique que la interpretación o valoración de la concreta causa, deba ser expresada con un criterio rígido o sumamente restrictivo.

[713] Algaba Ros, 2015, pp. 10 y ss., hace notar la existencia de un hecho "notorio": "aquellos ciudadanos que no son conocedores del sistema jurídico sucesorio quedan asombrados cuando se les pone de manifiesto la línea jurisprudencial por la que los padres deben dejar a sus hijos su

gan que recurrir a otras alternativas, como la llamada "desheredación de hecho"[714]. También evitaría el recurso al fraude[715]; en este sentido, cabe traer a colación lo expuesto por Cámara Lapuente, quien afirma que "algunos abogados especializados en nuevas tecnologías, ya han comenzado a pensar en el diseño de algunas estrategias discutibles para emplear activos como las monedas virtuales con el objetivo de vaciar los derechos legales de los legitimarios: por ejemplo, declarar en el impuesto de patrimonio varios millones de euros en bitcoins que no existen, legar bitcoins a un legitimario al que se facilita una clave errónea o no se le facilita, programar bots para que liquiden y transfieran los bitcoins a otra persona después de la muerte del titular, etc."[716]

Pero, a pesar del incesante reclamo, parece que no existe apremio alguno en el legislador estatal para modificar esta materia; como se ha dicho, "las reformas al CC español en materia sucesoria se hacen esperar y, por tanto, también las que afectan a legítima, que ni se deroga ni se reforma. La inacción también se extiende, pues, a las causas de desheredación"[717].

Por último, no podemos dejar de mencionar en estas reflexiones finales la repercusión de los cambios sociales en el ámbito sucesorio; el progresivo envejecimiento de la población demanda respuestas jurídicas adecuadas a nuestro contexto actual. Nos estamos refiriendo, por supuesto, a la necesidad de regular de forma expresa las disposiciones testamentarias en favor de quien cuide al testador. Regulación que ha de ser precisa, en el sentido de determinar los criterios por los que se entenderá que los cuidados han sido efectivamente prestados; en concreto, convendría definir si es determinante el conocimiento de la condición o no; si es necesario un tiempo mínimo de cuidados cuando el cuidador-beneficiado no es un familiar; y si es posible que el cuidador tenga derecho al reembolso de los gastos en que haya incurrido por el cuidado del causante o derecho a la exclusión de la parte de la herencia por la que el descendiente-conviviente haya

---

legítima aunque durante años hayan mantenido una postura de indiferencia, alejamiento y abandono emocional. Es evidente que ello pone de manifiesto que existe algún desajuste del sistema".

714 Rebolledo Varela, 1995, pp. 125 y ss. Téngase en cuenta, sobre esta cuestión, la reciente STS de 23 de junio de 2020 (RJ 2020, 2211) que determina que la preterición intencional de los hijos, cuya filiación quedó determinada judicialmente después del fallecimiento del causante, no les priva de su derecho a la legítima larga de dos tercios frente a quienes no sean legitimarios (en este caso, los sobrinos instituidos herederos).

715 Berenguer Albaladejo, 2016, pp. 117 y ss., menciona que los contratos de alimentos pueden verse, en algunos casos, como instrumentos para defraudar las expectativas de los legitimarios.

716 Cámara Lapuente, 2019, p. 426.

717 Arroyo Amayuelas y Farnós Amorós, 2015, p. 6.

contribuido a aumentar la fortuna del causante. Todas estas reformas no deberían, en ningún caso, desproteger a los testadores vulnerables, quienes suelen ser personas de edad avanzada y frágiles, generalmente solteros y sin descendientes, que no están en contacto con sus familiares, y tienen propiedades de las que pueden deshacerse al morir[718]. Es necesario, pues, que estos sean tenidos en cuenta en una futura reforma y se provean mecanismos para salvaguardar su voluntad.

Insistimos en la idea de que estas transformaciones sociales mencionadas en el trabajo han subrayado la imperante necesidad de adecuar la normativa sucesoria a los tiempos actuales[719]; en opinión de Delgado Echeverría, el Código civil no es [ni debería ser, en nuestra opinión] sagrado ni inmutable. Más aún, "hay buenas razones para que en España nos pongamos manos a la obra para sustituir el Código civil de 1889 por uno nuevo, de contenido y sistemática distintos y propios del siglo XX"[720]. Esta necesidad de reforma no sólo deriva de la inadecuación de las normas al contexto actual, sino también del propio hastío que los notarios dicen advertir en la ciudadanía[721]. De la Esperanza Rodríguez cree que esto genera problemas, pues si el Derecho no es comprendido por los particulares, si no soluciona sus problemas, es que no está bien hecho y se frustra su

[718] Kerridge, 2000, pp. 310 y ss.

[719] Contundente parece la "crítica" de De Barrón Arniches, 2016-B, p. 100, al afirmar que "la normativa contenida en el Código Civil español se mantiene en la inercia de la legítima clásica creada por Justiniano. La regulación es, en esencia, la misma ahora que hace un siglo, pese a los trascendentes cambios socioeconómicos acaecidos". En igual sentido, Hornero Méndez, 2016, p. 51, confirma que, en relación con el Derecho de Sucesiones, ha habido mucho mantenimiento y bastante actualización, algún empeoramiento, pero ninguna reforma que pueda decirse que haya afectado a sus fundamentos.

[720] Delgado Echeverría, 2012, pp. 567-568.

[721] Nos remitimos al comentario ya citado de Magariños Blanco, 2010, pp. 207 y ss., cuando afirma que ha podido comprobar que el sentimiento de rechazo está bastante extendido acerca de la limitación sobre la libertad de disposición de la propiedad de lo que han ganado con el esfuerzo de muchos años. Véase también Rodríguez Prieto, en "El anquilosamiento del derecho sucesorio, y los que de ello se aprovechan", del *Blog HayDerecho*, de 23 de diciembre de 2010, cuando afirma que cada vez es más frecuente ver en la ciudadanía como, al explicar las limitaciones a su libertad dispositiva, les invade "una auténtica rebeldía. Así, frente a la tradicional actitud sumisa ante un arcano incomprensible, se tiende hoy más a expresar una fuerte disconformidad". Este notario considera que dichas personas "no aceptan que pudiendo disponer con amplitud en vida de un patrimonio en la mayor parte de los casos forjado a costa de su esfuerzo y trabajo, surjan sin embargo tales barreras a la hora de señalar su final destino post mortem". Disponible en: https://hayderecho.com/2010/12/23/el-anquilosamiento-del-derecho-sucesorio-y-los-que-de-ello-se-aprovechan/

primordial finalidad[722]. Por lo tanto, es urgente que se modifique el Código Civil de cara a ampliar la libertad de testar, pero dicha reforma requiere de mucha cautela[723]: se necesita comprensión y generosidad para aceptar reformas que pueden contrastar con los principios sucesorios tradicionales[724]; se debe partir, además, de la idea de que no existe solución perfecta; tanto el sistema de libertad de testar como el de legítima presentan ventajas e inconvenientes[725]. Ello no obsta a que la reforma deba ser de calado, pues así lo hemos demostrado a lo largo del trabajo.

---

722 De la Esperanza Rodríguez, 2002, pp. 1097-1099, que dice además que las legítimas existen pero podrían no existir, y que nada justifica un letargo doctrinal en esta materia que haga de las mismas una institución "intocable", pues esta, como todas las demás, deben ser sometidas a periódicas revisiones.

723 Calatayud Sierra, 1995, p. 264, dice que toda reforma que se quiera introducir debe ser muy meditada. Cobas Cobiella, 2006, p. 65, también considera que cualquier reforma en materia de legítimas requiere "prudencia, valores y una determinada responsabilidad". Delgado Echeverría, 2006, pp. 87-88, entiende que la propia singularidad del fenómeno sucesorio parece incompatible con cambios demasiado rápidos; por ello, reclama una especial cautela ante toda reforma del derecho de sucesiones

724 Luna Serrano, 1991, p. 140. Delgado Echeverría, 2006, pp. 87-88, afirma que "pasará tiempo, después de un cambio legislativo, hasta que las leyes nuevas tengan la misma aceptación social que tuvieron las antiguas".

725 Gil Nogueras, 2006, p. 550.

BIBLIOGRAFÍA

Aguilar Díaz, R., "De la libertad para testar con la legítima", *La Ley Derecho de Familia: Revista jurídica sobre familia y menores,* núm. 6, 2015, pp. 75-84.

Albaladejo García, M., *Curso de Derecho Civil, V. Derecho de Sucesiones,* 7ª ed., Bosch, Barcelona, 1997.

Algaba Ros, S., "Maltrato de obra y abandono emocional como causa de desheredación", *Indret: revista para el análisis del Derecho,* núm. 2, 2015, 26 pp.

Alonso Martínez, M., *El Código Civil en sus relaciones con las legislaciones forales* (reedición), Plus-ultra, Madrid, 1940-1949.

Álvarez Álvarez, H., "El alcance de la desheredación: la desheredación parcial", *Estudios de derecho de sucesiones: Liber amicorum Teodora F. Torres García* (dir. A. Domínguez Luelmo y M. P. García Rubio; coord. M. Herrero Oviedo), La Ley, Madrid, 2014, pp. 95-115.

Álvarez Cora, E., *Compendio de historia del Derecho español,* 6ª ed., Diego Marín Librero, Murcia, 2017.

Álvarez Rubio, J. J., "Del ámbito de aplicación de la ley civil vasca (artículos 8 a 11). Ámbito de aplicación territorial y personal de la Ley 5(2015: normas de conflicto y vecindad civil vasca", *La Ley 5/2015, de 25 de junio, de Derecho Civil Vasco. Comentarios breves, texto de la ley, antecedentes legislativos y formulario notarial,* Academia Vasca de Derecho, Dykinson, Bilbao, 2016, pp. 33-39.

Arcos Vieira, M. L., "El acogimiento familiar de mayores: análisis de la Ley Foral 34/2002, de 10 de diciembre, de Navarra", *Revista jurídica de Navarra,* núm. 36, 2003, pp. 51-64.

Arenal Ponte, C., *La cuestión social, vol. I: cartas a un obrero,* Librería de Victoriano Suárez, Madrid, 1895.

— *La cuestión social, vol. II: cartas a un señor,* Librería de Victoriano Suárez, Madrid, 1895.

Arroyo Amayuelas, E. y Anderson, M. "Between tradition and modernisation: a general overview of the Catalan Succession Law reform", *The law of succession: testamentary freedom* (ed. M. Anderson y E. Arroyo Amayuelas), Europa Law Publishing, Groningen, 2011, pp. 41-72.

Arroyo Amayuelas, E. y Farnós Amorós, E., "Entre el testador abandonado y el legitimario desheredado: ¿a quién prefieren los tribunales?", *Indret: Revista para el Análisis del Derecho,* núm. 2, 2015, 32 pp.

Ashland, J., "Balancing interests – How much freedom of testation?", *The future of family property in Europe,* (eds. K. Boele-Woelki, J. Miles and J. M. Scherpe), Intersentia, Cambridge – Antwerp – Porland, 2011, pp. 229-249.

Asúa González, C. I., *Designación de sucesor a través de tercero,* Tecnos, Madrid, 1992.

— "Succession rights and unmarried couples in Spanish Law", *Oñati socio-legal series,* vol. 4, núm. 2, 2014, pp. 176-195.

Atienza López, J. I., "El maltrato psicológico como supuesto del maltrato de obra es causa de desheredación", *CEFLegal: revista práctica de derecho. Comentarios y casos prácticos,* núm. 186, 2016, pp. 215-222.

Azcárraga Monzonís, C., "El tratamiento de las legítimas en el Derecho comparado", *Revista jurídica de Castilla La Mancha,* 43, 2007, pp. 49-86.

Ballester Azpitarte, L, "La falta de cariño, ¿es causa de desheredación?", *Diario La Ley,* núm. 8534, 2015, 5 pp.

Barceló Domenech, J., "Abandono de las personas mayores y reciente doctrina del Tribunal Supremo español sobre la desheredación por causa de maltrato psicológico", *Actualidad jurídica iberoamericana,* núm. 4, 2016, pp. 289-302.

— "La desheredación de los hijos y descendientes por maltrato de obra o injurias graves de palabra", *Revista crítica de derecho inmobiliario,* núm. 682, marzo-abril 2004, pp. 473-520.

Barral Viñals, I., *La gestión del pasivo en el usufructo universal,* Dykinson, Madrid, 2002.

Barrio Gallardo, A., *La evolución de la libertad de testar en el common law inglés,* Thomson Reuters Aranzadi, Navarra, 2011.

— *El largo camino hacia la libertad de testar. De la legítima al derecho sucesorio de alimentos,* Dykinson, Madrid, 2012.

— "El ocaso de las legítimas largas", *Las legítimas y la libertad de testar: perfiles críticos* (dirs. F. Capilla Roncero, M. Espejo Lerdo de Tejada y F. J. Aranguren Urriza; coords. J. P. Murga Fernández, C. Hornero Méndez), Thomson Reuters Aranzadi, Cizur Menor Navarra, 2019, pp. 287-313.

Batlle Vázquez, M., "Invalidez de la desheredación parcial en nuestro Derecho", *Anales de la Universidad de Murcia,* 1951-1952, pp. 63-39.

Bayod López, M. C., "Situación jurídica del cónyuge viudo en Derecho español. Especial consideración a la situación del viudo en Aragón: ¿un modelo a exportar?, *Reflexiones sobre materias de Derecho sucesorio* (dir. Manuel Damián Álvarez García y Fernando Zubiri de Salinas), Consejo General del Poder Judicial, Madrid, 2009, pp. 203-466.

Becker, G. S., *Human capital: a theoretical and empirical analysis with especial reference to education,* National Bureau of Economic Research, New York, 1975.

Beckert, J., *Inherited wealth,* Princeton University Press, Princeton, 2008.

Berenguer Albaladejo, C., "La libertad contractual del causante frente a las expectativas de los legitimarios", *Derecho y fiscalidad de las sucesiones mortis causa en España: una perspectiva multidisciplinar"* (coord. J. Ramos Prieto, C. Hornero Méndez; ed. J. M. Macarro Osuna), Thomson Reuters Aranzadi, Cizur Menor Navarra, 2016, pp. 111-128.

Bermejo Pumar, M. M., "Legítima crediticia", *Las legítimas y la libertad de testar: perfiles críticos y comparados,* (dirs. F. de S. Capilla Roncero, M. Espejo Lerdo de Tejada y F. J. Aranguren Urriza; coords. J. P. Murga Fernández y C. Hornero Méndez), Thomson Reuters Aranzadi, Cizur Menor Navarra, 2019, pp. 77-122.

Bernard Mainar, R., "Reflexiones sobre la conservación o supresión de la cuota legitima en la futura reforma de sucesiones del código civil", *Actualidad jurídica iberoamericana,* núm. Extra 10, 2, 2019, pp. 374-413.

Berrocal Lanzarot, A. I., "El maltrato psicológico como justa causa de desheredación de hijos y descendientes", *Revista crítica de derecho inmobiliario,* núm. 748, 2015, pp. 928-952.

Biesa Hernández, M., "De la viudedad", *Comentarios al Código del Derecho foral de Aragón. Doctrina y jurisprudencia* (dir. J. Delgado Echeverría; coord. M. C. Bayod López, J. A. Serrano García), Dykinson, Madrid, 2015, 429-464.

Bobbio, N., *Igualdad y libertad* (trad. P. Aragón Rincón), Paidós, Barcelona, 1993.

Bonet Ramón, F., *Compendio de Derecho civil, V., Derecho de Sucesiones,* Revista de Derecho Privado, Madrid, 1965.

Bonilini, G., *Manuale di diritto ereditario e delle donazioni,* 6ª ed., UTET, Torino, 2013.

Bouckaert, B., "The post mortem homo economicus: what does he tell us?", *Imperative inheritance law in a late-modern society: five perspectives* (eds. C. Castelein, R. Foqué & A. Verbeke), Intersentia, Antwerp – Oxford – Portland, 2009, pp. 91-106.

Britt, S. H., "The significance of the last wil and testament", *Journal of Social psychology,* 1937, pp. 347-353.

Bryant, C. D., *Handbook of death & dying,* vol. II, Sage Publications, London, 2003.

Busto Lago, J. M., "De las legítimas", *Comentarios al Código Civil,* 3.ª ed., (coord. R. Bercovitz Rodríguez-Cano), Thomson Reuters Aranzadi, Cizur Menor Navarra, 2009, pp. 963-994.

Cabezuelo Arenas, A. L., "Desheredación por maltrato psíquico. Litigio promovido contra un hijo que empleó dolo para que la madre consintiera donar todos sus bienes: Comentario de la STS de 30 de enero de 2015 (RJ 2015, 639)", *Revista Aranzadi de derecho patrimonial,* núm. 37, 2015, pp. 401-415.

— "Revocación de donación y desheredación por maltrato psicológico: ¿Y si los maltratados psicológicamente fueran los descendientes?", *Revista Aranzadi doctrinal,* núm. 5, 2016, pp. 103-112.

Cadafalch Buguñá, J., ¿Conviene uniformar la legislación de las diversas provincias de Ese paña sobre la sucesión *hereditaria y los derechos del cónyuge sobreviviente?,* Imprenta del Colegio de Sordo-mudos y de ciegos, Madrid, 1862.

Calatayud Sierra, A., "Consideraciones acerca de la libertad de testar", *Academia Sevillana del Notariado,* Tomo IX, 1995, pp. 241-264.

Cámara Lapuente, S., "New developments in Spanish Succession Law", *Indret: Revista para el Análisis del Derecho,* núm. 4, 2007, pp. 1-49.

— "Freedom of testation, legal inheritance rights and public order under Spanish law", *The law of succession: testamentary freedom* (ed. M. Anderson y E. Arroyo Amayuelas), Europa Law Publishing, Groningen, 2011, pp. 269-305.

— "La sucesión *mortis causa* en el patrimonio digital", *Anales de la Academia Matritense de Madrid,* 2019, pp. 375-432.

Canal Prats, A., "La legítima en los Libros I y II", *Lecciones de Derecho Civil Balear* (coord. M. Pilar Ferrer Vanrell), 2ª ed., Universitat de les Illes Balears, Palma, 2003, pp. 424-445.

Cantero Núñez, F. y Legerén-Molina, A., *Las parejas de hecho y de derecho: (régimen jurídico de la convivencia* more uxorio *en España),* Thomson Reuters Aranzadi, Cizur Menor Navarra, 2018.

Cañizares Laso, A., "Legítimas y libertad de testar", *Estudios de derecho de sucesiones: Liber amicorum Teodora F. Torres García* (dirs. A. Domínguez Luelmo y M. P. García Rubio; coord. M. Herrero Oviedo), La Ley, Madrid, 2014, pp. 245-269.

Carballo Fidalgo, M., "La legítima en Galicia", *Tratado de Derecho de Sucesiones (Código Civil y normativa civil autonómica: Aragón, Baleares, Cataluña, Galicia, Navarra, País Vasco),* Tomo II, 2ª ed., Thomson Reuters Aranzadi, Cizur Menor, Navarra, 2016, pp. 671-685.

Cardona Guasch, O., "La legítima en el Libro III", *Lecciones de Derecho Civil Balear* (coord. M. Pilar Ferrer Vanrell), 2ª ed., Universitat de les Illes Balears, Palma, 2003, pp. 446-451.
Carrasco Perera, Á. "Acoso y derribo de la legítima hereditaria", *Actualidad Jurídica aranzadi*, num. 580, 5 de junio de 2003, p. 3.
Carrau Carbonell, J. M., "La desheredación por maltrato psicológico y su dificultad de aplicación práctica", *Revista de derecho civil*, vol. 2, núm. 2, 2015, pp. 249-256.
Celaya Ibarra, A. "Las legítimas" en *Boletín de la Academia Vasca de Derecho (nombre vasco)*, núm. 12, año V, marzo 2007, pp. 115-133.
Christandl, G. "La legítima y la libertad de testar en Alemania y Austria: tendencias actuales", *Las legítimas y la libertad de testar: perfiles críticos y comparados*, (dirs. F. de S. Capilla Roncero, M. Espejo Lerdo de Tejada y F. J. Aranguren Urriza; coords. J. P. Murga Fernández y C. Hornero Méndez), Thomson Reuters Aranzadi, Cizur Menor Navarra, 2019, pp. 213-221.
Cobas Cobiella, M. E., "Hacia un nuevo enfoque de las legítimas", *Revista de Derecho patrimonial*, núm. 17, 2006, pp. 49-65.
Coca Payeras, M., "Derecho civil de las Islas Baleares: derecho de sucesiones", *Revista valenciana d'estudis autonòmics*, núm. 54, 2010, pp. 184-202.
Colin, A., y Capitant, H., *Curso elemental de Derecho Civil* (trad. D. De Buen), 3ª ed., Instituto Editorial Reus, Madrid, 1955.
Cortada Cortijo, N., "El dret de llegítima", *Dret Civil Catalá, Vol. III. Dret de Successions*, (Dir. A. Lucas Esteve), Bosch, Barcelona, 2010, pp. 383-399.
Costa Martínez, J., "Libertad de testar y las legítimas", *La libertad civil y el Congreso de Jurisconsultos aragoneses*, Imprenta de la Revista de legislación, Madrid, 1883, pp. 500-531.
Crehuet Juliá, M., "Algo sobre la legítima", *Revista crítica de derecho inmobiliario*, Tomo XX, abril 1948, pp. 221-228.
Dávila García, J., "Herederos y legitimarios (donde hay herencia no hay legítima)", *Revista crítica de derecho inmobiliario*, octubre 1943, pp. 661-670.
De Almansa Moreno-Barreda, L. J., "¿Debe introducirse en el Derecho civil común la falta de relación familiar como causa para desheredar a hijos y otros descendientes?", *Aletheia: cuadernos críticos del Derecho*, núm. 1, 2012, pp. 27-37.
De Barrón Arniches, P. (A), "La libertad de testar y desheredación en los Derechos civiles españoles", *Indret: revista para el análisis del Derecho*, núm. 4, 2016, 57 pp.
— (B), "Falta de trato familiar y desheredación de los descendientes", *Derecho y fiscalidad de las sucesiones "mortis causa" en España: una perspectiva multidisciplinar*, (coord. J. Ramos Prieto, C. Hornero Méndez; ed. J. M. Macarro Osuna), Thomson Reuters Aranzadi, Cizur Menor Navarra, 2016, pp. 93-110.
— "Ponderación de la desheredación como instrumento al servicio de la libertad de testar. El sistema de legítimas desde la perspectiva de las personas mayores", *La libertad de testar y sus límites* (coord. A. Vaquer Aloy, M. P. Sánchez González, E. Bosch Capdevila), Marcial Pons, Madrid, 2018, pp. 113-146.
De Brocà, G. M., *Historia del Derecho de Cataluña, especialmente del civil, y exposición de las instituciones del Derecho civil del mismo territorio en relación con el Código Civil de España y la jurisprudencia*, Generalitat de Catalunya, Barcelona, 1985.
De Cossío Corral, A., *Instituciones de Derecho Civil*, tomo II, Alianza, Madrid, 1975.
De la Cámara Álvarez, M. "Estudios sobre el pago con metálico de la legítima en el Código Civil", *Centenario de la Ley del Notariado. Sección Tercera. Estudios jurídicos varios*, vol. I, Madrid, 1964, pp. 709-1006.

De la Esperanza Rodríguez, P. "Perspectiva de la legítima. Notas para una revisión", *Libro homenaje a Ildefonso Sánchez Mera,* vol. I, Consejo General del Notariado, Madrid, 2002, pp. 1097-1116.

De Lama Aymá, A., *Libertad de testar y memorias testamentarias,* Tirant lo Blanch, Valencia, 2016.

De Oliveira Ascensão, J., *Direito civil: successões,* 5.ª ed., Coimbra Editora, Coimbra, 2000.

De Paula Puig Blanes, F., "Título V. Otras atribuciones sucesorias determinadas por la ley", *Comentarios al Código Civil de Cataluña. Tomo II.* (coord. F. De Paula Puig Blanes, F. J. Sospedra Navas), Thomson Reuters, Cizur Menor, Navarra, 2011, pp. 397-446.

De Waal, M. J., "A comparative overview", *Exploring the law of succession: Studies national, historical and comparative* (ed. K. G. C. Reid, M. J. De Waal, R. Zimmermann), Edinburgh University Press, Edinburgh, 2007, pp. 1-26.

Del Campo Álvarez, B., "El maltrato psicológico como causa de desheredación en la jurisprudencia del Tribunal Supremo", *Las legítimas y la libertad de testar: perfiles críticos y comparados* (dirs. F. de S. Capilla Roncero, M. Espejo Lerdo de Tejada y F. J. Aranguren Urriza; coords. J. P. Murga Fernández y C. Hornero Méndez), Thomson Reuters Aranzadi, Cizur Menor Navarra, 2019, pp. 361-373.

Del Pozo Carrascosa, P., Vaquer Aloy, A., y Bosch Capdevila, E., *Derecho civil de Cataluña. Derecho de sucesiones.* 3ª ed., Marcial Pons, Madrid, 2017.

Delgado Echeverría, J., "Una propuesta de política del Derecho en materia de sucesiones por causa de muerte", *Derecho de sucesiones. Presente y futuro. XII Jornadas de la Asociación de Profesores de Derecho Civil,* Universidad de Murcia, Murcia, 2006, pp. 13-171.

— "Autonomía privada y Derecho de Sucesiones", *Autonomía de la voluntad en el Derecho privado. Estudios en conmemoración del 150 aniversario de la Ley del Notariado, Tomo I. Derecho de la persona, familia y sucesiones,* Consejo General del Notariado, Madrid, 2012, pp. 513-640.

Díaz Teijeiro, C. M., *La legítima de los descendientes en la Ley de Derecho Civil de Galicia,* Thomson Reuters Aranzadi, Cizur Menor Navarra, 2018.

Díez-Picazo Ponce de León, L., *Lecciones de Derecho Civil. IV. Derecho de Sucesiones,* Universidad de Valencia, 1967.

— *La seguridad jurídica y otros ensayos,* Thomson Reuters Aranzadi, Cizur Menor Navarra, 2014.

Domínguez Luelmo, A., *El pago en metálico de la legítima de los descendientes,* Tecnos, Madrid, 1989.

— *Comentarios al Código Civil* (dir. A. Domínguez Luelmo), Lex Nova, Valladolid, 2010, pp. 923-925.

Durán Bas, M., *Memoria acerca de las instituciones del Derecho civil de Cataluña: escrita con arreglo a lo dispuesto en el artículo 4º del Real Decreto de 2 de febrero de 1880,* Imprenta de la Casa de Caridad, Barcelona, 1883.

Echevarría de Rada, T., *La desheredación de hijos y descendientes: interpretación actual de las causas del artículo 853 del Código Civil,* Ed. Reus, Madrid, 2018.

Egusquiza Balmaseda, M. A., "Usufructo legal de fidelidad y derecho de igualación de los hijos de anterior matrimonio en Navarra", *Tratado de Derecho de Sucesiones (Código Civil y normativa civil autonómica: Aragón, Baleares, Cataluña, Galicia, Navarra, País Vasco),* Tomo II, 2ª ed., Thomson Reuters Aranzadi, Cizur Menor, Navarra, 2016, pp. 889-925.

Eiranova Encinas, E., *Código Civil alemán comentado BGB,* Marcial Pons, Madrid, 1998.

Espada Mallorquín, S., *Los derechos sucesorios de las parejas de hecho*, Thomson-Civitas, Cizur Menor Navarra, 2007.

— "La reforma del Derecho civil gallego relativa a los derechos sucesorios del conviviente supérstite", *Estudios de Derecho de familia y sucesiones: dimensiones interna e internacional* (coord. S. Álvarez González, M. P. García Rubio y M. Requejo Isidro), Imprenta Universitaria, Santiago de Compostela, 2009, pp. 133-158.

Espejo Lerdo de Tejada, M., *La legítima en la sucesión intestada en el Código Civil,* Marcial Pons, Madrid, 1996.

Espiau Espiau, S., "Derechos del cónyuge viudo en el Código Civil" y "Derechos del cónyuge viudo y del conviviente superviviente en Cataluña", *Tratado de Derecho de Sucesiones (Código Civil y normativa civil autonómica: Aragón, Baleares, Cataluña, Galicia, Navarra, País Vasco)*, Tomo II, 2ª ed., Thomson Reuters Aranzadi, Cizur Menor, Navarra, 2016, pp. 759-770 y 837-879.

Espinar Lafuente, F., *La herencia legal y el testamento (Estudio doctrinal y de Derecho positivo),* Bosch, Barcelona, 1956.

Espinosa de Soto, J. L. (A), "Comentario al artículo 263", *Derecho de sucesiones y régimen económico familiar de Galicia: comentarios a los Títulos IX y X y a la Disposición adicional* (coord. J. M. Cora Guerreiro, F. M Ordóñez Armán y V. J. Peón Rama), Colexio Notarial de Galicia, Madrid, 2007, pp. 822-823.

— (B), "Capítulo V. Das lexítimas", *Dereito de sucesións e réxime económico familiar de Galicia. Comentarios aos Títulos IX e X e Disposición Adicional Terceira da Lei 2/2006, do 14 de xuño e á Lei 10/2007, do 28 de xuño,* vol. II, Consejo General del Notariado, Madrid, 2007, pp. 595-807.

Espinosa de Soto, J. L., "Comentario al artículo 203", *Comentarios a la Ley de Derecho Civil de Galicia: Ley 2/2006, de 14 de junio* (coord. A. L. Rebolledo Varela), Thomson Aranzadi, Cizur Menor Navarra, 2008, pp. 870-876.

Facal Fondo, T. y Torréns Calle, M. P., "Cambios sociológicos en la familia con repercusión en el Derecho de Sucesiones", *La familia en el Derecho de Sucesiones: cuestiones actuales y perspectivas de futuro* (coord. A. L. Rebolledo Varela), Dykinson, Madrid, 2010, pp. 43-82.

Farnós Amorós, E., "Desheredación por ausencia de relación familiar: ¿hacia la debilitación de la legítima?", *Estudios de derecho de sucesiones: Liber amicorum Teodora F. Torres García* (dir. A. Domínguez Luelmo y M. P. García Rubio; coord. M. Herrero Oviedo), La Ley, Madrid, 2014, pp. 451-478.

Feás Costilla, J., "La renuncia de herencia: Problemas y riesgos", *Conferencia pronunciada el 19 de mayo de 2014, Academia Sevillana del Notariado*, Sevilla, 2014, pp. 149-203.

Fernández Barreiro, A., "Libertad testamentaria y sistema de legítimas: un análisis desde la experiencia jurídico-cultural romana", *Anuario da Facultade de Dereito da Universidade da Coruña,* núm. 10, 2006, pp. 279-302.

Fernández Campos, J. A., *El pago de la legítima al cónyuge viudo,* Tirant lo Blanch, Valencia, 2004.

Fernández Costales, J., *El usufructo voluntario de herencia,* Tecnos, Madrid, 1991.

Fernández Echegaray, L., "La libertad de testar del causante como protección sucesoria del cónyuge viudo en el siglo XXI", *Las legítimas y la libertad de testar: perfiles críticos* (dirs. F. Capilla Roncero, M. Espejo Lerdo de Tejada y F. J. Aranguren Urriza; coords. J. P. Murga Fernández, C. Hornero Méndez), Thomson Reuters Aranzadi, Cizur Menor Navarra, 2019, pp. 491-518.

Fernández González-Regueral, M. A., *Los derechos sucesorios del cónyuge viudo en la nulidad, la separación y el divorcio*, Dykinson, Madrid, 2006.

Fernández Hierro, J. M., *La sucesión forzosa,* Comares, Granada, 2004.

Ferreira de Sousa Leal, A. C., *A legítima do cônjuge sobrevivo: Estudo comparado hispano-português,* Almedina, Coimbra, 2004.

Ferrer Riba, J., "La successió per causa de mort: llibertat de disposar i interessos familiars", *La codificación del derecho civil de Cataluña: estudios con ocasión del cincuentenario de la compilación* (coords. C. E. Florensa Tomás, J. M. Fontanellas Morell), Marcial Pons, Madrid, 2011, pp. 337-362.

Fontanellas Morell, J. M., "Libertad de testar y libertad de elegir la ley aplicable a la sucesión", *Cuadernos de derecho transnacional,* Vol. 10, núm. 2, 2018, pp. 376-408.

Galicia Aizpurúa, G., "La sucesión forzosa: planteamiento general", *El derecho civil vasco del siglo XXI: de la Ley de 2015 a sus desarrollos futuros,* Parlamento Vasco, Vitoria-Gasteiz, 2016, pp. 387-421.

— "En torno a la revisión de las legítimas: casos vasco y estatal", *Indret: Revista para el Análisis del Derecho,* núm. 4, 2017.

García Goldar, M., "La prohibición de suceder del sacerdote que confiesa a la testadora durante su última enfermedad", *El reto del envejecimiento de la mujer: propuestas jurídicas de futuro* (coord. L. López de la Cruz y P. Saborido Sánchez; dir. A. Cañizares Laso), Tirant lo Blanch, Valencia, 2018, pp. 89-104.

— *La liquidación de la herencia en el Código Civil español: especial referencia a las deudas sucesorias desconocidas o sobrevenidas",* Boletín Oficial del Estado, Madrid, 2019.

García Goyena, F., *Concordancias, motivos y comentarios del Código Civil español,* Universidad de Zaragoza, Zaragoza, 1974 (reimpresión).

García Rubio, M. P., "Capítulo IV: De las legítimas", *Comentarios al Código Civil y Compilaciones forales* (dir. M. Albaladejo y S. Díaz Alabart), Tomo XXXII, vol. 2º, Editorial Revista de Derecho Privado, Madrid, 1997, pp. 1139-1202.

García Rubio, M. P. y Otero Crespo, M., "Capacidad, incapacidad e indignidad para suceder", *Tratado de Derecho de Sucesiones (Código Civil y normativa civil autonómica: Aragón, Baleares, Cataluña, Galicia, Navarra, País Vasco),* Tomo I, 2ª ed., Thomson Reuters Aranzadi, Cizur Menor, Navarra, 2016, pp. 235-288.

García Rubio, M. P., "Comentario al artículo 756", *Código Civil Comentado. Volumen II* (dir. A. Cañizares Laso, P. de Pablo Contreras, J. Orduña Moreno y R. Valpuesta Fernández), 2ª ed., Thomson Reuters Aranzadi, Cizur Menor Navarra, 2016, pp. 617-631.

— "Las legítimas en la Ley 2/2006 de Derecho civil de Galicia", *Tratado de legítimas* (coord. T. F. Torres García), Atelier, 2012, pp. 203-237.

— "Relaciones de cuidado y derecho sucesorio: algunos apuntes", *Estudios de derecho de sucesiones: Liber amicorum Teodora F. Torres García* (dir. A. Domínguez Luelmo y M. P. García Rubio; coord. M. Herrero Oviedo), La Ley, Madrid, 2014, pp. 479-504.

García Rubio, M. P., *et al,* "Los testamentos de las mujeres", *Construyendo la igualdad: la feminización del derecho privado* (coord. F. J. Infante Ruiz, M. Otero Crespo, A. Rodríguez González; dir. T. F. Torres García), Tirant lo Blanch, Valencia, 2017, pp. 791-807.

García Rubio, M. P., Prólogo a la obra de A. C. Ferreira de Sousa Leal, *A legítima do cônjuge sobrevivo: Estudo comparado hispano-português,* Almedina, Coimbra, 2004.

García Valdecasas, G., "La legitima como cuota hereditaria y como cuota de valor", *Revista de Derecho privado,* XLVII, noviembre 1963, pp. 957-977.

García-Bernardo Landeta, A., *La legítima en el Código Civil,* 2ª ed., Colegios Notariales de España, Madrid, 2006.

Garrido de Palma, V. M., "Soluciones prácticas en materia de legítimas", *Las legítimas y la libertad de testar: perfiles críticos y comparados,* (dirs. F. de S. Capilla Roncero, M. Espejo Lerdo de Tejada y F. J. Aranguren Urriza; coords. J. P. Murga Fernández y C. Hornero Méndez), Thomson Reuters Aranzadi, Cizur Menor Navarra, 2019, pp. 123-140.

Gazzoni, F., *Manuale di Diritto private,* Edizione Scientifiche Italiane, Napoli-Roma, 1987.

Gil Nogueras, L. A., "De la legítima", *Manual de Derecho Sucesorio Aragonés,* SonLibros, Zaragoza, 2006, pp. 543-635.

Gil Rodríguez, J., "Instituciones y modelos en el Derecho civil vasco: cauces (comunes) y condicionantes familiares (específico) en el Derecho sucesorio vasco", *Nuevas orientaciones del Derecho civil en Europa* (dirs. M. Pereña Vicente, P. Delgado Martín; coord. M. del M. Heras Hernández), Thomson Reuters Aranzadi, Cizur Menor Navarra, 2015, pp. 893-908.

— "La posición del viudo y del conviviente supérstite" y "Libertad y fiducia en el Valle de Ayala", *Manual de Derecho civil vasco,* (Dir. J. Gil Rodríguez; coord. G. Galicia Aizpurúa), Atelier, Barcelona, 2016, pp. 273-292 y 403-428.

Giménez Costa, A. y Villó Travé, C., "Libertad de testar y protección del cónyuge viudo o conviviente supérstite", *La libertad de testar y sus límites* (coords. A. Vaquer Aloy, M. P. Sánchez González y E. Bosch Capdevila), Marcial Pons, Madrid, 2018, pp. 221-266.

Giner de los Ríos, F., *Resumen de Filosofía del Derecho,* Librería de Victoriano Suárez, Madrid, 1890.

Godsk Pedersen, H. V. & Lund-Andersen, I., *Family and Succession Law in Denmark,* 2nd ed., Kluwer Law International, Alphen aan den Rijn, 2016.

Goikolea Martín, L. A., "De la libertad de testar en el valle de Ayala en Álava", *La Ley 5/2015, de 25 de junio, de Derecho Civil Vasco. Comentarios breves, texto de la ley, antecedentes legislativos y formulario notarial,* Academia Vasca de Derecho, Dykinson, Bilbao, 2016, pp. 125-137.

Gomá Lanzón, F., "Una mirada crítica al sistema de legítimas del Código Civil", *Estudios de Derecho Privado en Libro Homenaje a Juan José Rivas Martínez* (dir. A. Pérez-Bustamante de Monasterio), Dykinson, Madrid, 2013, pp. 555-575.

Gomá Lanzón, I., "¿Tienen sentido las legítimas en el siglo XXI?", *Las legítimas y la libertad de testar: perfiles críticos y comparados,* (dirs. F. de S. Capilla Roncero, M. Espejo Lerdo de Tejada y F. J. Aranguren Urriza; coords. J. P. Murga Fernández y C. Hornero Méndez), Thomson Reuters Aranzadi, Cizur Menor Navarra, 2019, pp. 61-76.

Gómez Morán, L., "De la legítima y de los legitimarios. Estudios de Derecho comparado", *Revista general de derecho,* núm. 51, 1948, pp. 530-536; 594-596; 658-667.

Gómez Pomar, F., "Comentario al artículo 412-5", *Comentari al llibre Quart del Codi Civil de Catalunya relatiu a les successions* (dirs. J. Egea Fernández y J. Ferrer Riba; coord. L. Alascio Carrasco), vol. I, Atelier, Barcelona, 2009, pp. 120-124.

Gómez-Cornejo Tejedor, L., "Novedades jurisprudenciales en España en torno a la desheredación", *Diritto delle successioni e della familia,* vol. 3, núm. 1, 2017, pp. 311-3140.

González Carrasco, C., "Sentencia del Tribunal Supremo (Sala de lo Civil, Sección 1ª) de 3 de junio 2014. Desheredación por maltrato psicológico. Concepto incluido en el término "maltrato". Relevancia de la ausencia de relación afectiva como causa legal", *Cuadernos Civitas de jurisprudencia civil,* núm. 97, 2015, pp. 277-288.

González Palomino, J., "Estudios de arte menor sobre derechos sucesorios", *Anales de la Academia Matritense del Notariado,* Tomo II, 2ª ed., Instituto Editorial Reus, Madrid, 1950, pp. 445-602.

Guinea Fernández, D. R., "Situación jurídica del cónyuge viudo que recibe el usufructo universal de los bienes del causante y propuestas para su reforma", *Derecho y fiscalidad de las sucesiones mortis causa en España: una perspectiva multidisciplinar"* (coord. J. Ramos Prieto, C. Hornero Méndez; ed. J. M. Macarro Osuna), Thomson Reuters Aranzadi, Cizur Menor Navarra, 2016, pp. 151-165.

Gutiérrez Fernández, B., *Códigos o estudios fundamentales sobre el Derecho Civil español,* Tomo III, Lex Nova, Valladolid, 1863.

Gutiérrez Jerez, L. J., *El legado de usufructo en el Derecho civil común,* Tirant lo Blanch, Valencia, 1999.

Hartog, H., *Someday all this will be yours: a history of inheritance and old age,* Harvard University Press, Cambridge-London, 2012.

Hidalgo García, S., "Las legítimas", *La sucesión hereditaria y el juicio divisorio,* 2ª ed., Thomson Reuters Aranzadi, Cizur Menor Navarra, 2015, pp. 197-290.

Hill, G. J., "Inheritance Law in an Aging Society", *Journal of Aging & Social Policy,* vol. 7, 1995, pp. 57-83.

Hines, N. W. "Freedom of testation and the Iowa Probate Code", *Iowa Law Review,* vol. 49, núm. 3, 1964, pp. 724-749.

Hornero Méndez, C., "La academia se divierte o de la verdadera necesidad de reformar nuestro Derecho de Sucesiones", *Derecho y fiscalidad de las sucesiones mortis causa en España: una perspectiva multidisciplinar"* (coord. J. Ramos Prieto, C. Hornero Méndez; ed. J. M. Macarro Osuna), Thomson Reuters Aranzadi, Cizur Menor Navarra, 2016, pp. 41-53.

Hualde Manso, T., "Dos instituciones del Derecho de sucesiones: la legítima foral y el testamento de hermandad", *Derechos civiles de España* (dirs. R. Bercovitz, J. Martínez-Simancas), vol. VII, Aranzadi Editorial, Navarra, 2000, pp. 4379-4427.

Iriarte Ángel, F. B., "La actualización del Derecho civil vasco en el año 2015: una visión desde la práctica", *Iura vasconiae: revista de derecho histórico y autonómico de Vasconia,* núm. 13, 2016, pp. 323-340.

Irurzun Goicoa, D., "¿Qué es la legítima para el Código Civil español? (Búsqueda de su concepto, naturaleza y caracteres), *Revista crítica de derecho inmobiliario,* núm. 751, septiembre-octubre 2015, pp. 2515-2537.

Karrera Egialde, M. K., "Derechos sucesorios de la pareja supérstite en el País Vasco", *Tratado de Derecho de Sucesiones (Código Civil y normativa civil autonómica: Aragón, Baleares, Cataluña, Galicia, Navarra, País Vasco),* Tomo II, 2ª ed., Thomson Reuters Aranzadi, Cizur Menor, Navarra, 2016, pp. 925-933.

Kerridge, R., "Wills made in suspicious circumstances: the problem of the vulnerable testator", *Cambridge Law Journal,* vol. 59, 2000, pp. 310-334.

Kerridge, R., "Family Provision in England and Wales", *Comparative Succesion Law: Mandatory Family Protection* (ed. K. G. C. Reid, M. J. De Waal, R. Zimmerman), Oxford University Press, Oxford, 2020, pp. 384-416.

Kerridge, R., "Testamentary freedom in England and Wales", *The law of succession: testamentary freedom* (ed. M. Anderson y E. Arroyo Amayuelas), Europa Law Publishing, Groningen, 2011, pp. 129-153.

— (A), "*Hastilow v Stobie* (1865): Lack of knowledge and approval", *Landmark Cases in Succession Law* (ed. B. Sloan), Hart Publishing, Oxford, 2019, pp. 87-108.

— (B), "Libertad de testar en Inglaterra y Gales", *Las legítimas y la libertad de testar: perfiles críticos y comparados,* (dirs. F. de S. Capilla Roncero, M. Espejo Lerdo de Tejada y F. J. Aranguren Urriza; coords. J. P. Murga Fernández y C. Hornero Méndez), Thomson Reuters Aranzadi, Cizur Menor Navarra, 2019, pp. 239-254.

Kipp, T., *Derecho de sucesiones,* vol. 1, 2ª ed., Bosch, Barcelona, 1976.

Lacal, P., "Herederos y legitimarios" *Revista Crítica de Derecho inmobiliario,* tomo XXI, noviembre de 1945, pp. 721-723.

Lacruz Berdejo, J. L., *Elementos de Derecho Civil, V. Derecho de Sucesiones,* Bosch, Barcelona, 1981.

Lamarca Marqués, A., "We are not born alone and we do not die alone: protecting intergenerational solidarity and refraining cain-ism through forced heirship", *Oñati socio-legal series,* vol. 4, núm. 2, 2014, pp. 264-282.

Lasarte Álvarez, C., "Abandono asistencial de la tercera edad y desheredación de los descendientes en la España contemporánea", *La protección de las personas mayores* (coord. C. Lasarte Álvarez, M. F. Moretón Sanz y P. López Peláez), Tecnos, Madrid, 2007, pp. 363-383.

— *Principios de Derecho Civil. Tomo VII: Derecho de sucesiones,* 7.ª ed., Marcial Pons, Madrid, 2011.

Leña Fernández, R., "El tráfico jurídico negocial y el discapacitado", *La protección jurídica de discapacitados, incapaces y personas en situaciones especiales* (coord. R. Martínez Díe), Civitas, Madrid, 2000, pp. 149-218.

Lete del Río, J. M., "Breve historia del derecho civil gallego", *Dereito: Revista xurídica da Universidade de Santiago de Compostela,* vol. 16, núm. 1, Volumen especial *in memoriam* Prof. Dr. José Manuel Lete del Río (1938-2007), 2007, pp. 7-28.

Lledó Yagüe, F. y Monje Balsameda, O., "Reforma del sistema legitimario y el principio de libertad de testar", *El patrimonio sucesorio: reflexiones para un debate reformista,* Tomo I, (dirs. F. Lledó Yagüe, M. P. Ferrer Vanrell, J. A. Torres Lana; coord. O. Monje Balsameda), Dykinson, Madrid, 2014, pp. 649-718.

Llodrà Grimalt, F., "La legítima en las Islas Baleares", *Tratado de Derecho de Sucesiones (Código Civil y normativa civil autonómica: Aragón, Baleares, Cataluña, Galicia, Navarra, País Vasco),* Tomo II, 2ª ed., Thomson Reuters Aranzadi, Cizur Menor, Navarra, 2016, pp. 601-649.

López Beltrán de Heredia, C., *La conmutación de la legítima,* Tecnos, Madrid, 1989.

López Pedreira, A., "Legítimas o libertad de testar: una reflexión desde el Derecho Romano", *Nuevas orientaciones del derecho civil en Europa* (coord. M. del M. Heras Hernández; dir. M. Pereña Vicente y P. Delgado Martín), Thomson Reuters-Aranzadi, Cizur Menor Navarra, 2015, pp. 981-996.

Luna Serrano, A., "Proyecciones de la libertad de testar", *Jornadas internacionales sobre instituciones civiles vascas,* Universidad de Deusto, Bilbao, 1991, pp. 128-141.

Magariños Blanco, V., "La libertad de testar", *Escritos jurídicos,* tomo I, Consejo General del Notariado, Madrid, 2010, pp. 203-255.

Magro Servet, V., "El Código Civil ante la extinción de la obligación de alimentos y desheredación de padres a hijos por maltrato", *Diario La Ley,* núm. 9466, 2019, 6 pp.

Maldonado Rubio, S., "Nuevas causas de desheredación en el Código Civil español. Especial referencia al maltrato psicológico como causa de desheredación", *Revista jurídica del notariado,* núm. 102-103, 2017, pp. 611-666.

Manresa Navarro, J. M., *Comentarios al Código Civil español,* Tomo VI, 6ª ed., Editorial Reus, Madrid, 1932.

Mans Puigarnau, J. M., *Los principios generales del Derecho,* Bosch, Barcelona, 1979.

Marañón Astolfi, M., "Family provisions: ¿legítima en el derecho anglosajón?, *Las legítimas y la libertad de testar: perfiles críticos y comparados,* (dirs. F. de S. Capilla Roncero, M. Espejo Lerdo de Tejada y F. J. Aranguren Urriza; coords. J. P. Murga Fernández y C.

Hornero Méndez), Thomson Reuters Aranzadi, Cizur Menor Navarra, 2019, pp. 621-642.

María Falguera, F., *Conferencias de Derecho catalán,* La Anticuaria, Barcelona, 1889.

Marshall, A., *Principles of Economics* (reedición de la obra de 1920), Overstone Press, Bristol, 1997.

Martín Fuster, J. M., "La desheredación en la jurisprudencia y su influencia en la concepción de la legítima", *Las legítimas y la libertad de testar: perfiles críticos y comparados,* (dirs. F. de S. Capilla Roncero, M. Espejo Lerdo de Tejada y F. J. Aranguren Urriza; coords. J. P. Murga Fernández y C. Hornero Méndez), Thomson Reuters Aranzadi, Cizur Menor Navarra, 2019, pp. 663-689.

Martín Meléndez, M. T., *La liquidación de la sociedad de gananciales: restablecimiento del equilibrio entre masas patrimoniales,* McGraw-Hill, Madrid, 1995.

Martínez Sanchiz, J. Á., *Quo legitima tangitur, la intagibilidad cualitativa de la legítima,* Real Academia de Jurisprudencia y Legislación, Madrid, 2014.

Martínez Velencoso, L. M., "El maltrato psicológico como causa de revocación de la donación", *Diario La Ley,* núm. 8647, 2015, 5 pp.

Maside Miranda, J. E., *Legítima del cónyuge supérstite,* Colegio de Registradores de la Propiedad y Mercantiles de España. Centro de Estudios Hipotecarios, Madrid, 1989.

Maynar Barnolas, M., *El testamento es un absurdo,* Ed. Reus, Madrid, 1948.

McNamee, S. & Miller, R. K., *The myth of meritocracy,* 2nd ed., Rowman & Littlefield Publishers, Maryland, 2009.

Menéndez Mato, J. C., *El legado de la legítima estricta en el Derecho común español,* Dykinson, Madrid, 2012.

Menéndez-Valdés Golpe, E., "Variaciones sobre las legítimas", *Revista de derecho notarial,* núm. 63, 1969, pp. 165-215.

Messía de la Cerda Ballesteros, J. A., "El maltrato psicológico como causa de desheredación: el menosprecio y abandono familiar", *Actualidad civil,* núm. 11, 2014, pp. 1180-1188.

Miguel González, J. M., "Notas sobre la voluntad del testador", *Revista jurídica de la Universidad Autónoma de Madrid,* 2002, pp. 153-190.

Miler, D., "The present and future of forced succession in chosen civil law jurisdictions", *The new law: suggestions for reforms and improvements of existing legal norms and principles* (eds. S. Lorenzmeier, D. Miler), Nomos, Munich, 2018, pp. 89-113.

Mill, J. S., *On liberty*, Batoche Books, Ontario, 1859.

Minamikata, S., *Family and Succession Law in Japan,* Kluwer Law International, Alphen aan den Rijn, 2015.

Míquel González de Audicana, J. M., "Legítima material y legítima formal", *Academia Matritense del notariado,* Anales, tomo IL, curso 2008/2009, Colegio Notarial de Madrid, Madrid, 2009, pp. 493-560.

— "Reflexiones sobre la legítima", *Estudios de Derecho de Sucesiones: Liber amicorum T. F. Torres García* (dir. A. Domínguez Luelmo, M. P. García Rubio; coord. M. Herrero Oviedo), La Ley Wolters Kluwer, Madrid, 2014, pp. 983-1001.

Montesquieu, *De l'esprit des lois,* 9ª ed., Grarnier Frères, Paris, 1908.

Montojo Burguero, L., *La legítima de los hijos y descendientes,* Escelicer, Madrid, 1942.

Moret Prendesgast, S. y Silvela, L., *La familia foral y la familia castellana,* Viuda e hijos de José Cuesta, Madrid, 1863.

Moreu Ballonga, J. L., "Aportación a la doctrina sobre la legítima aragonesa en contemplación de su futura reforma legal", *Revista de Derecho civil aragonés,* III, 1997, núm. 1, pp. 9-64.

Munar Bernat, P. A., "La legítima en el Derecho civil de las Islas Baleares: la legítima en las islas de Ibiza y Formentera", *Tratado de legítimas* (coord. T. F. Torres García), Atelier, 2012, pp. 331-357.

Muñoz Sánchez-Reyes, E., *¿Heredero o legatario? (En torno a su distinción),* Tecnos, Madrid, 1997.

Nieto Alonso, A., "Uniones extramatrimoniales: derechos sucesorios y atribuciones *post mortem* de naturaleza familiar y social", *La familia en el Derecho de Sucesiones: cuestiones actuales y perspectivas de futuro* (coord. A. L. Rebolledo Varela), Dykinson, Madrid, 2010, pp. 103-180.

— "La disposición testamentaria ordenada a favor de quien cuide al testador o a otras personas por él designadas", *Estudios de derecho de sucesiones: Liber amicorum Teodora F. Torres García* (dir. A. Domínguez Luelmo y M. P. García Rubio; coord. M. Herrero Oviedo), La Ley, Madrid, 2014, pp. 1043-1066.

O'Callaghan Muñoz, X., "A vueltas con la desheredación y a revueltas con la legítima", *Actualidad civil,* núm. 5, 2015, pp. 4-7.

Ollé Favaró, J. C., "La reforma del Derecho de sucesiones en Cataluña", *Academia Matritense del notariado,* Anales, tomo IL, curso 2008/2009, Colegio Notarial de Madrid, Madrid, 2009, pp. 439-491.

Olmedo Castañeda, F. J., "La legítima en el Derecho común: ¿Supresión o reducción?", *Revista jurídica del Notariado,* núm. 102-103, 2017, pp. 543-610.

Ortega Pardo, G., *Naturaleza jurídica del llamado legado en lugar de la legítima,* Instituto Editorial Reus, Madrid, 1945.

Osés Abando, J., "Exposición de motivos y trámite legislativo", *La Ley 5/2015, de 25 de junio, de Derecho Civil Vasco. Comentarios breves, texto de la ley, antecedentes legislativos y formulario notarial,* Academia Vasca de Derecho, Dykinson, Bilbao, 2016, pp. 19-21.

Otero Crespo, M., "Relaciones de cuidado y disposiciones testamentarias otorgadas por mujeres en edad avanzada en el ordenamiento jurídico español", *El reto del envejecimiento de la mujer: propuestas jurídicas de futuro* (coord. L. López de la Cruz y P. Saborido Sánchez; dir. A. Cañizares Laso), Tirant lo Blanch, Valencia, 2018, pp. 117-138.

Pantaleón Prieto, F. "Legítimas de alimentos", *Escritura pública,* Consejo General del Notariado, núm. 21, 2003, p. 13.

Parra Lucán, M. A. y Barrio Gallardo, A., "La legítima en Derecho aragonés", *Tratado de legítimas* (coord. T. F. Torres García), Atelier, 2012, pp. 359-416.

Parra Lucán, M. A., "Derecho de sucesión por causa de muerte (Aragón)", *Derechos civiles de España* (dirs. R. Bercovitz, J. Martínez-Simancas), vol. VI, Aranzadi Editorial, Navarra, 2000, pp. 3647-3690.

Parra Lucán, M. A., "Las legítimas en la propuesta de Código Civil elaborada por la Asociación de Profesores de Derecho Civil", *Las legítimas y la libertad de testar: perfiles críticos y comparados,* (dirs. F. de S. Capilla Roncero, M. Espejo Lerdo de Tejada y F. J. Aranguren Urriza; coords. J. P. Murga Fernández y C. Hornero Méndez), Thomson Reuters Aranzadi, Cizur Menor Navarra, 2019, pp. 193-210.

— "Legítimas, libertad de testar y transmisión de un patrimonio", *Reflexiones sobre materias de Derecho sucesorio* (dir. M. D. Álvarez García y F. Zubiri de Salinas), Consejo General del Poder Judicial, Madrid, 2009, pp. 467-599.

Pau Pedrón, A., "El principio de igualdad y el principio de cuidado, con especial atención a la discapacidad", *Revista de Derecho civil,* vol. 7, núm. 1, 2020, pp. 3-29.

Peña Bernaldo de Quirós, M., "La naturaleza de la legítima", *Anuario de Derecho Civil,* vol. 38, núm. 4, 1985, pp. 849-908.

Peña López, F., *Comentarios a la Ley de Derecho Civil de Galicia, Ley 2/2006, de 14 de junio* (coord. A. L. Rebolledo Varela), Aranzadi, Cizur Menor Navarra, 2008, pp. 1099-1118.

Pérez Arroyo, O., "El maltrato psicológico de los hijos hacia sus padres, como nueva causa de desheredación: una aproximación jurídica, mediática y de interés humano", *Derecom,* núm. 24, 2018, pp. 101-125.

Pérez Conesa, C., "El maltrato psicológico como justa causa de desheredación de hijos y descendientes. Interpretación del art. 853.2 CC por la doctrina jurisprudencial reciente", *Aranzadi civil-mercantil, revista doctrinal,* vol. 2, núm. 3, 2015, pp. 117-121.

Pérez Escolar, M., *El cónyuge supérstite en la sucesión intestada,* Dykinson, Madrid, 2003.

— "Sucesión intestada y legítima del cónyuge supérstite en Derecho español. Revisión de fundamentos y planteamiento de futuro", *Anuario de Derecho civil,* t. LX, fasc. IV, 2007, pp. 1641-1678.

— "Incidencia de la Ley 15/2005, de 8 de julio, en los derechos sucesorios del cónyuge sobreviviente", *Revista jurídica Universidad Autónoma de Madrid,* núm. 17, 2008, pp. 177-199.

— "Causas de desheredación y flexibilización de la legítima", *Estudios de derecho de sucesiones: Liber amicorum Teodora F. Torres García* (dir. A. Domínguez Luelmo y M. P. García Rubio; coord. M. Herrero Oviedo), La Ley, Madrid, 2014, pp. 1131-1154.

Pérez Ramos, C., "La autonomía de la voluntad en las sucesiones y la libertad de testar", *Autonomía privada, familia y herencia en el siglo XXI: cuestiones actuales y soluciones de futuro* (coord. L. Aguilar Ruiz, J. L. Arjona Guajardo-Fajardo y G. Cerdeira Bravo de Mansilla), Thomson Reuters Aranzadi, Cizur Menor Navarra, 2014, pp. 107-125.

Peris Rivera, A. L., "Desheredación: una visión comparada", *Actualidad jurídica iberoamericana,* núm. 4, 2016, pp. 329-348.

Pintens, W., "Need and opportunity of convergence in European Succession Laws", *The law of succession: testamentary freedom* (ed. M. Anderson y E. Arroyo Amayuelas), Europa Law Publishing, Groningen, 2011, pp. 3-23.

Porpeta Clérigo, F., "Naturaleza jurídica de la legítima", *Estudios de Derecho sucesorio,* Colegio Notarial de Barcelona, Barcelona, 1946, pp. 147-204.

Probert, R. "Disquieting thoughts: who will benefit when we are gone?", *Current issues in Succession Law,* (eds. B. Häcker, C. Mitchell), Hart, Oxford, 2016, pp. 31-49.

Radbruch, G., *Filosofía del Derecho*, Edersa, Madrid, 1959.

Ragel Sánchez, L. F., *La cautela gualdense o socini y el artículo 820.3.º del Código Civil,* Dykinson, Madrid, 2004.

Rams Albesa, J., "Libertad civil, libertad de testar (notas para su formulación", *Jornadas internacionales sobre instituciones civiles vascas,* Universidad de Deusto, Bilbao, 1991, pp. 108-127.

Real Pérez, A., *Intangibilidad cualitativa de la legítima,* Civitas, Madrid, 1988.

Rebolledo Varela, Á. L., "El legitimario ante la desheredación de hecho", *Aranzadi civil: revista quincenal,* núm. 3, 1995, pp. 125-172.

Rebolledo Varela, Á. L., *Comentarios a la Ley de Derecho Civil de Galicia, Ley 2/2006, de 14 de junio* (coord. A. L. Rebolledo Varela), Aranzadi, Cizur Menor Navarra, 2008, pp. 1015-1079.

Rebolledo Varela, Á. L. (A), "La actualización del Derecho sucesorio español ante los cambios sociológicos y jurídicos de la familia: conclusiones de una investigación", *La familia en el Derecho de Sucesiones: cuestiones actuales y perspectivas de futuro* (coord. A. L. Rebolledo Varela), Dykinson, Madrid, 2010, pp. 23-41.

Rebolledo Varela, Á. L. (B), "Problemas prácticos de la desheredación eficaz de los descendientes por malos tratos, injurias y abandono asistencial de los mayores", *La familia en el Derecho de Sucesiones: cuestiones actuales y perspectivas de futuro* (coord. A. L. Rebolledo Varela), Dykinson, Madrid, 2010, pp. 379-462.
Rentería Arocena, A., "La libertad de testar en Derecho comparado", *Revista crítica de derecho inmobiliario,* núm. 726, 2011, pp. 2095-2128.
Rey-Stolle de la Peña, A., "De la sucesión legítima y por legítimas", *Foro gallego,* 1952, núm. 81, pp. 235-263.
Ribalta Haro, J. y Arroyo Amayuelas, E., "Dels donats als acollits. La Llei 22/2000, d'acolliment de persones grans", *El dret privat del pallars sobirà* (coord. A. Vaquer Aloy), Generalitat de Catalunya, Lleida, 2001, pp. 33-80.
Ribot Igualada, J., "Comentario al artículo 451-17", *Comentari al llibre Quart del Codi Civil de Catalunya relatiu a les successions* (dirs. J. Egea Fernández y J. Ferrer Riba; coord. L. Alascio Carrasco), vol. II, Atelier, Barcelona, 2009, pp. 1393-1402.
Roca de Laqué, M. E., "Configuración jurídica de la legítima en el Derecho catalán", *Estudios sobre la legítima catalana,* Universidad de Barcelona, Barcelona, 1973, pp. 15-64.
Roca Sastre, R. M., "Naturaleza jurídica de la legítima (Teoría de la "debita pars valoris bonorum)", *Revista de derecho privado,* marzo de 1944, pp. 185-209.
— *Notas a T. Kipp (Derecho de sucesiones),* vol. 1, 2ª ed., Bosch, Barcelona, 1976.
Roca Trías, E., "Una reflexión sobre la libertad de testar", *Estudios de derecho de sucesiones: Liber amicorum Teodora F. Torres García* (dir. A. Domínguez Luelmo y M. P. García Rubio; coord. M. Herrero Oviedo), La Ley, Madrid, 2014, pp. 1245-1266.
Rodríguez Boix, F., "La preterición en la reciente Ley aragonesa de sucesiones por causa de muerte. Estudio comparativo con el Código Civil", *Revista jurídica del notariado,* abril-junio 2001, pp. 171-222.
Rodríguez Rosado, B., *Heredero y legitimario,* Thomson Reuters Aranzadi, Navarra, 2017.
Romero Coloma, A. M., *La desheredación*, Bosch, Barcelona, 2005.
— (A), "Desheredación de hijos y otros descendientes por maltrato de obra: problemática jurídica", *Revista jurídica del notariado,* núm. 63, 2007, pp. 267-282.
— "La desheredación por maltrato psíquico en el ordenamiento jurídico-sucesorio español", *Revista de Derecho de familia: doctrina, jurisprudencia, legislación*, núm. 67, 2015, pp. 321-327.
— "Desheredación de hijos por maltrato psicológico y controversia sobre legítima", *Revista de Derecho de familia: doctrina, jurisprudencia, legislación,* núm. 79, 2018, pp. 51-68.
— (B), "La legítima del cónyuge supérstite: análisis jurídico y propuestas de reforma", *Revista Jurídica del Notariado,* núm. 106, 2018, pp. 135-152.
Rovira Sueiro, M. E., "Comentario al artículo 263", *Comentarios a la Ley de Derecho Civil de Galicia: Ley 2/2006, de 14 de junio* (coord. A. L. Rebolledo Varela), Thomson Aranzadi, Cizur Menor Navarra, 2008, pp. 1146-1152.
Royo Martínez, M., *Derecho sucesorio mortis causa*, Editorial Edelce, Sevilla, 1951.
Rubio Garrido, T., "Problemas actuales en materia de protección cualitativa y cuantitativa de la legítima", *Las legítimas y la libertad de testar: perfiles críticos y comparados,* (dirs. F. de S. Capilla Roncero, M. Espejo Lerdo de Tejada y F. J. Aranguren Urriza; coords. J. P. Murga Fernández y C. Hornero Méndez), Thomson Reuters Aranzadi, Cizur Menor Navarra, 2019, pp. 141-161.
Rueda Pérez, J. M., "Comentario al artículo 203", *Derecho de sucesiones y régimen económico familiar de Galicia: comentarios a los Títulos IX y X y a la Disposición adicional* (coord.

J. M. Cora Guerreiro, F. M Ordóñez Armán y V. J. Peón Rama), Colexio Notarial de Galicia, Madrid, 2007, pp. 199-291.

Sáenz de Santa María Vierna, A., "La desheredación, alivio de legitimarios ingratos", *Revista jurídica del notariado*, núm. 86-87, 2013, pp. 413-442.

Sánchez Hernández, Á., "Legítima y libertad de testar", *Congreso Internacional de Derecho Civil Octavo Centenario de la Universidad de Salamanca* (coord. E. Llamas Pombo), Tirant lo Blanch, Valencia, 2018, pp. 1489-1500.

Sánchez Román, F., *Estudios de Derecho Civil*, t. VI, vol. 2º, 2ª ed., Madrid, Sucesores de Rivadeneyra, 1910.

Sánchez-Rubio García, A., "De la legítima", *Comentarios al Código del Derecho foral de Aragón. Doctrina y jurisprudencia* (dir. J. Delgado Echeverría; coord. M. C. Bayod López, J. A. Serrano García), Dykinson, Madrid, 2015, pp. 667-703.

Sanz Fernández, Á., *Comentarios a la nueva Ley Hipotecaria*, Imprenta Viuda de M. Navarro, Ed. Reus, Madrid, 1945.

Šarčević, P. *et al*, *Family Law in Croatia*, Kluwer Law International, Alphen aan den Rijn, 2011.

Scaevola, M., *Código Civil comentado y concordado*, Tomo XIV (artículos 806 a 857), 4ª ed., Instituto Editorial Reus, Madrid, 1944.

Schwab, D., Gottwald, P., & Lettmaier, S., *Family and Succession Law in Germany*, 3rd ed., Kluwer Law International, Alphen aan den Rijn, 2017.

Serna Meroño, E., "Los derechos sucesorios de los hijos en los nuevos modelos familiares", *La familia en el Derecho de Sucesiones: cuestiones actuales y perspectivas de futuro* (coord. A. L. Rebolledo Varela), Dykinson, Madrid, 2010, pp. 237-261.

Serrano García, J. A., "La reforma de la legítima aragonesa", *Estudios jurídicos en homenaje al profesor L. Díez-Picazo*, Tomo 4, Civitas, Madrid, 2003, pp. 5537-5556.

— "La legítima en Aragón", *Tratado de Derecho de Sucesiones (Código Civil y normativa civil autonómica: Aragón, Baleares, Cataluña, Galicia, Navarra, País Vasco)*, Tomo II, 2ª ed., Thomson Reuters Aranzadi, Cizur Menor, Navarra, 2016, pp. 477-543.

Sloan, B., "Testamentary freedom and caring adult offspring in England & Wales and Ireland", *The future of family property in Europe* (eds. K. Boele-Woelki, J. Miles and J. M. Scherpe), Intersentia, Cambridge – Antwerp – Porland, 2011, pp. 251-276.

— "Reversing testamentary dispositions in favour of informal carers", *Current issues in Succession Law* (eds. B. Häcker, C. Mitchell), Hart, Oxford, 2016, pp. 189-207.

— *Borkowski's Law of Succession*, 3rd ed., Oxford University Press, Oxford, 2017.

Sols García, P., "El heredero. Ideas para su estudio", *Revista Crítica de Derecho inmobiliario*, tomo XX, septiembre 1944, pp. 568-578.

Sonnekus, J. C., "Freedom of testation and the ageing testator", *Exploring the law of succession: Studies national, historical and comparative* (ed. K. G. C. Reid, M. J. De Waal, R. Zimmermann), Edinburgh University Press, Edinburgh, 2007, pp. 78-98.

Steiner, A. "Reform des österreichischen Erbrechts und ihre Auswirkungen auf die deutsche kautelarjuristische Praxis", *ZEV*, 2016.

Suárez Blázquez, G., *Derecho procesal civil de legítimas*, Universidade de Vigo, Vigo, 1999.

— "Derecho de legítimas en Las Partidas", *Anuario de la Facultad de Derecho de Ourense*, núm. 1, 2002, pp. 501-526.

Tatarano, M. C., "La successione necessaria", *Diritto delle successioni e delle donazioni* (ed. R. Calvo, G. Perlingieri), Tomo I, 2ª ed., Edizioni Scientifiche Italiane, Roma, 2013, pp. 485-616.

Tate, J. C., "Caregiving and the case for testamentary freedom", *University of California Davis Law Review*, 2008, pp. 129-193.

Torres García, T. F. y Domínguez Luelmo, A., "La legítima en el Código Civil (I) y (II)", *Tratado de legítimas* (coord. T. F. Torres García), Atelier, 2012, pp. 21-152.

Torres García, T. F. y García Rubio, M. P., *La libertad de testar: el principio de igualdad, la dignidad de la persona y el libre desarrollo de la personalidad en el derecho de sucesiones,* Fundación Coloquio Jurídico Europeo, Madrid, 2014.

Torres García, T. F., "Legítima, legitimarios y libertad de testar (síntesis de un sistema)", *XII Jornadas de la Asociación de Profesores de Derecho civil,* Servicio de publicaciones de la Universidad de Murcia, Murcia, 2006, pp. 173-227.

— "Legítima *versus* libertad de testar", *Nuevas orientaciones del Derecho civil en Europa,* (dirs. M. Pereña Vicente, P. Delgado Martín; coord. M. del M. Heras Hernández), Thomson Reuters Aranzadi, Cizur Menor Navarra, 2015, pp. 865-891.

Urrutia Badiola, A. M., "De las limitaciones a la libertad de testar" (Secciones primera y segunda), *La Ley 5/2015, de 25 de junio, de Derecho Civil Vasco. Comentarios breves, texto de la ley, antecedentes legislativos y formulario notarial,* Academia Vasca de Derecho, Dykinson, Bilbao, 2016, pp. 83-96.

Valladares Rascón, E., "Por una reforma del sistema sucesorio del Código Civil", *Libro homenaje al profesor Manuel Albaladejo García,* (coords. J. M. González Porras y F. P. Méndez González), vol II, Colegio de Registradores de la Propiedad y Mercantiles de España, Servicio de Publicaciones de la Universidad de Murcia, Murcia, 2004, pp. 4893-4902.

Vallet de Goytisolo, J. B., *Apuntes de Derecho Sucesorio,* Instituto Nacional de Estudios Jurídicos, Madrid, 1955.

— "Significado jurídico-social de las legítimas y de la libertad de testar", *Anuario de Derecho Civil,* núm. 1, 1966, pp. 3-44.

— (B), "¿Puede desheredarse parcialmente o bajo condición?", *Revista de derecho notarial,* núm. 57-58, 1967, pp. 179-197.

— (A), *La libertad civil según los juristas de las regiones de Derecho foral,* Madrid, 1967.

— "Contenido cualitativo de las legítimas en Cataluña, antes y después de la Compilación", *Estudios sobre la legítima catalana,* Universidad de Barcelona, Barcelona, 1973, pp. 65-95.

— *Limitaciones de Derecho sucesorio a la facultad de disponer. Tomo I: las legítimas,* Instituto Nacional de Estudios Jurídicos, Madrid, 1974.

— *Comentarios al Código Civil español,* tomo XI, Edersa, Jaén, 1978, pp. 4-261.

— *Comentarios al Código Civil y compilaciones forales,* (dir. M. Albaladejo), Tomo XIV, vol. 2, EDERSA, Madrid, 1989, pp. 71-170; 345-706, 1989.

— *Panorama del Derecho de Sucesiones, I. Fundamentos,* Civitas, Madrid, 1982.

— "Comentario a la sección novena, de la desheredación", *Comentario del Código Civil,* tomo I, Ministerio de Justicia, Madrid, 1993, pp. 2085-2103.

Vaquer Aloy, A., "Reflexioens sobre una eventual reforma de la legítima", *Indret: Revista para el análisis del Derecho,* núm. 3, 2007, 25 pp.

— "Freedom of testation, compulsory share and disinheritance based on lack of family relationship", *The law of succession: testamentary freedom* (ed. M. Anderson y E. Arroyo Amayuelas), Europa Law Publishing, Groningen, 2011, pp. 89-104.

— "La legítima en el Derecho civil de Cataluña", *Tratado de legítimas* (coord. T. F. Torres García), Atelier, 2012, pp. 471-515.

— "Desheredación por falta de relación familiar y libertad de testar: a propósito de la nueva causa de desheredación del art. 451-17.e) del Código Civil de Cataluña", *Homenaje al profesor Carlos Vattier Fuenzalida* (coord. J. M. De la Cuesta Sáenz, E. Vicente Domingo, M. T. Carrancho Herrero, J. M. Caballero Lozano y R. de Román Pérez), Thomson Reuters Aranzadi, Cizur Menor Navarra, 2013, pp. 1153-1172.

Vaquer Aloy, A. e Ibarz López, N., "Las familias reconstituidas y la sucesión a título legal", *Revista de Derecho civil,* vol. 4, núm. 4, 2017, pp. 211-235.

Vaquer Aloy, A., *Libertad de testar y libertad para testar*, Olejnik, Santiago de Chile, 2018.

Vattier Fuenzalida, C., *El pago en metálico de la legítima de los descendientes,* Ed. Reus, Madrid, 2012.

Vázquez Lemos, A., *Fundamentos históricos y jurídicos de la libertad de testar,* Bosch, Barcelona, 2019.

Velázquez Soriano, I., "En torno a la *DVM inlicita* y la herencia en la *Lex Visigothorum*", *Interpretatio: revista de historia del derecho,* 1998, núm. 6, pp. 209-254.

Verbeke, A. & Leleu, Y. H., "Harmonisation of the law of succession in Europe", *Towards a European Civil Code*, 3ª ed., Kluwer Law International, Nijmegen, 2004, pp. 335-350.

Virgili Sorribes, F., "Herederos forzosos y herederos voluntarios: su condición jurídica", *Revista Crítica de Derecho Inmobiliario,* tomo XXI, julio-agosto 1945, pp. 479-494.

Voci, P., *Diritto ereditario romano,* Giuffrè, Milano, 1963.

Yzquierdo Tolsada, M., Prólogo a la obra de Ragel Sanchez, L. F., *La cautela gualdense o socini y el artículo 820.3.º del Código Civil,* Dykinson, Madrid, 2004.

Zoppini, A. "La successione legittima*", Trattato di diritto comparato: le successioni in Diritto comparato* (dir. Rodolfo Sacco), Utet, Torino, 2002, pp. 55-69.

Zubero Quintanilla, S., "Ponderación de las limitaciones legales a la libertad de testar del causante. El sistema de legítimas en Aragón y en el Código Civil", *Revista de Derecho Civil,* vol. IV, núm. 2, 2017, pp. 55-81.